"古今字"學術史叢書

李運富　主編

宋元明『古今字』學術史研究

張　燕 ——— 著

社會科學文獻出版社

SOCIAL SCIENCES ACADEMIC PRESS (CHINA)

張燕，女，山西孝義人。二〇一一年七月畢業於河北師範大學漢語言專業，獲文學學士學位，二〇一四年七月、二〇一七年七月畢業於中央民族大學漢語言文字學專業，分別獲文學碩士及文學博士學位。現任湘潭大學文學與新聞學院講師，研究方向爲文字訓詁學。現參與國家社會科學基金重大招標項目一項，主持湖南省教育廳優秀青年項目一項，發表論文多篇。

追求"古今字"學術史之"真"

——"'古今字'學術史叢書"總序

李運富

漢語之源久遠難考，漢字歷史已逾五千年 ①，而漢字記録漢語形成可考的字詞關係，目前還祇能從殷商甲骨文説起。隨着時代等因素的變化，漢語字詞的對應關係也不斷發生變化，這往往成爲解讀文獻的障礙。裘錫圭先生曾指出："文字的用法，也就是人們用哪個字來代表哪個詞的習慣，古今有不少變化。如果某種古代的用字方法已被遺忘，但在某種或某些傳世古書裏還保存着，就會給閲讀古書的人造成麻煩。"② 出於解讀文獻的需要，漢代學者便已發明"古今字"這個訓釋術語用來溝通詞語用字的古今差異，相沿至今，從而産生大量指認和考證古今字詞關係變化的材料和論述，形成學術史上關注"字用"現象的一道亮麗風景。從清代開始，部分學者逐漸誤解"古今字"的"用字"內涵，以今律古，强人就己，按照後人的"造字"觀念理解古人，遂將古人提出的"古今字"混同於現代人提出的"分化字"。我們認

---

① 王暉：《漢字正式形成於距今 5500~5000 年之間》，《中國社會科學報》2019 年 7 月 22 日，第 4 版。

② 裘錫圭：《考古發現的秦漢文字資料對於校讀古籍的重要性》，《中國社會科學》1980 年 第 5 期；收入《中國出土古文獻十講》，復旦大學出版社，2004，第 128~129 頁。

爲這種誤解不符合學術史研究的 "求真" 原則 ①，不利於現代學術的正常發展，也有礙於歷代 "古今字" 訓注材料在當代發揮它應有的價值，所以我們申請了國家社科基金重大項目——"'古今字'資料庫建設及相關專題研究"②，擬在彙編歷代學者注釋或列舉過的 "古今字" 字組材料及相關論述的基礎上，嘗試還原 "古今字" 學術史的實際面貌，進而探討 "古今字" 的學理和價值。項目名中的 "資料" 主要指古今學者研究古今字的論著（"古今字" 字組材料已另有項目完成，《古代注列 "古今字" 輯考》單獨出版），"相關專題研究" 主要指斷代的 "古今字" 研究和專家專書的 "古今字" 研究。本叢書發表的是該重大項目 "相關專題研究" 方面的成果，包括按時代劃分的 4 種 "'古今字'學術史" 專著和按專家專書劃分的 5 種 "'古今字'學術史" 專著。現就 "古今字" 的研究問題做一引言式的概述，權作該叢書之總序。

一 現代人對 "古今字" 的基本認識

20 世紀以來，研究或涉及 "古今字" 材料的論著（含教材）在 800 種以上，單篇論文有 300 多篇，内容大都屬概念争論和字例分析，至今沒有對歷代注明和列舉的古今字材料進行全面彙總，也沒有對歷代學者有關古今字的學術觀點進行系統梳理，致使現代人在論述 "古今字" 問題時，或誤解歷史，或無顧歷史，把本來屬於不同時代用字不同的異字同用現象混淆於孳乳造字形成的文字增繁現象。可以説，現代 "古今字" 的研究還留有許多問題和不足，主要表現在以下幾個方面。

---

① 李運富：《漢語學術史研究的基本原則》，《湖北師範學院學報》（哲學社會科學版）2010 年第 4 期。

② 2013 年 11 月正式批准立項，項目編號爲 "13&ZD129"。

（一）在理論研究方面，對古今字性質認識不一

“古今字”是中國傳統語言文字學領域的重要概念。20 世紀以來，學界對其性質呈現兩種分歧明顯的理解。

一種以王力①、賈延柱②、洪成玉③等學者爲代表，認爲古今字是爲了區別記錄功能而以原來的某個多功能字爲基礎分化出新字的現象，原來的母字叫古字，後來分化的新字叫今字，合稱古今字。由於王力先生主編的《古代漢語》教材被全國高校普遍采用，這種觀點影響極大，被學界普遍接受。賈延柱把這種觀點表述爲：“古今字是字形問題，有造字相承的關係。產生在前的稱古字，產生在後的稱今字。在造字時間上，古今字有先後之分，古今之別。古今字除了‘時’這種關係外，還有一個重要的特點，就是古字義項多，而今字祇有古字多種意義中的一個，今字或分擔古字的引申義，或取代古字的本義。”④他們傾向於將“古今字”看作漢字孳乳的造字問題，認爲“古今字”就是“分化字”或“分別文”，這實際是今人出於誤解而做出的重新定義，其古今字概念已非原態。

另一種以裘錫圭⑤、劉又辛⑥、楊潤陸⑦等學者爲代表，主張古今字是歷時文獻中記錄同詞而先後使用了不同形體的一組字，先使用的叫古字，後使用的叫今字，合稱古今字。裘錫圭指出：“一個詞的不同書寫形式，通行時間往往有前後，在前者就是在後者的古字，在後者就是在前者的今字。……説某兩個字是古今字，就是説它們是同一個

---

① 參見王力《古代漢語》（校訂重排本）第一冊，中華書局，1999，第 170~173 頁。

② 參見賈延柱編著《常用古今字通假字字典》，遼寧人民出版社，1988，第 17 頁。

③ 參見洪成玉《古今字概述》，《北京師範學院學報》（社會科學版）1992 年第 3 期。

④ 賈延柱編著《常用古今字通假字字典》，遼寧人民出版社，1988，第 17 頁。

⑤ 參見裘錫圭《文字學概要》（修訂本），商務印書館，2013。

⑥ 參見劉又辛《談談假借字、異體字、古今字和本字》，《西南師範大學學報》（人文社會科學版）1984 年第 2 期。

⑦ 參見楊潤陸《論古今字》，陸宗達主編《訓詁研究》第 1 輯，北京師範大學出版社，1981；《論古今字的定稱與定義》，《古漢語研究》1999 年第 1 期。

詞的通行時間有先後的兩種書寫形式。……近代講文字學的人，有時從説明文字孳乳情況的角度來使用‘古今字’這個名稱，把它主要用來稱呼母字跟分化字。近年來，還有人明確主張把‘古今字’這個名稱專用來指有‘造字相承關係’的字。他們所説的古今字，跟古人所説的古今字，不但範圍有大小的不同，而且基本概念也是不一致的。古人講古今字是從解釋古書字義出發的。”①這種觀念和古人相仿，都認爲古今字屬於相同詞語的不同用字問題，記錄同詞的古字和今字不一定存在分化關係，所以他們的“古今字”範圍較廣，應該包括分化字或者跟分化字交叉，因而不等於分化字。

（二）在古漢語教學實踐中，古今字與其他術語糾纏不清

在觀念歧異的背景下，受古今字等同於分化字觀念的連帶影響，王力將不同形體的字分爲古今字、異體字、繁簡字三類，繼而幾乎所有古代漢語教材都出現辨析古今字與異體字、繁簡字、同源字、假借字等字例的内容。這些術語提出的背景迥異，角度不同，涉及的材料難免交叉，無法區別，正如我們不能把幾個人對立區分爲同學關係、同鄉關係、親戚關係一樣。由於角度和判定標準的不同，概念與概念之間其實是不會混同的，衹是針對具體材料發生交叉，可以做出不同的歸屬。針對記錄相同詞語的同組字，着眼於字形與音義關係，可以看作異體字關係，也可以看作本字與借字關係；而着眼於用字時代的先後，本字先用、通假字後起，或者使用有先有後的一組異體字，都可以認爲是古今字關係。學界往往將材料的多屬等同於概念的交叉，於是强行對立進行辨析。對此，劉又辛曾指出古今字問題成因的複雜性，呼籲不可將古今字與同源字、異體字、

---

① 裘錫圭：《文字學概要》（修訂本），商務印書館，2013，第256~259頁。

假借字等概念相對立 ①；王寧 ②、蔣紹愚 ③ 主張用別的術語表示漢字中的分化現象，從而避免跟“古今字”糾纏。但實際上，由於歷史問題沒有正本清源，大家不明就裏，祇好順從慣性，忙於辨析區別而難以自拔。

（三）在學術史研究中，以今律古，對傳統古今字研究的評價多與事實不符

歷代文獻中的古今字訓詁材料數量豐富、分布極廣，目前尚無全面彙總歷時古今字材料並展開研究的成果。對個別學者的“古今字”進行舉例式研究的倒是不少，但總體上由於掌握材料不全，又先入爲主地受古今字就是分化字的現代學術觀念影響，常常出現不符合歷史事實的論斷和評價。有人認爲“古今字”的所指範圍是逐步擴大的，這其實是現代學者因對材料掌握不充分而產生的錯覺，我們系統梳理發現，直到清代徐灝，古人的古今字觀念並沒有多大變化；有人認爲段玉裁有時把“古今字”的“古字”稱爲假借字或把“今字”稱爲俗字是判斷失誤，批評段玉裁對古今字的認識不清、概念混亂，其實這祇是段玉裁從不同的角度表述同組材料而已，使用不同術語的目的不盡相同，古今字着眼於用字的先後，假借字、俗字等更多着眼於字形的來源或屬性；有人認爲王筠把“古今字”稱爲“分別文”“累增字”，因而促進了“古今字”的科學研究，其實在王筠的著作中這幾個術語是並存的，角度不同，無法相互取代，祇是現代人將王筠的古今字與分別文混同起來，纏强説王筠對古今字有了新的看法；還有人認爲鄭玄是最早研究“古今字”的學者，

---

① 參見劉又辛《談談假借字、異體字、古今字和本字》，《西南師範大學學報》（人文社會科學版）1984 年第 2 期。

② 王寧等編著《古代漢語通論》，北京師範大學出版社，1996，第 49 頁。

③ 蔣紹愚：《古漢語詞彙綱要》，商務印書館，2005，第 209 頁。

其實鄭玄的説法大都來自鄭衆，衹是比鄭衆多舉了些例子而已。凡此種種，都是没有充分占有材料因而缺乏全面比較的結果，經不起歷史事實的檢驗。

可見，"古今字"的研究並不像我們想象的那麽簡單，要説清楚這些問題，必須考察歷史上"古今字"的真實面貌，還原古人的本意，所以有必要全面測查"古今字"的學術歷程和實際材料，衹有從事實出發，纔能弄清楚古人的"古今字"究竟是什麽，也纔能搞明白現代學者對"古今字"發生誤解的根源。

二 "古今字"的歷史面貌

（一）古人眼中的"古今字"

"古今字"是個學術史概念，應在歷史語境中理解它的含義和作用。最早提出這個問題的是古代訓詁家，他們在注釋中用"古今字"説明不同時代用不同字符表達同一詞項（文獻中的音義結合體單位）的用字現象。除了典型的"古今字"表述，還有許多包含古今用字關係的其他表述方式。有的將"古""今"對舉，如"某古字，某今字"等；有的單説"古"或"今"，如"古（今）作（爲）某""古（今）某字""古（今）文（字）某"等。無論怎麽表述，其中都包含"古"或"今"的時間概念。最初提出"古今字"相關名稱的是漢代學者鄭衆和鄭玄。

（1）【諸侯之繅斿九就。】鄭司農云："'繅'當爲'藻'。'繅'，古字也，'藻'，今字也，同物同音。"（漢·鄭玄注《周禮·夏官》）

（2）【凡國之大事，治其禮儀以佐宗伯。】故書"儀"爲"義"。鄭司農云："'義'讀爲'儀'。古者書'儀'但爲'義'，今時所謂'義'爲'誼'。"（漢·鄭玄注《周禮·春官》）

（3）【君天下曰天子，朝諸侯、分職授政任功曰予一人。】《覲禮》曰："伯父實來，余一人嘉之。"余、予古今字。（漢·鄭玄注《禮記·曲禮》）

　　鄭衆是東漢早期人物，他雖未明確使用"古今字"這個術語，但已用"古字""今字"溝通詞語用字的時代差異，且對古今字的内涵做出基本界定。①如例（1）闡述記錄｛五彩絲繩｝義的詞語古今分别使用"繅"和"藻"字，更重要的是指出古今字具有"同物同音"的性質，即"同義同音"却使用了不同的字形記錄。例（2）具體分析｛儀態｝義詞語歷史上分别用古字"義"、今字"儀"記錄，表示｛意義｝的詞語曾用古字"誼"、今字"義"記錄。東漢晚期的鄭玄則明確開始使用"古今字"的術語溝通詞語用字的古今差異，例（3）記錄｛自稱代詞｝的"余"和"予"字構成"古今字"關係（研究發現"予""余"實際使用的古今關係是不斷變化的②）。可見他們提出或使用"古今字"概念與文字分化無關，不屬於造字的問題，完全是針對文獻解讀溝通詞語古今用字差異而言的。

　　我們通過對大量實際材料的調查，發現從漢代到清代的學者對"古今字"性質的認識基本上保持着一致性，都是在訓詁注釋的範疇内溝通歷時同詞異字現象。清代是中國傳統語言文字學研究的巔峰，而段玉裁的成就更是超拔前人。段玉裁對"古今字"的相關問題有着深刻的認識，是學術史上第一位對古今字進行理論闡釋的學者。其著作

---

① 參見李運富《早期有關"古今字"的表述用語及材料辨析》，《勵耘學刊（語言卷）》總第6輯，學苑出版社，2008。

② 參見李運富《"余予古今字"考辨》，《古漢語研究》2008年第4期。

中有大量關於“古今字”的精闢論述，如：

（4）【今，是時也。】古今人用字不同，謂之古今字。（清·段玉裁《説文解字注·仐部》）

（5）【余，語之舒也。】余予古今字。凡言古今字者，主謂同音，而古用彼今用此，異字。若《禮經》古文用余一人，《禮記》用予一人。（清·段玉裁《説文解字注·八部》）

（6）【誼，人所宜也。】凡讀經傳者，不可不知古今字。古今無定時，周爲古則漢爲今，漢爲古則晉宋爲今，隨時異用者謂之古今字。（清·段玉裁《説文解字注·言部》）

（7）【婬，厶逸也。】婬之字今多以淫代之，淫行而婬廢矣。（清·段玉裁《説文解字注·女部》）

段玉裁首次對“古今字”進行定義，如上舉例（4）認爲“古今人用字不同，謂之古今字”，例（5）提出“凡言古今字者，主謂同音，而古用彼今用此，異字”。從這些不同表述中可以看出，段玉裁眼中的“古今字”也是立足於詞語用字角度的。他對“古今字”研究的理論貢獻還表現在提出“古今無定時”，如例（6）認爲“古今字”的“古”和“今”並非絕對的時間概念，而是相對的，古今可以轉換，隨時異用；而“凡讀經傳者，不可不知古今字”則更説明“古今字”是釋讀文獻的訓詁學問題。此外，他的貢獻還表現在獨創“某行某廢”的訓詁體式，揭示詞語古今用字演變的結果，如例（7），這無疑也與造字相承無關。①

段玉裁在《經韻樓集》卷十一中又説：“凡鄭言古今字者，非如《説文解字》謂古文、籀、篆之別，謂古今所用字不同。”其“謂古今所用字不同”固然不錯，但斷言“非如《説文解字》謂古文、籀、篆

---

① 參本叢書中劉琳《段玉裁〈説文解字注〉“古今字”研究》第二章。

之别”則可能過於拘泥。因爲對於什麼是“用字不同”，如果對“字”的看法古今有異，那對具體材料的判斷就難免不同。現代構形學告訴我們，漢字的不同形體有的是異構關係，有的是異寫關係。①所謂“用字不同”通常是指具有異構關係的不同字位或者不同字種，祇是寫法不同的異寫字一般不看作用了不同的字，因而構不成“古今字”關係。但古人沒有明確的異寫、異構概念，他們祇看字形差異，字形差異不同的字，就有可能被認定爲“古今字”，所以“古文籀篆之别”也可以屬於“古今所用字不同”。例如：

（8）卜，灼剥龜也，象灸龜之形。一曰象龜兆之從横也。卜，古文卜。（漢·許慎《説文解字·卜部》）

（9）外，遠也。卜尚平旦，今夕卜，於事外矣。外，古文外。（漢·許慎《説文解字·夕部》）

按許慎的標注，我們可以認爲，在｛占卜｝詞項上，“卜”爲古文，則“卜”爲今字，“卜、卜”構成“古今字”關係；在｛外面｝詞項上，“外”是古文，“外”爲今字，則“外、外”也構成“古今字”關係。但其實“卜”與“卜”的差别祇是寫法不同（對古文字的隸定或轉寫方式不同），構形上都是“象龜兆之從横也”，並非兩個不同的字位。又如：

（10）丏，溥也。从二，闕；方聲。丏，古文丂。丏，亦古文丂。丏，籀文。（漢·許慎《説文解字·上部》）

（11）【丂旁雱丏雱丏】《説文》“溥也”。《爾雅》“二達謂之岐旁”。隸作旁。古作雱、丏。籀作雱。或作丏。（宋·丁度《集韻》卷三）

---

① 王寧：《漢字構形學講座》，上海教育出版社，2002。

按，在許慎看來，秦漢時期使用的小篆字形"龗"，在"古文"時代的文獻裏寫作"龗龗"，在籀文材料裏寫作"龗"，都屬於前代不同的用字。其中有的結構不同，有的衹是寫法不同，由於形體上有差異，都可以看作不同的字。那麼，所謂"古文""籀文"可能不是純字體概念，而主要指字形的來源和出處，所以後世如《集韻》之類往往將《説文》的古文形體轉寫爲當代通行的字形。如把古文"龗"與"龗"分別轉寫成楷體字形"雱"與"雺"，這並不表明"雱"與"雺"這種字形在文獻中實際用過。之所以把轉寫後失去了"古文"書寫風格的字形仍然稱爲"古作某"，可能因爲古人所説的"古文"原來就不是着眼於字體風格的。當然，對這些由古代的某種古文字形轉寫而來的後出字形，由於文獻裏不一定實際使用過，如果要作爲用字現象來分析，最好回到古文字形的時代按古文原形的功能分析，轉寫字形衹能看作古文原形的代號而已。

我們説許慎的"古文"未必是一個純字體概念，更大程度上是指古代文獻中的用字，大概相當於"古代文字"，具體所指時代和文獻隨相對概念而異，但都是指字形的來源而不是指書寫風格。關於這個問題我已指導桂柳玥寫過一篇碩士學位論文，題爲《〈説文〉"古文"所指及相關"古文"研究》。通過全面考察《説文·叙》中10處"古文"所指和《説文》正文中出現的幾百個"古文"的含義，我們認爲，《説文解字》中的"古文"應泛指秦代小篆和秦隸產生之前除大篆之外的古代文獻用字，它強調的是文字材料在來源和時代上的差異以及字形結構的不同，未必有統一的書寫風格。其中"古文以爲某"的説解體例，正是用來説明古文書籍的用字現象的，即某個字形在古代文獻中用來記錄另一個詞，也就是當成另一個字用。正如段玉裁在"中"下注曰：

凡云古文以爲某字者，此明六書之叚借。以，用也。本非某字，古文用之爲某字也。如古文以洒爲灑埽字，以疋爲《詩》大雅字，以丂爲巧字，以臤爲賢字，……皆因古時字少，依聲託事。至於古文以中爲艸字，……以臬爲澤字，此則非屬依聲，或因形近相借。無容後人效尤者也。①

也正如陸宗達先生所説：

　　許慎所謂“古文”，就是漢代所發掘出的古文經典中的字體。但實際上《説文》所説的“古文”，不僅僅限於古文經典，春秋時代秦篆以外群書故籍所使用的文字，都叫“古文”。……此外，許慎還引據很多秦以前的其他古籍，如《逸周書》、《山海經》、《春秋國語》、《老子》、《孟子》、《楚辭》、《司馬法》等等，都可以根據上面所説的道理來推斷爲“古文”。據《説文解字·叙》，許慎還收集了當時出土的鼎彝銘文的字體，也稱爲古文。②

　　陸先生所説的“字體”應該理解爲字形，許慎注列的“古文”“籀文”等與“小篆”不同，主要不是書寫風格類別的對立，而是字形結構和使用功能的差異，是文獻來源的時代不同。這樣理解許慎的“古文”，纔可以跟司馬遷《史記》所説的“古文”③、鄭玄等注釋家注列的“古文”④以及後世字書如《廣韻》中所謂的“古文”統一起來。它們都是指古代文獻中的用字現象，祇是具體來源不同而已。所以我們把這類指稱古代文獻中用過的“古文”當作“古今字”的“古字”，也都納入注列“古今字”的材料提取範圍。

　　總之，古人的“古今字”是個訓詁學概念，屬於文獻用字問題，

---

① （漢）許慎撰、（清）段玉裁注《説文解字注》，上海古籍出版社，2011，第 21 頁。
② 陸宗達：《説文解字通論》，中華書局，2015，第 23 頁。
③ 王國維：《〈史記〉所謂古文説》，《觀堂集林》，中華書局，1961，第 307~312 頁。
④ 參見李玉平《試析鄭玄〈周禮注〉中的“古文”與“故書”》，《古籍整理研究學刊》
　　2005 年第 5 期。

跟造字和文字分化無關。凡是不同時代的文獻記錄同一詞項而使用了不同的字，不管是結構不同的字位字種，還是同一字位字種的不同字形，都可以叫"古今字"。其要點有三：一是"同物同音"，即文獻中功能相同，記錄的是相同詞語；二是"文字不同"，前後使用不同的字形記錄；三是使用時代有先後。概括起來説，古今字是指不同時代記錄同一詞項所用的不同字，而不同的字是指兩個或兩個以上的一組字，所以古今字是字組概念而不是個體概念。

（二）"古今字"與"分化字""分別文"的關係

既然"古今字"在傳統語言文字學的發展歷程中一直屬於訓詁學領域的問題，是文獻用字問題，那麽現代學者將其等同於"分化字"和"分別文"，或者認爲"古今字"包含"分化字""分別文"，將其看成文字孳乳的造字問題，無疑都是不符合學術史原貌的。這裏既有對古人學説的無意識誤解，也有故意追求某種學理而强人就己的非學術史研究方法，所以需要從學理和方法上辨明原委，纔能真正消除誤解。

1. 分化字、分別文不是"古今字"

今人把"古今字"等同於"分化字"，或者認爲"古今字"包含"分化字"，顯然不合古人的實際，更重要的是在學理上也無法講通。所謂"分化字"，一般是指原來具有多項功能的字被分化爲各自承擔原來部分功能的幾個字的文字現象。例如"采"字原來曾記錄｛采摘｝｛彩色｝｛理睬｝等多個詞項，"采"字記詞職能過於繁重，於是以"采"作爲聲符分別新增義符，另造新字，分擔各項職能。如增"手"旁造"採"記錄｛采摘｝、增"彡"旁新造"彩"專記｛彩色｝、增"目"旁新造"睬"記錄｛理睬｝等，將"采"稱爲"母字"，將"採、彩、睬"看作由母字孳乳出的分化字。值得注意的是，"分化"通常指由舊事物滋生出新事物的過程，所以"分化"是就"字"而言，增多的衹是記録詞語的字形，記詞職能仍是原有的，並未出現新的增項，不宜使用職能"分化"的表述。分化字産生以後，衹是將原有記詞職能進行了重新分工調整，將原來一個字的職能分擔給幾個字。職能分工不衹有字形分化孳乳新字一途，還可以有其他方法，如改换義符、異體分工、借字分擔等，所以字形分化不等於職能分工，更不等於古今字。

那麽分化字是否能够等於"古今字"的概念呢？答案是否定的，我們可以舉出如下理由。首先，"分化字"單指一方，要跟"母字"相對纔成爲指一組字的概念；而"古今字"是包含古字和今字的組概念，"分化字"和"古今字"這兩個概念根本不對稱。其次，"母字"與"分化字"在功能上是總分關係或包含與被包含關係，並不對等，母字一個字承擔多項職能，而分化字衹是承擔原來母字的一項功能，它的功能要比母字少，分化字與母字的功能不對等，所以分化字和母字記録的不是同一個詞；而"古今字"的"古字"和"今字"是同一關係，音義相同。最後，文字分化是漢字字種的孳乳發展現象，屬於"造字"問題；古今字是不同時代詞語用字的不同，屬於"用字"問題。可見"古今字"和"分化字"是不同的現象，性質存在明顯差異。

今人之所以會把"古今字"看成"分化字"，應該與誤解清代王筠的"分別文"有關。他們以爲王筠的"分別文"就是"古今字"，而"分別文"也可以叫"分化字"，所以"古今字"就是"分化字"。其實這三個概念各不相同，不能混淆，王筠的分別文不等於古今字，分別文也不等於分化字，分化字自然也就不等於古今字。

我們先看王筠提出"分別文"的學術背景和研究意圖。①"分別文、累增字"是王筠在研究《説文》異部重文時提出的，他在《説文釋例》卷八對"分別文、累增字"做過界定：

① 參見李運富、蔣志遠《論王筠"分別文、累增字"的學術背景與研究意圖》，《勵耘學刊（語言卷）》總第16輯，學苑出版社，2013。

分别文、累增字（此亦異部重文，以其由一字遞增也，别輯之）：字有不須偏旁而義已足者，則其偏旁爲後人遞加也。其加偏旁而義遂異者，是爲分别文。……其加偏旁而義仍不異者，是謂累增字。①

可見王筠提出“分别文、累增字”的學術背景與“古今字”無關，主要是爲研究“重文”現象。《説文》“重文”是指功能基本相同的用字，以異體字居多，但不限於異體字。“分别文”如下文例（1）“然”字包含“然₁”（燃燒）、“然₂”（應答之詞）、“然₃”（代詞）等多個同形詞項，增“口”旁造“嘫”將“然₂”從形體上跟意義不同的“然₁”“然₃”分别開，所以稱爲“分别文”；而“嘫”“然”記録詞項“然₂”屬同功能字，所以屬“重文”現象。“累增字”如下文例（2）“复”字本義指“返回”，後遞增義符“彳”作“復”，二者屬同音同義的異體字關係，也屬於重文。

（1）“嘫”下云“語聲也”，蓋即然否之然。《火部》：“然，燒也。”借爲應詞，又加口爲别耳。《脈經》凡應答之詞，皆以然字代曰字，嘫下衹云然聲。（清·王筠《説文釋例》卷八）

（2）《夊部》复下云：“行故道也。”《彳部》復下云：“往來也。”夫往而復來，則所行者必故道也。《玉篇》曰：“复，今作復。”案：從夊，義已足矣。又加彳，微複也。復下衹云复聲。（清·王筠《説文釋例》卷八）

王筠説“分别文”“累增字”“此亦異部重文”，衹是由於這兩種重文都是“遞增”偏旁造出新字而形成的，所以“别輯”出來另立一

---

① （清）王筠：《説文釋例》，中華書局，1987，第173頁。

卷。新字的記詞功能若與母字的某些義項不同就是“分别文”，没有不同則是“累增字”。這一發明的實質，是把在《説文》中處於平面靜態的一部分“異部重文”從造字的角度進行動態分析，以揭示部分“異部重文”產生的原因，並非字際關係新的分類。這些“重文”以增旁造字的方式產生，遂使“分别文”“累增字”可以延伸爲專門探討造字孳乳問題的漢字學理論，它跟形體構造和字種增益密切相關，而跟漢字的使用屬於不同的學術層面，所以跟“古今字”没有必然聯繫。

我們説“古今字”不等於“分别文”“累增字”，還可以從下面幾點來説明：第一，“古今字”指稱的字例可以没有“增偏旁”的形體關係。第二，“分别文”“累增字”祇能指稱造字時間在後的字，而“古今字”的“古”“今”無定時，所以用字的古今關係跟造字的時間順序有時並不一致。第三，“古今字”的古字和今字“同物同音”，判斷的標準是在文獻中音義相同，即記録同一詞項。累增字是“加偏旁而義仍不異者”，而“分别文”是“加偏旁而義遂異者”，就是説稱爲“分别文”是因爲它跟原字的意義不再相同（有的音也不同）而記録了另一個詞項。第四，王筠著作中“古今字”與“分别文、累增字”是兩套共存異用的術語。使用“古今字”術語時，着眼於文獻用字不同而功能相同，常常跟注釋性用語配合，目的是用熟悉的今字解釋不太熟悉的古字；而使用“分别文”“累增字”則着眼於文字孳乳關係，目的是説明某個字是以某個字爲基礎產生的，故常有“後作”“後起”之類的用語配合。①

所以我們認爲“分别文”與“古今字”性質不同，判斷標準不同，不能相互取代。其實，“分别文”不僅不是“古今字”，也不等同於“分化字”，因爲分化母字職能的手段多種多樣，不限於“增偏旁”，增

---

① 參見李運富、蔣志遠《從“分别文”“累增字”與“古今字”的關係看後人對這些術語的誤解》，《蘇州大學學報》（哲學社會科學版）2013 年第 3 期。

旁分化祇是漢字分化的手段之一，漢字還可以通過改換偏旁、異體分工、借字分化、另造新字等方式來達到分化原字職能的目的。這幾組概念之間的區別如下表所示。

字組概念	概念性質	記詞職能
古字—今字	文獻用字	功能同一
被分別字—分別文	孳乳造字	功能相異
母字—分化字	增形分工	功能合分

"古今字""分別文""分化字"不僅提出的學術背景與研究意圖各不相同，而且"古今字"是"古字"和"今字"的合稱，屬於字組概念；而"分別文""分化字"却都是單指一方，要分別與"被分別字""母字"並舉纔能構成組概念。它們的性質也存在根本不同，古今字是訓詁家就文獻用字的歷時差異而言的，主要爲破解文獻釋讀的障礙，用一個熟悉的今字去解釋陌生的古字；分別文是王筠就孳乳造字提出的概念，强調的是增旁造字的方法；母字和分化字則是當代學者從漢字職能的分工角度提出的，它强調字形的分化和增多，由一個字變成幾個字，目的在於分擔母字的功能。此外，它們的記詞職能也各不相同，古今字要求同音同義，記詞職能必須相同；分別文的功能必須與被分別字相異；而分化字所記詞項是母字原來多項職能中的一項。

"古今字"既然可以在不同時代替換使用，則音義相同，是針對某一詞項而言的，即古字與今字的對應範圍是記錄同一個詞項的字。離開這個詞項，在不同的音義之間，則無所謂古字和今字。因此所謂"職能分化"，所謂"今字祇承擔古字的某一個職務"，所謂"分擔古字的本義，或引申義，或假借義"等説法都是錯誤的，因爲這樣説的時候，這個"古字"跟"今字"記錄的已經不再是"同詞"

關係了。

2.“古今字”的“古字”和“今字”可從別的角度另加説明

記録同一詞項的“古今字”之間存在多種複雜關係，有的古今字是異體字關係，有的是本字與借字的關係，有的是借字與本字的關係，有的是借字與借字的關係，有的是源本字與分化本字的關係，等等。這些字際關係可以從不同角度説明某組古今字的成因，却不是跟“古今字”處於同一系統的並列概念，因而拿“古今字”跟“分化字”“分別文”“異體字”“通假字”等相提並論並進行辨析是没有意義的，不過可以用不同概念對“古今字”的“古字”和“今字”從別的角度加以説明。或説明來源，或説明屬性；有的祇説明“古字”或“今字”，有的兩者都説明，從而形成另一種對應關係。如用“分別文”説明“古今字”中“今字”的來源，表面上“分別文”跟“古字”或“古文”相對，實際上是省略了“今字”的名號而直接説明這個今字是怎麽來的。這樣的“分別文”“累增字”祇對“今字”起説明作用，不能作爲組概念取代“古今字”或作爲“古今字”包含的類。例如：

（3）《節南山》“維石巖巖”，《傳》：“積石貌。”《釋文》：“巖本或作嚴。”案：嚴者古字，巖則後作之分別文。（清・王筠《毛詩重言》中篇）

王筠説“嚴者古字，巖則後作之分別文”，意謂在山崖義上“嚴$_1$”是古字，“巖”是今字。今字“巖”是爲了區別“嚴$_2$”的｛嚴厲｝義而產生的一個“分別文”，也就是由“嚴$_2$”詞項的分別文“巖”充當了“嚴$_1$”這個“古字”的“今字”。可見這裏的“古今字”是針對｛山崖｝詞項而言的，“分別文”是針對｛嚴厲｝詞項而言的，它們不在同一個術語體系中。

還可以用“俗字”“專字”“借字”甚至後來纔有的“分化字”等

説明“今字”的屬性，有時也説明某個“古字”是“假借字”“通借字”“借字”等。這種對“古字”或“今字”屬性説明的用語並非混同“古今字”，也不跟“古今字”關係矛盾，因爲彼此角度不同。例如：

（4）《玉篇》：“爓，火焰也。”焰即爓之俗字，此以俗字釋古字法也。（清·王筠《説文釋例》卷七）

（5）【作，起也，从人，乍聲。】鐘鼎文以“乍”爲“作”，然則“乍”是上古通借字，“作”是中古分別字。（清·王筠《説文解字句讀》第八上）

例（4）記錄詞語｛火焰｝，“爓”和“焰”構成古今字關係，今字的來源是俗字，此處用俗字解釋古字，俗字説明的是今字的性質，並非與古字構成組概念。例（5）記錄｛興起｝義先使用古字“乍”，後用今字“作”，二者構成古今字關係；而又説“乍”是通借字，“作”是“分別字”，目的在於從另外的層面説明古字和今字的性質，並不影響“乍—作”是一組古今字的判斷。

這種既從用字時代上擺出“古今字”關係，又儘量從其他角度説明其中“古字”和“今字”的來源或屬性的做法，漢唐訓詁家已發其端，段玉裁、王筠等清代學者做得更多，超過前人。這些用來説明“古字”和“今字”屬性的術語跟“古今字”不在同一個系統，沒有並列比較或辨析的邏輯基礎。

但現代許多學者常常批評段玉裁、王筠等人把“古今字”説成“通假字”“俗字”等，認爲他們判斷失誤因而造成矛盾，這是今人把“古今字”跟“通假字”“異體字”等對立起來辨析的結果，實際不懂古人是從其他角度對古今字用字來源或屬性的説明。正如“夫妻”關係可以再解釋各自的身份或籍貫一樣，古人對“古今字”關係的進一步説明並非將有關概念並列對立。

利用“古今字”材料來研究文字孳乳分化現象應該是可以的，但必須明確這祇是材料的共用，不能據此認爲古人的“古今字”概念就是指文字孳乳分化的造字問題，更不能以今律古、强人就己，用今人重新界定的概念去妄議古人。在研究文字分化現象時，最好不要使用“古今字”這個具有訓詁意義的概念，以免引起誤解歧義，導致相關概念的混亂。

三 “古今字”學術史材料的處理

學術史上的“古今字”不等於文獻中實際存在的古今字，而是指歷代學者注釋過、論述過或列舉過的“古今字”，需要區别時可稱爲“注列‘古今字’”，或者用加引號的“古今字”。“古今字”學術史研究必須建立在“注列‘古今字’”材料基礎上，古人沒有注列過的古今字不在本叢書的考察範圍之内。

“注列‘古今字’”材料需要從歷代的隨文釋義類注疏、纂集類訓詁專書、考釋類訓詁劄記、研究論文和相關教材中提取。我們采用的基本方法是用“古”和“今”作爲關鍵字進行檢索，但遇到的困難有：第一，大量的古籍沒有電子版，需要人工通讀，逐一查檢；第二，檢索得到的有關材料大都是沒有標點的，而且很多屬於現代人的轉錄，存在文字訛誤，所以需要對獲得的材料核實原版原文，並在讀懂弄通的基礎上進行標點；第三，校勘無誤的真實材料也不一定都是有效的，其中許多甚至絕大部分含有“古”或“今”的語料並非討論古今用字不同問題，需要人工排除；第四，對於經過甄別提取出來的近萬條材料，也需要考察彼此之間的關係，經過繫聯、去重、歸類、排序等，纔能形成便於查檢利用的資料集。其中的任何一項工作都十分棘手，

不僅需要查找、比對、校勘的耐心，更需要文字學、訓詁學、文獻學
等方面的學力和識斷。

（一）檢索材料的核實、校勘和標點

"注列'古今字'"的材料大都來自"中國基本古籍庫""瀚堂典
藏"和"四庫全書"等電子數據庫，部分來自對古籍紙本或電子圖版
的手工查找，都有具體版本依據。通用古籍數據庫中的電子文本存在
許多錯訛和標點不當（有的沒有標點）問題，需要核對原版和校正標
點。項目組成員手工搜集到材料後自己的移錄或轉錄也容易造成錯訛，
更是需要後來的反復校勘。核查原書原圖、校對文字和準確標點的工
作非常繁重，但十分必要。如果錄入時發生文字訛誤或標點不當，就
可能造成對注列原文理解的困難。例如：

（1）【𣚤佳楊及栁】古文柳。（明·馮惟訥《古詩紀·古逸第八》）

按，瀚堂典藏數據庫將【 】中的"及栁"錄作"及柳"，據原書圖
版發現爲誤錄，需勘正，所以"柳—柳"不是古今字，"栁—柳"纔是
古今字。

（2）【罪釁】忻近反。杜注《左傳》云："釁，瑕隙也，罪也。"
賈注《國語》："兆也。"《説文》作衅，從爨（七亂反）省。爨字
象祭器。酉，古酒字也。分，聲也。今俗作釁，略也。《經》作衅，
謬也。（唐·慧琳《一切經音義》卷十二）

按，瀚堂典藏數據庫將"今俗作釁"錄爲"今俗作衅"，與原書圖
版不符，需勘正，則構成古今字的是"衅—釁"，而不是"衅—衅"。

（3）【敕勅勑】《説文》：誡也。宙地曰敕。从（攴）［攴］束聲。古从力。或作勅。本音賚，世以爲敕字，行之久矣。（宋·丁度等《集韻》卷十）

按，以上文字在項目組提供的初稿中録文爲："［宋］丁度等《集韻》卷十：〖敕勅勑〗《説文·言部》：誡也。兩地曰敕。从攴束聲。古从力。"這段録文經核查原書，發現存在嚴重問題。一是《集韻》原文引《説文》没有"某部"，應忠實原文體例無需增補"某部"。而且録者的增補也補錯了，要補的話應該是"攴部"而不是"言部"。二是原文"宙地曰敕"被誤録成"兩地曰敕"，完全不詞。三是原文的"从支"當爲"从攴"之誤，録文應予校正。四是字頭有"勑"字，而録文没有相應内容。其實原文還有"或作勅。本音賚，世以爲敕字，行之久矣"，録文不當删省。

如果不是電子文本或手工轉録産生的錯訛，而是圖書版本原有的錯訛，更可能導致"古今字"字組判斷的失真，在理據充分的情況下應該校勘，必要時可加校勘説明，以避免出現錯誤的古今字關係。例如：

（4）【疙】古文。陟尸反。今作胘。皮厚也。（遼·行均《龍龕手鑑》入聲卷四·疒部）

按，《説文·肉部》："胘，牛百葉也。从肉，弦省聲。"與"疙"的音義不符。考《龍龕手鑑》入聲卷四肉部："【胆胆脚胝】四俗。【胝胝】二正。丁尼反。皮厚也。六。"可見《龍龕手鑑》"疙"字下"今作胘"的"胘"應爲"胝"字誤刻，當勘正爲"（胘）［胝］"。胝同胝，猶疙同疕。這樣，構成古今字關係的是"胝—疙"而不是"胘—疙"。

21

（5）【舊垗】下音奧。《説文》云"古文奧字也"。《文字典説》云"土窑也"。又趙、姚二音。《説文》："窰也，燒瓦竈也。"傳作姚，非也。（唐·慧琳《一切經音義》卷九十三）

按，慧琳《音義》引《説文》"古文奧字也"當爲"壂"字之誤。《説文·土部》："壂，四方土可居也。从土奧聲。墺，古文壂。"音奧之垗當爲墺字隸定，當看作"壂"的古文，與音趙之垗（訓土窑也）、音姚之垗（窰字異構）爲同形關係。"舊垗"之"垗"既"音奧"，則應爲"壂"的古字（楷寫），取"四方土可居"義。後面却引《文字典説》訓"土窑也"，則當音趙。慧琳這條材料音義錯亂，按"壂—垗"作爲一組古今字的話，原文當勘正爲："下音奧。《説文》云'古文（奧）[壂]字也'。又趙、姚二音。《文字典説》云：'土窑也。'《説文》：'窰，燒瓦竈也。'"

（二）"古今字"材料的鑒別

注列"古今字"散見於歷代的古籍注釋和語文工具書中，除了典型的"某某古今字"表述，還有許多包含古今用字關係的其他表述方式，如"某古字，某今字""古（今）作（爲）某""古（今）某字""古（今）文（字）某"等，其中都包含時間名詞"古"或"今"，所以搜集材料時可以用"古""今"作爲檢索詞，但不是所有含"古""今"的材料都是反映用字現象的"古今字"，所以需要爬梳並逐一鑒別，排除大量的非用字性質的"古""今"材料，纔能提取出真正的"古今字"字組來加以研究。

1. 與"古今字"表述類似的文獻正文，不是注列"古今字"

古書中的正文通常用大字粗文刻印，與注釋語有明顯區別，即使不看形式，就語意内容而言也是容易辨析的。例如：

（1）由余片言，秦人是憚。日磾效忠，飛聲有漢。桓桓撫軍，古賢作冠。來牧幽都，濟厥塗炭。（晉·盧諶《贈劉琨詩》）

其中的“古賢作冠”不是注釋語，不是“古代的賢字寫作冠字”的意思，因而不是“古今字”材料。此類非注釋語中的“古”“今”材料首先被剔除出去。

2. 指稱不同時代的版本異文，目的不在説明用字關係的，不算注列“古今字”

古人常用“古本”“今本”指稱版本異文，比較容易分辨。如果用“古文”“今文”來指稱，就要特別注意了。“版本概念的‘古文’‘今文’既不同於字形概念的‘古文’‘今文’，也不同於字符使用關係的‘古今字’，它們彼此之間祇有異同的關係，没有源流關係。”① 指稱版本異文的“古文”“今文”往往與有校勘意味的“作”或者“爲”組合運用，具體有“古（今）文（或）作某”“古（今）文（或）爲某”“古（今）文皆（作）爲某”等形式；也有直接用“今作某”或“古作某”的，不含“文”和“字”。例如：

（2）【設黍於腊北，其西稷。設湆於醬北。御布對席，贊啓會，卻于敦南，對敦於北。】啓，發也。今文啓作開。古文卻爲綌。（漢·鄭玄注、唐·賈公彦疏《儀禮注疏》卷五）

（3）【若殺，則特豚，載合升，離肺實於鼎，設扃鼏。】今文扃爲鉉，古文鼏爲密。（漢·鄭玄注、唐·賈公彦疏《儀禮注疏》卷三）

（4）【夫坤，妥然示人簡矣。】妥，今作隤。（明·姚士粦輯《陸氏易解》）

---

① 李運富：《早期有關“古今字”的表述用語及材料辨析》，《勵耘學刊（語言卷）》總第6輯，學苑出版社，2008。

例（2）（3）的鄭注，意思是《儀禮》中的“贊启會”“卻于敦南”“設肩鼏”在他見到的某個“今文”或者“古文”版本中分別寫作“贊開會”“綌于敦南”“設鉉鼏”“設肩密”。例（4）“妥，今作隋”，是説這句話《周易》古本作“妥”而今本作“隋”。這種版本校勘性質的“古”“今”意在説明同一位置的字詞古今版本不同，不一定是同一詞語不同時代的用字不同，即使恰好也屬於用字不同，其實也並不是注家特意要注明的，就是説注家的目的在於説明版本差異而不在於用字差異。當版本異文跟用字差異重合時，收録爲“古今字組”也是可以的，如上文“卻”與“綌”、“鼏”與“密”；但不是用字差異的異文就應該排除，不能算“古今字”，如上文“启”與“開”、“肩”與“鉉”。

3. 指稱詞語變化或同義詞的“古今語”，不是注列“古今字”

稱呼不同時代同一事物可能使用不同詞語，這種具有時代差異的同義詞語被稱爲“古今語”。如漢揚雄《方言》曰：“秦晉之間凡物壯大謂之嘏，或曰夏。秦晉之間凡人之大謂之奘，或謂之壯。燕之北鄙齊楚之郊或曰京，或曰將。皆古今語也。”下面的注釋材料也屬於“古今語”而不是“古今字”。

（5）【凡祭祀，飾其牛牲，設其福衡，置其絼，共其水稾。】鄭司農云：“福衡，所以福持牛也。絼，著牛鼻繩，所以牽牛者。今時謂之雉，與古者名同。”（漢·鄭玄注、唐·賈公彥疏《周禮注疏》卷十二）

（6）【絳緹絓紬絲絮綿】絳，赤色也。古謂之纁。（唐·顏師古《急就篇》注）

（7）【服文采。】青赤爲文，色絲爲采。傅奕云：采是古文繡字。（明·焦竑《老子翼》卷五）

按，例（5）（6）有"謂之"作標記，很容易判斷是指古今稱謂不同，非古今用字不同。例（7）"采"的本義爲"采取"，也借用指"彩色絲織品"，後來寫作"綵"。清朱駿聲《說文通訓定聲》："采，字亦作綵。""繡"，《說文》訓"五采備也"，則本義指"經繪畫而使五彩具備"，也指"有彩色花紋的絲織品"，後來寫作"綉"。唐傅奕說"采是古文繡字"，實際意思應指在古代"采（綵）"是跟現代的"繡"同義的詞。它們讀音不同，當然不是"古今字"。

4. 指稱字符職能變化的"古""今"材料，不是注列"古今字"

一個字初創時職能是單一的，而在以後長期的使用中職能會發生變化。古人訓注中遇到這種職能變化而需要說明時，也往往使用"古"或"今"來表述。例如：

（8）【雩】案《字林》"越俱反"。今借爲芌，音于句反。（唐·陸德明《經典釋文》卷二十九）

（9）【飯】扶晚反。《禮記》："飯黍毋以箸積梧。"……又曰："文王一飯，亦一飯。"野王案，《說文》"飯，食也"，謂食飯也……今亦以爲餅字。（梁·顧野王《原本〈玉篇〉殘卷》卷九）

例（8）原文出自《爾雅·釋天》"螮蝀謂之雩。螮蝀，虹也"，郭璞注："俗名謂'美人虹'，江東呼'雩'。"可知《爾雅》之"雩"記錄的詞義是 { 彩虹 }。而《經典釋文》指出"今借爲芌"，即"雩"這個字形在"今"時被借用來記錄和"芌"字相當的意義。因此這則訓條反映了"雩"在後代開始承擔假借義 { 芌 }，其記錄職能增加了。例（9）顧野王指出"文王一飯，亦一飯"中的"飯"字與《說文》訓釋一致，都表動作義 { 吃飯 }，而"今亦以爲餅字"，則說明"飯"在"今"時還記錄本由"餅"字記錄的名詞義 { 飯食 }。可見這兩則訓釋雖然都包含"今"，但它們反映的是"雩""飯"在"今"時的職能變化，而不是針對某個詞義的歷時用字變化，因而不屬於“古今字”問題。

5. 指稱字形或構件的構造功能的“古”“今”材料，不算注列“古今字”

古人分析漢字結構時，往往指出某個形體或構件的功能相當於某個“古文”或“今文”的意義，這樣的“古文”“今文”不是指同詞的古今用字差異，不屬於“古今字”關係。如：

（10）【大】天大，地大，人亦大焉。象人形，古文人也。凡大之屬皆從大。臣鍇按，《老子》“天大，地大，王亦大也”，古文亦以此爲人字也。（南唐·徐鍇《説文解字繫傳》卷二十）

（11）【不可攫】烏虢反。《考聲》云“以手攫取也”。從手，蒦聲。《經》文單作蒦亦通。從隹，音完。從又，古文手字。（唐·慧琳《一切經音義》卷七十五）

例（10）説“大”是“古文人”，“古文亦以此爲人字”，意思是“大”在古文字的構形中表示“人”，即“大”字造意爲伸展肢體之人形。清王筠《説文釋例》：“此謂天地之大，無由象之以作字，故象人之形以作大字，非謂大字即是人也。”例（11）“從又，古文手字”是説“又”在構字時表示“手”的意義，不是説｛手｝這個詞古代用“又”而後代用“手”。可見這裏的“古文”是指古文字構造中的形體功能，不是指古文獻中實際使用的字。

6. 指稱字形局部變化的“古”“今”材料，不是注列“古今字”

某個字的形體古代寫作什麼樣，後來變成什麼樣，注列者也可能用“古作某”“今作某”來説明，這樣的材料意在説明形體書寫的某些變化，不是指同詞所用字種的不同。如：

（12）【亙】求宣也。又姓。从二从回，回音回，今作日。與
亙字不同，亙从二从舟，舟今作月。凡宣垣字从亙。（明·樂韶鳳
《洪武正韻》卷四）

（13）【壽】是酉切。《説文》作𦓴，“久也。从老省，𤔮聲”。𤔮
音疇。隸作壽。上从毛从人，今作𡈼。俗上从士，誤。（元·李文
仲《字鑑》卷三）

例（12）“今作日”是説古文字“亙”的中間部分原來寫作“回”，
而後來訛變寫作了“日”。“舟今作月”是説“亙”字中原來的“舟”
形現在訛變成了“月”形。例（13）“上从毛从人”是指小篆字形的上
部，而“今作𡈼”是指隸變以後的寫法。這些“古”“今”跟上條的
“古文”相似，也是就文字形體而言，不是就文獻用字而言。

7. 祇有單方面的“古”或“今”，不構成對舉字組的材料，不算注
列“古今字”

這時“古”或“今”祇指某個時代的字，不是指不同時代的某組
字。如下例（14）的“古字韋、圍、違三字義通”，即泛指古時候的用
字，不是跟某個“今字”相對而言的；例（15）“男、南古字通用”也
不是“古”“今”對舉，而是泛指古代這兩個字通用。這些字組都不構
成“古今字”。

（14）【十韋，十圍也。】《漢書·成帝紀》：“大風拔甘泉中大木
十韋以上。”師古曰：“韋與圍同。”又《墨子·貴義篇》“圍心”即
“違心”。蓋古字韋、圍、違三字義通。（清·吳玉搢《別雅》卷一）

（15）【南，艸木至南方，有枝任也。】按，古南、男二字相假
借。（清·段玉裁《説文解字注》卷六）

【二百里男邦，《史記》云任國〔漢諱邦改爲國〕。】棟案：《白
虎通》引《書》云“侯甸任衛作國伯”，今《酒誥》作男，古男與

南通，皆訓爲任……王肅《家語》亦載子産語，云：男、南古字通用。（清·惠棟《九經古義·尚書古義上》）

8.不屬於認識問題，而是文字訛變、校勘不精所引起的文字關係錯亂，致使古人誤注誤列的，不算注列“古今字”

例如：

（16）【斑】舊注：“古文班字。”按：班，通作頒、般。《集韻》或作辨、斑。或作班，《説文》本作辨。《易·賁卦》陸氏釋文：賁，古斑字。今改作斑，非。（明·張自烈《正字通》卷七）

按，“斑”本爲“發”字古文，方月切。“月、丹”形近，明刻本《篇海》誤作“方丹切”，《詳校篇海》承《篇海》之誤而補作“音班”，《正字通》又承《詳校篇海》“音班”而定爲“古文班字”，屬誤判。①

（17）【厰】徒到切。古文盗。[宋·陳彭年等《大廣益會玉篇》（澤存堂本）卷二十二）]

按，《説文·次部》：“厰，歠也。从次厂聲。讀若移。”或作歋（《玉篇·次部》：“盗，徒到切。逃也。《説文》：‘私利物也。’歋，弋之切，歠也。”），訛作厰（《五音集韻》卷十一）、厰（上元本與《康熙字典》引《玉篇》）、厰（澤存堂本）。“歋”訛作“厰”，廣益者誤與上字（盗）認同，遂收録於厂部之末。上元本、和刻本與元刻本但言古文，並無“盗”字。頗疑“盗”字乃明清人所加。②

---

① 參見楊寶忠《疑難字三考》，中華書局，2018，第370頁。
② 參見楊寶忠《疑難字三考》，中華書局，2018，第11~12頁。

（三）“古今字”字組的分合

“古今字”是不同時代記録同一詞項（在字典中也可能表現爲同一詞位）的不同用字或不同字形。“詞項”指負載一個義項的詞形，屬於音義結合體。故區分不同的“古今字”字組應以表達的音義爲標準，即根據“古字”“今字”所記録的讀音和意義來確定字組的分合。

1. 同音同義的“古字”和“今字”合成一組“古今字”

隨文釋義材料中的“古今字”往往是單音單義的，比較容易處理。但大型字典辭書中提及的“古今字”可能具有多音多義。讀音相同且意義相關的詞項可以歸納爲一個詞位，屬於一個詞位的不同詞項的“古今字”可以合併爲一組處理，即一組“古今字”的音義可以包括幾個相關的義項，多個相關義項通常是可以分別具有古今對應關係的。如：

（1）【生】所京切。產也，進也，起也，出也。【㞢】古文。（宋·陳彭年等《大廣益會玉篇》卷二十九）

按，㞢、生乃小篆楷化而異者。儘管有“產也，進也，起也，出也”多個義項，但這些義項具有内在關聯，屬於同一個詞位的不同義項，就詞位而言是音義相同的，所以“㞢—生”算是一組古今字。

讀音相同當以古音爲準，以大型工具書如《漢語大字典》等爲據。如果某組字在工具書裏並無相同的注音，而古人確實看作“古今字”，那也可以從實際用法出發，“音隨義定”，使它們讀音相同從而確定爲古今字組。例如“哉—才”，字書中未見有相同的注音，但在表{才始}義上被古人多次標注爲“古今字”，那説明它們應該有相同相近的讀音，“哉”本來也是從“才”得聲的，故可根據“才”的“才始”義讀“cái”的事實，把“哉”也認定爲有 cái 的讀音，這樣“哉—才”作爲一組“古今字”纔能成立。

　　同音同義的一組"古今字"也可以包含多個異寫字形。就是説，在音義相同的條件下，如果某個"今"字對應多個"古"字，或者某個"古"字對應多個"今"字，或者"古字""今字"各有多個字形，那麽多個"古字"和多個"今字"可以合並爲一組，各取一個字形爲代表標志字組，其餘字形可跟在代表字的後面，以保存字形。例如：

　　（2）【僻辟薜侵】邪也。或省。亦作薜。古作侵。（宋·丁度等《集韻》卷十）

　　【辟僻】《爾雅》"邪辟也"。【侵侵】並上同，古文。（金·韓道昭《五音集韻》卷十五）

　　【僻】《説文》辟也。从人，辟聲。邪也。……《集韻》古作侵。（元·熊忠《古今韻會舉要》卷二十八）

　　按，這組古今字的"今字"是"僻"，或省寫爲"辟"，還可以借用"薜"，這三個都是邪僻義的今字，而"侵、侵、侵"則都屬於"僻"的"古字"，所以可以組合爲"侵 侵 侵 —僻 辟 薜"或"侵（侵侵）—僻（辟薜）"的字組模式。

　　（3）【克】古作𠅃𠅃，即"可"字之變文。克與可同義，但轉其聲耳。（清·黄生《字詁》）

　　按，黄生認爲𠅃𠅃都是"可"的變文，則"可"與"克"構成古今字關係。這裏雖然出現了兩個古文字形，但没有結構變化，屬於異寫，可當一個字看待，故可以在"可"後面同時列出"𠅃𠅃"兩個字形，從而形成"可𠅃𠅃—克"或"可（𠅃𠅃）—克"的古今字字組形式。

　　這種一對多、多對一或多對多的古今字組，在列舉具體材料時，如果材料來源不同，字形也不同，也可以在多對的字組下再分别列出單對的字組。

2.意義無關和讀音不同的“古今字”應分別爲不同的字組

如果一組“古今字”形體相同，但在不同語境中表示不同的音義，這種情況在字典辭書中通常是合在一起的，但注列時是針對不同音義的，爲了反映注列者的真實認識，應該把這種“古今字”分別作爲不同的字組來對待，形式上可用“古$_1$—今$_1$”和“古$_2$—今$_2$”來表示不同的字組。例如：

（4）【勝夌】識蒸切。《説文》：“任也。”古作夌。又並詩證切，克也。（宋·司馬光《類篇》卷十三）

按，“勝”字楚系簡帛文字作 （郭.老乙.15）、 （郭.成.9），從力，夌（古文乘）聲，當即夌字所本。《類篇》注列爲古今字而有平去兩讀，意義也不同，這就可以分爲兩組：

夌$_1$—勝$_1$：（shēng）能够承受，禁得起。

夌$_2$—勝$_2$：（shèng）戰勝。

即使音義相同，但同一字或爲古字，或爲今字，並且對應的字不同時，也應該分列不同的字組。如：

（5）【栢盛】上霞巖反。《考聲》云：木匜也。……或作械，亦作楠，古字也。（唐·慧琳《一切經音義》卷十）

【寶械】音咸。《廣雅》：篋謂之械。形如小匱子，從木，咸聲。經文作函，古字。（唐·慧琳《一切經音義》卷二十九）

其中的“械”相對於“栢”是古字，相對於“函”是今字，於是分爲兩組：械—栢、函—械。

經過前面的校勘、鑒別和分合處理，我們共搜集到“注列‘古今字’”近萬組，編輯成《古代注列“古今字”輯考》，作爲“古今字”學術史研究的基本材料。

四 “古今字”學術史的研究

在全面搜集、整理、彙纂了歷代“古今字”材料後，“古今字”學術史的研究纔能有所依憑，纔能分析出真相。

（一）學術史研究的基本原則——求真

我們曾提出學術研究的基本原則是“學史求真，學理求通”。①這需要首先具有“學理”“學史”相區別的觀念。就古今不同的用字現象而言，如果從用字事實出發，考察甲字和乙字是否在不同時代記録了同一個詞，記録同一個詞的甲字和乙字是怎麽來的，彼此具有哪些屬性關係，這些關係在歷史上有没有發展變化，對漢字系統和漢語系統有没有影響，等等，這些都屬於學理研究。如果從學者認知出發，考察有哪些學者關注了歷時的同詞異字現象，他們是怎麽標注這些現象的，指出過哪些字例，有過哪些論述，形成了哪些成果，這些成果解決了什麽問題，對學術産生了什麽影響，在現代有無價值，等等，這些屬於學史研究。

“‘古今字’學術史叢書”研究的“古今字”當然是“學史”性的，是前人通過標注、論述、列舉等方式認知的“古今字”，我們把它們簡稱爲“注列‘古今字’”。這種“古今字”有的符合事實和學理，有

_____

① 李運富：《漢語學術史研究的基本原則》，《湖北師範學院學報》（哲學社會科學版）2010年第4期。

的祇是一家之言，甚至是不符合事實和學理的錯誤認知，因而"注列
'古今字'"不等於文獻中實際存在的古今字，也不等於今人理解的古
今字。爲了區別，我們給學史性的"注列'古今字'"加引號，表示這
是帶有古人主觀認識的，祇能評價，不能篡改；文獻中客觀存在的古
今字和今人理解的古今字不加引號，可以根據學理和自己的認識指認。
區分學史的"古今字"和學理的古今字，纔能針對學史的"古今字"
做實事求是的研究，纔能真正理解前人的"古今字"觀念和學術發展
的過程。

站在學術史的立場，研究"注列'古今字'"，必須堅持"求真"
原則，包括求真有、求真意和求真評。①

所謂"求真有"，就是前人確實認定過某某是"古今字"，也就是
我們搜集的"注列'古今字'"材料必須真實可靠。上面關於"注列
'古今字'"材料的處理就是確保"真有"的措施。此不贅述。

所謂"求真意"，就是準確理解古人有關材料的原意，避免以今律
古，強人就己。要做到這一點不太容易。首先，不宜拘泥於某些表述
的字面意思，而要儘量結合材料實例來理解。例如許慎把"古文"跟
"籀文""大篆""小篆"等概念並提，後人大都理解爲着重書寫風格
的"字體"。但我們看許慎使用這些概念時，所舉的字例都是在形體和
結構上有差異的，基本不是同一字形的不同書寫風格問題，而且《説
文》裏所説的"體"（"改易殊體"）也基本是就形體而言，後來的"或
體""俗體""獨體""合體""繁體""簡體"等就是繼承形體含義的，
所以從實際材料和使用目的看，與其把"古文"等理解爲後世的"字
體"概念，不如看作古人指稱字形來源的材料概念更爲真實。其次，
不宜囿於局部片面，而要全面綜合考察某個人的學術思想。例如有人
認爲清代學者王筠提出的"分別文""累增字"是要把前人説的"古今

字"限定在有"造字增偏旁"的孳乳字範圍。其實在王筠的著作中，這幾個術語是跟"古今字"並行的。"古今字"指稱用字現象，"分別文"指稱造字現象，彼此内涵不同，用"分別文"取代"古今字"並非王筠本意，而是後人强加給王筠的。最後，準確理解古人原意有時還得結合學術大背景。例如前文提到的《説文》"古文"，一方面可以就許慎論許慎，另一方面也可以聯繫同時代的司馬遷、鄭玄等學者的"古文"，甚至漢代的"今古文經學"來理解許慎的"古文"。任何學術問題都有産生的時代背景，任何學術思想也都會受到時代學術大背景的影響，注意到這一點，纔能避免泛時誤解和隨意解釋。理解"古今字"也有學術背景問題。"古今字"最初由漢代學者提出，一直是訓詁家的注釋用語，指出不同時代記録同一詞項而分別使用了不同的字符，意在用易知的字（通常是"今字"）解讀難懂的字（通常是"古字"）。因此，"古今字"的性質屬用字問題，而非造字問題。就用字而言，既包括用不同的字種記録同一個詞項或詞音 ①，也包括用同一字種的不同字形來記録同一個詞項或詞音。但 20 世紀以來，大多數學者把"古今字"看作造字現象，認爲"有造字相承的關係"，在造字時間上有先後之分，還有就是古字義項多，而今字祇有古字多種意義中的一個。這種認識忽略了"古今字"的訓詁目的和解讀經書的學術背景，自然難以符合古人的初衷。

所謂"求真評"，就是對古人學術思想和學術成果的評價要符合實際，不拔高，不貶低，客觀公允。對"古今字"學史的評價，也要從學術事實出發，在特定的歷史背景和學術環境中，在準確理解古人原意的基礎上，客觀指出其學術史意義和現代價值。如段玉裁有時會把"古今字"的古字稱爲"假借字"或把今字稱爲"俗字"等，有人從概念對立出發，批評段氏混淆失誤，認爲段玉裁既説某某是"古今

---

① 關於詞項、詞音、詞位等概念請參見李運富《論漢字職用的考察與描寫》，《上海師範大學學報》(哲學社會科學版) 2017 年第 1 期。

字",又説某是"假借字",某是"俗字",自相矛盾。其實段玉裁是從不同角度來分析同組材料而已,説它們是"古今字"乃着眼於用字時代的先後,説某字是"假借字"或"俗字"則是進一步説明這個字的來源或屬性;這些概念所處層面不同,解釋目的不同,根本就不矛盾。又如現代學者在評述"古今字"學術史時,常常拔高王筠的"分別文""累增字"。如洪成玉説:"王筠没有囿於漢人關於古今字的見解,也没有因襲段玉裁的説法。他在分析了古字和今字的關係以後,提出了分別文的説法。……王筠所説的分別字,就是古今字,此外,他還從造字角度提出了累增字這一術語,累增字其實也是古今字。"① 李淑萍也因爲"分別文""累增字"而評價"王筠在古今字研究上的貢獻應當肩負着'概念轉向'的地位"②。其實"分別文""累增字"是王筠發現的兩種形成原因比較特殊的"異部重文",和"古今字"在學術來源上就不相同。所以在王筠的著作中,"古今字"跟"分別文、累增字"是兩套共存而有明顯區别的術語,不是可以相互取代的同一性術語。客觀地説,王筠的"古今字"觀念和漢人及段玉裁的是一致的,並未因"分別文""累增字"術語的發明而改變。

(二)"古今字"學術史的分期研究

前人的"古今字"觀念當然也是會發展變化的,特别是就總體而言,所以纔有"古今字"學術史。要想還原歷史面貌,正確認識"古今字"學術的歷史作用和現實價值,不能滿足於對零散材料的辨析和概念印象上的爭辯,必須全面利用"注列'古今字'"資料庫材料,系統歸納各家的古今字觀念及其傳承脈絡,遵照古人原意

---

① 參見洪成玉《古今字概述》,《北京師範學院學報》(社會科學版)1992 年第 3 期。
② 參見李淑萍《清儒古今字觀念之傳承與嬗變——以段玉裁、王筠、徐灝爲探討對象》,《文與哲》2007 年第 11 期。

考察該問題的產生和發展過程，如此纔能正本清源地描寫古今字學術史，修正學界長期以來因舉例方式而產生的對古今字術語以及前人古今字觀念的有關偏見。因此，縱向的"古今字"學術通史是必須建立的。

通史是連貫的，但往往需要分期分階段來描述，而某一時期或某一階段是共時的、橫向的，所以通史可以表現爲若干斷代史。根據不同時代的"古今字"研究特色，我們把"古今字"學術通史劃分爲四個階段：唐以前"古今字"研究、宋元明"古今字"研究、清代"古今字"研究、近現代"古今字"研究。大致説來，唐代以前的"古今字"，主要目的在於解讀文獻，一般由某個"今字"溝通某個"古字"，以便解讀使用該"古字"的文獻。宋代以後，隨着大型字書的編撰，彙聚"古今字"字形的材料增多，往往出現一個"今字"對應多個"古字"或者相反的情況。這種多組"古今字"的繫聯，目的顯然不是針對某種具體文獻的，而是帶有搜集材料供人查找的工具書性質，既可以爲更廣泛的文獻解讀服務，也可以爲描寫文字現象、總結用字規律的研究工作服務。到了清代，"古今字"研究進入理論探討階段，段玉裁、徐灝等都有一些論述，特別是段玉裁，對"古今字"的概念、性質、範疇等多有界定，同時擴展至用字現象和用字規律的研究，涉及對大量古今字"某行某廢"的分析。徐灝曾試圖給"古今字"分類，認爲"古今字"包括"載籍古今本"和"造字相承增偏旁"兩類，實際上是把段玉裁所論述的"古今字"和王筠所提出的"分別文""累增字"簡單相加，屬於誤解王筠原意而導致的不合學史也不合邏輯的一種理論框架。進入現代，"古今字"研究走向歧途。既有誤解古人原意的，也有替換古人概念的，主要癥結在於把"學史"研究混同爲"學理"研究，用現代人的學理思想去解讀和要求古人的學史事實。比如現代人把"古今字"誤解爲"分化字"，實際上就是從學理上認爲"古今字"應該是"分化字"，所以把用字性質的"古今字"改造

成造字性質的“分化字”。這種思想的源頭可能跟清代徐灝有關。徐灝
不僅誤解王筠的“分別文”“累增字”並混同段玉裁的“載籍古今本”，
還在舉例分析時基本上祇涉及“分別文”“累增字”，以致後人進一步
誤解“古今字”祇有“分別文”和“累增字”，非增偏旁造出新字的
其他古今不同用字不算“古今字”，而“分別文”“累增字”又被後人
看作“分化字”，於是“古今字”就完全被“分化字”同義替換了。現
代人對“古今字”的誤解既有因襲也有發揮，致使現代的“古今字”
很多時候已不再是古代的“古今字”，特別是將“古今字”推入“異
體字”“通假字”“同源字”等不同系統概念辨析的泥潭，使得現代的
“古今字”研究紛繁複雜，亟須疏清源流，撥亂反正。

　　根據以上思路，我們對“古今字”學術通史的研究，共產生 4
種斷代史研究專著。它們是蔣志遠《唐以前“古今字”學術史研
究》、張燕《宋元明“古今字”學術史研究》、鍾韻《清代“古今字”
學術史研究》、溫敏《近現代“古今字”學術史研究》。這 4 部“古
今字”斷代學術史專著首次對古今學者的古今字研究史進行全面梳
理和總結，以兩千多年的歷史視野對“古今字”學術傳承脈絡進行
溯源探流，全景式展現古今字研究如何從訓詁學領域演變到文字學
領域的整個過程，澄清了今人的許多錯誤認識，引發對系列相關概
念的重新定位。

（三）“古今字”學術史的專題研究

　　“古今字”學術通史的研究是粗綫條的、總括式的。其中會碰到許
多材料辨析、具體問題的討論和代表性專家專著的詳細評介，這些內
容如果都放到通史和斷代史中展開，可能使“古今字”學術通史變得
繁雜枝蔓。因此，我們把一些需要重點研究和詳細評介的代表性專家
和專著單獨提出來作爲“專題”，同時平列地納入“‘古今字’學術史

叢書",以便從某些特殊角度和視點來反映"古今字"學術史。這些專題性專著有:蘇天運《張揖〈古今字詁〉輯佚與研究》;張青松、關玲《顏師古"古今字"研究》;張志麗《韓道昭〈五音集韻〉"古今字"研究》;劉琳《段玉裁〈説文解字注〉"古今字"研究》;蔣志遠《王筠"古今字"研究》。這 5 種著作除了全面搜集考辨特定學者和有關著作的"古今字"材料外,重點評析相關學者在"古今字"學術史上的特點和貢獻,以及跟別的學者的關係。

作爲專題性研究,項目組成員還正式發表了 40 餘篇相關論文。其中標題中含有"古今字"關鍵詞的就有:

李運富《早期有關"古今字"的表述用語及材料辨析》,《勵耘學刊(語言卷)》總第 6 輯,學苑出版社,2008。

李運富《"余予古今字"考辨》,《古漢語研究》2008 年第 4 期。

李運富、蔣志遠《論王筠"分別文、累增字"的學術背景與研究意圖》,《勵耘學刊(語言卷)》總第 16 輯,學苑出版社,2013。

李運富、蔣志遠《從"分別文""累增字"與"古今字"的關係看後人對這些術語的誤解》,《蘇州大學學報》(哲學社會科學版)2013 年第 3 期。

蘇天運《〈古今字詁〉文獻性質研究》,《學術交流》2013 年第 5 期。

關玲《顏師古和鄭玄、段玉裁的古今字觀念比較》,《漢字學微刊》2017 年 8 月 3 日。

李玉平《論"古今字"觀念的産生時代》,《天津大學學報》(社會科學版)2015 年第 5 期。

蔣志遠《魏晉南北朝"古今字"訓詁論略》,《勵耘語言學刊》2015 年第 2 期。

鍾韻《〈段注〉"古今字"的字用學思想淺析》,《勵耘語言學刊》2015 年第 2 期。

溫敏《黄侃的“古今字”和“後出字”》,《勵耘語言學刊》2016 年第 2 期。

李運富《“古今字”研究需釐清概念》,《中國社會科學報》2017 年 9 月 5 日第 3 版。

俞紹宏《古今字考辨叢札》,《漢字漢語研究》2018 年第 3 期。

李運富《異時用字的變化與“古今字”研究》,《中國社會科學報》2019 年 1 月 15 日第 5 版。

溫敏《“古今字”的現代研究價值探析》,《中國文字學報》,商務印書館,2019。

張青松《顔師古〈漢書注〉古今字研究與辭書編纂》,《阜陽師範大學學報》(社會科學版)2020 年第 3 期。

李運富、溫敏《古代注列“古今字”的材料鑒別與學術價值》,《西南交通大學學報》(社會科學版)2020 年第 5 期。

張青松《古今字研究應該重視出土文獻——以顔師古〈漢書注〉古今字研究爲例》,《漢字漢語研究》2021 年第 1 期;人大複印報刊資料《語言文字學》2021 年第 8 期全文轉載。

張青松、關玲《顔師古〈漢書注〉“古今字”字際關係略論》,《阜陽師範大學學報》2022 年第 5 期。

這些論文雖然沒有作爲獨立表現形式收錄於叢書中,但其作爲專題研究的材料和觀點是融匯在了叢書的著作裏的。

五 “古今字”研究的學術價值

“古今字”是古代訓詁家注釋説明不同時代記録同一詞項而使用了不同字符或字形的現象。這種現象涉及漢字的演變、語言的演變和字詞關係的變化，所以我們搜集甄別歷代注列“古今字”材料，其價值應該是多方面的。既可以考察“古今字”在訓詁學領域的意義，也可以考察其給文字學、語言學帶來的影響；既可以從理論角度探討“古今字”的學術史，也可以從材料角度探討“古今字”的現實利用。

（一）注列“古今字”的學術史價值

“古今字”概念自漢代提出，一直沿用至今，但人們對“古今字”性質的認識並不一致。特別是 20 世紀以來，各種現代思想被強塞進歷史長河，致使歷史面貌越來越模糊。要改變這種研究狀況，唯有正本清源，先抛開現有的一切成見，從搜集第一手材料開始，重新梳理“古今字”提出、應用、變化、誤解的過程，這樣纔能重現歷史上“古今字”的真實面貌，還原古人的本意。古人的本意在學理上並不一定都正確，但我們對它的展示和理解必須正確，否則就不是學術的歷史。不容易理解的地方寧可多做推測，全面考慮，也不要無視、簡單否定或用現代人的思想替代。例如《説文》“尗，豆也”，段玉裁注：“尗豆古今語，亦古今字，此以漢時語釋古語也。《戰國策》‘韓地五穀所生，非麥而豆。民之所食，大抵豆飯藿羹’，《史記》豆作尗。”從學理上看，説“尗—菽”爲“古今字”理所當然，可“尗”與“豆”既然是“古今語”，就不應該“亦古今字”，因爲古今語是指義同而音不同的兩個詞，而古今字記録的必須是音義全同的一個詞，它們屬於對立關係。但段玉裁明明説“尗豆古今語，亦古今字”，你就不能不承認他有把同一組字既看作“古今語”又看作“古今字”的事實，而且這種事實還不是孤立的。如《説文·邑部》：“邰，炎帝之後，姜姓所封，周棄外家國。从邑，台聲。右扶風斄縣是也。”段注：“見《地理志》。周人作邰，漢人作斄，古今語小異，故古今字不同。”

又《說文·穴部》:"竇,空也。"段注:"空孔,古今語。"《說文·穴部》:"窾,空也。"段注:"空孔,古今字。"對這種學術歷史的事實,我們不能忽略掩蓋,更不能篡改更換,祇能解釋和批評。最簡單的辦法當然是按照現代人的觀念直接否定段玉裁,說他"自相矛盾",是錯誤的,但這並沒有解釋段玉裁爲什麼認爲"古今語"和"古今字"可以共存,這麼明顯的"自相矛盾"他會看不出來嗎?那就祇能認爲他有時把某組字既看作"古今語"又看作"古今字"是有他的某種道理的。先看有關的一條材料。《說文》"荅,豆屬",段注:"許言未,豆也。象豆生之形也。荅,小豆也。萁,豆莖也。藿,未之少也。𧁾,配鹽幽未也。然則未與古食肉器同名,故荅、豋二字入豆部。按豆即未,一語之轉。周人之文皆言未,少言豆者。惟《戰國策》張儀云韓地五穀所生,非麥而豆。《史記》作菽。吳氏師道云:古語祇稱菽,漢以後方呼豆。若然,則荅、豋字蓋出漢制乎。"這裏包含未豆的音義關係及其變化原因,大致能解釋段玉裁爲什麼說"未豆古今語,亦古今字"。就音而言,"未與古食肉器(豆$_1$)同名",故可借"豆"記錄"未(豆$_2$)"。就義而言,"豆$_2$即未",都是指菽。但"周人之文皆言未,少言豆$_2$者","古語祇稱菽(未),漢以後方呼豆$_2$"。可見"未(菽)"與"豆$_2$"在漢代可能同音同義,而歷時看雖然同詞但並不同音,由周人之"未"音變爲漢後之"豆$_2$"音,乃屬"一語之轉"。"一語之轉"本質上是"一語"的"音轉"。雖然讀音略有變化,用字不同,但從淵源關係上講,段玉裁認爲轉前與轉後是"一語"(同一個詞)。這裏的同詞,是基於語言發展特別是語音的方俗和古今變轉而進行的歷時認同。大概正是因爲這樣的特殊性,着眼於古今讀音的變化,段玉裁認爲"未豆古今語",而着眼於古今仍屬一詞,段玉裁認爲未豆"亦古今字"。"豆"無論就音(語)言還是就字言,都晚於"未",因而二者具有"古今"關係。以此檢驗"邨—藜""空—孔"兩組,也符合歷時性"一語之轉"而用字不同的情況,即段所謂

"古今語小異，故古今字不同"。① 如果我們對段玉裁的這些表述文字的理解不誤，那就得重新認識段玉裁的"古今字"觀念，即在段玉裁看來，"古今字"雖然"主謂同音"，但對於"一語之轉"而讀音略有變化的"古今語"的不同用字，也可以將它們算作"古今字"。可見段玉裁一方面把"古籀篆隸"字體方面的古今差異排除在"古今字"之外，同時又把"一語之轉"的古今語納入"古今字"，這兩點跟他以前的學者是不同的，而對以後的學者如朱駿聲却是有影響的。如果不從第一手材料出發，不站在古人的角度想問題，就難以發現段玉裁"古今字"思想的特殊性。所以研究"注列'古今字'"首先是建立真實"古今字"學術史的需要，這方面的價值在前述"古今字"學術史研究中也有充分體現，不再贅述。

（二）注列"古今字"的訓詁學價值

"古今字"原本是訓詁家提出用來幫助讀者解讀文獻的注釋術語，通過對這些材料的全面清理，可以溝通文獻中的字際關係和字詞關係，從而正確理解每個漢字在文獻中的實際功能。這不僅有利於準確解讀文獻字詞含義，而且對現代字典辭書的編撰和修訂也有重要參考價值。"古今字"作爲訓詁用語主要有兩個作用：一是用"今字"訓"古字"，從功能上達到古今溝通的目的；二是以"今"帶"古"，類聚同功能所用字，從認讀上達到增廣見聞的目的。

正是由於漢語言文字隨着時代在不斷發展變化，文獻中出現大量歷時同詞異字現象，成爲釋讀文獻、溝通文意的障礙，注釋家這纔發明"古今字"的訓詁體式，從東漢鄭衆始創至今近兩千年沿用不絕。

---

① 對段玉裁"一語之轉"的"古今語"和"古今字"關係的理解，中山大學吳吉煌、天津師範大學李玉平、遼寧師範大學王虎、合肥師範學院張道升、湖南師範大學蔣志遠及鄭州大學張青松參與了討論，互有啓發，特此致謝。

古人對“古今字”的注列和分析，往往溝通了字詞關係，指明了某字是某詞的古字，用人所共知的今字解釋生僻的古字，因而也可以成爲今天我們釋讀文獻、疏通詞義文意的重要借鑒。例如：

（1）【故人不耐無樂，樂不耐無形，形而不爲道，不耐無亂。】形，聲音動静也。耐，古書能字也。後世變之，此獨存焉。（漢·鄭玄注、唐·孔穎達疏《禮記正義》卷三十九）

（2）【適足以曳君自損也。】晉灼曰：“曳，古貶字也。”（唐·李善注《文選》卷八）

例（1）指明“耐”是“能”的古字，二者構成古今字關係，文獻傳抄刊刻過程中，古字“耐”多數被改成今字“能”，祇有《禮記》保留古代的用字習慣，倘若没有訓釋者的溝通，我們便很難建立借字“耐”字與{能够}之間的關聯。例（2）中，讀者見到“曳”很難捕捉字形所指的音義，李善引用晉灼的注釋認爲“曳”是“貶”的古字，意思就很清晰準確了，詞語用字的古今差異不溝通，句子根本就無法講通。

“古今字”的訓詁價值還表現在通過以今字類聚幾組古字，將相同詞語的不同時代用字繫聯到一起，起到增廣讀者見聞的功效，爲其他文獻的釋讀提供參考。例如：

（3）【及】逮也。从又、从人。乀，古文及，秦刻石及如此。弓，亦古文及。遑，亦古文及。（漢·許慎《説文解字》卷三）

（4）【勇喆】古文嚞，《字書》作喆，今作哲，同。知列反。《爾雅》：“哲，智也。”《尚書》：“知人則哲。”（唐·慧琳《一切經音義》卷四十三）

例（3）除訓釋詞義外，繫聯了相關的三組古今字："乁—及""弓—及""遺—及"，這種繫聯工作已經不僅僅是在解釋詞義，主要用意更是爲讀者類聚詞義{追上}的古今用字習慣，增廣讀者見聞，爲今後文獻閱讀溝通相關字詞關係積纍素材，所以它的最終目的仍是爲解讀文獻提供便利。例（4）溝通"喆"與"哲"的古今異體關係，其義已明，但訓釋者仍繫聯出古字"嚞"，也是出於增廣見聞的目的，以便讀者遇到"嚞"字時好聯繫到"哲"來釋讀。

對"古今字"的訓詁功能，古人多有揭示，如王筠著作中的下列材料：

《蒼頡篇》："啁，嘲也。"……以嘲釋啁，乃以今字釋古字之法，漢人多有之。（《説文解字句讀》卷二上）

《漢書·儒林傳》："魯徐生善爲頌。"此頌貌之本義也。借爲雅頌。《詩序》曰："頌者，美盛德之形容。"以容説頌，以今字解古字也。（《説文解字句讀》卷九上）

【厠，清也。】《廣韻》引作"圊也"，此以今字代古字，使人易曉也。（《説文解字句讀》卷九下）

《毛傳》："戌，滅也。"……案毛以今字釋古字。（《説文解字句讀》卷十上）

"爆，火燥車網絕也。"燥一引作燥，亦通。網一引作輞，則以今字改之，取易曉也。（《説文解字句讀》卷十上）

《荀子·臣道》："邊境之臣處，則疆垂不喪。"注："垂與陲同。"按，此以今字釋古字也。（《説文釋例》卷十三）

"巤"下云"毨也"……説解中以今字説古字亦時有之。（《説文釋例》卷十六）

"髟"下云"長髮猋猋"，《玉篇》"長髮髟髟也"，兩書皆是，不可互改也。許君用猋者，發明假借；……顧氏用髟者，直解之

也，正如《史記》《漢書》之同文者，此用古字，彼用今字，對勘之而自明。（《説文釋例》卷十八）

上述各例皆注明爲"古今字"，講的都是文獻用字和典籍解讀（釋義）問題，目的在於"以今字釋古字"，"使人易曉也"。

（三）注列"古今字"的文字學價值

漢字學具有形體、結構、職用三個平面，漢字職用學是其中重要的一個平面。漢字職用學主要研究漢字的職能和實際用法，需要通過對不同文字材料的系統考察，描寫用字現象，總結用字特點，解釋用字成因，揭示用字規律，反映用字歷史。雖然"古今字"是從訓詁的實用角度提出的，但它描述的正好是文獻用字的時代差異，反映的實質正好是字詞關係的變化，所以"古今字"與"字用學"天然契合；而且注列"古今字"是古人針對他們親見的文獻實際用字的説明，往往保存了古籍用字的原貌，比起今人依據可能屢經改竄的傳世文獻來考察文獻用字情況，可能更爲可靠。因此，歷代注列的"古今字"材料是"字用學"考察用字現象和探討用字理論不可多得的資源庫。

1. 利用注列"古今字"考察字詞關係和字際關係

字用學對用字現象的考察有兩個角度，一是從字符出發，考察漢字的記錄職能，即某個字記錄了哪些詞；二是從語符出發，考察語符的用字情況，即某一語符用了哪些字記錄。無論哪個角度，實際上都是考察字詞關係。漢語的字詞關係不是一一對應的，也不是一成不變的。注列"古今字"材料爲我們提供了許多這方面的典型實例。如：

（1）【何，儋也。从人，可聲。】臣鉉等曰：儋何即負何也。

借爲誰何之何，今俗别作擔荷，非是。（宋·徐鉉校定《説文解字》卷八）

（2）【呭，苛也。】苛者，訶之假借字。漢人多用荷爲訶，亦用苛爲訶。（清·段玉裁《説文解字注》卷二）

【苛人受錢。】按訶責字……俗作呵，古多以苛字、荷字代之。（清·段玉裁《説文解字·叙》注）

（3）【勝敻】識蒸切。《説文》："任也。"古作敻。又並詩證切，克也。（宋·司馬光《類篇》卷十三）

例（1）中"何"記録｛擔荷｝和｛疑問詞何｝，前者屬本來用法，後者是借用，這屬於一字多用，或者同字異詞。從詞語用字角度看，記録｛擔荷｝義古用"何"，今借"荷"字記録，這屬於多字同用，或者同詞異字。例（2）中"苛"的本用表示｛小草｝，而借用記録｛訶責｝義；"荷"本用表示｛荷花｝，也借用記録｛訶責｝。這都是一字多用。而記録｛訶責｝義的詞項，却可以先後使用"荷""苛""訶""呵"等，真實反映了古籍中的多字同用現象。例（3）注列的古今字字組中，敻是古字，勝爲今字，但有平去兩讀，應該分爲兩組：敻₁—勝₁（shēng），能够承受，禁得起；敻₂—勝₂（shèng），戰勝。勝，楚系簡帛文字作勶（郭.老乙.15）、勶（郭.成.9），從力，奯（古文乘）聲，當即敻字所本。這也是同字異詞現象。

多字同用（同詞異字）時，包含不同的字際關係。字際關係是漢字職用學的重要内容，注列"古今字"爲研究同職用字際關係提供了豐富的素材。如：

【犇—奔】（本字—本字）《漢書·禮樂志》："樂官師瞽抱其器而犇散，或適諸侯，或入河海。"顔師古注："犇，古奔字。"在表｛奔跑｝詞項時，古代用"犇"字，後來用"奔"字，形成古今字。這組"古今字"是因造字方法不同而形成的異體字，反映了異體本字關係。《説

文》：“奔，走也。從夭，賁省聲。與走同意，俱从夭。”“奔”的本義
即{奔跑}，《詩經·小雅·小弁》：“鹿斯之奔，維足伎伎。”“犇”字
不見於《説文》，從三牛會意，構意爲群牛奔跑，本義也是{奔跑}。
《荀子·大略》：“故吉行五十，犇喪百里，賵贈及事，禮之大也。”

【牙—芽】（借字—本字）《説文解字·竹部》：“管，如篍，六孔。
十二月之音。物開地牙，故謂之管。”段玉裁注：“物開地牙四字有脱
誤，當作物貫地而牙。貫、管同音，牙、芽古今字。古書多云十一月
物萌，十二月物牙，正月物見也。”就是説，在表達{萌芽}詞項上，
古代用“牙”，後代用“芽”，形成古今字。“牙”的本義是{大牙}，
假借爲{萌芽}義，後來以“牙”爲聲符，以“艸”爲義符取意草木
萌芽，造出“芽”字專門記録{萌芽}義。所以，“牙”和“芽”反映
了假借字和後補本字的關係。

【霸—魄】（本字—借字）《漢書·律曆志》引《尚書·武成》：
“惟一月壬辰，旁死霸。”顏師古注：“霸，古魄字，同。”句中的“霸”
表{月初月光}。顏注指出，在這個意義上“霸”是古字，“魄”是今
字。《説文解字·月部》：“霸，月始生霸然也。承大月，二日；承小
月，三日。從月，䨣聲。《周書》曰：哉生霸。”從構形和《尚書》用
例看，{月初月光}是“霸”字本義。“魄”在《説文》中訓作“陰神
也。從鬼，白聲”，本義爲{陰神}，《左傳·昭公七年》“人生始化
爲魄”的“魄”是其本用。而“魄”和“霸”古音相同，所以“魄”
可借用爲“霸”。因而在{月初月光}義上，今字“魄”是古字“霸”
的通假字。

【率—帥】（借字—借字）《説文解字·㫃部》“旗”段注：“《樂師》
注曰：故書帥爲率。然則許作率都者故書，鄭作帥都者今書也。《聘
禮》注曰：古文帥皆作率。”又《率部》“率，捕鳥畢也。”段注：“畢
者，田网也。所以捕鳥。亦名率。按此篆本義不行。凡衛訓將衛也，
達訓先導也，皆不用本字而用率，又或用帥。”又《辵部》“達，先道

也"段注:"道,今之導字。達,經典假率字爲之。……大鄭以漢人帥領字通用帥,與周時用率不同故也。此所謂古今字。"《巾部》"帥,佩巾也"段注:"率導、將帥字在許書作達、作衛,而不作帥與率。"《行部》"衛,將衛也"段注:"衛也,今本作衛也。誤。……衛,導也,循也。今之率字。率行而衛廢矣。率者,捕鳥畢也。將帥字古祇作將衛。帥行而衛又廢矣。帥者,佩巾也。衛與辵部達音義同。"段注是說,就{率領}這個詞項而言,"率"爲秦代以前使用的古字,"帥"爲漢代以後使用的今字。但這組古字和今字都是借字,因爲"率"的本義訓{捕鳥網},記錄{率領}義是假借用法;"帥"的本義是{佩巾},記錄{率領}義也是假借用法。"衛""達"的本義訓{先導},當是{率領}義的本字。

2. 利用注列"古今字"考察用字歷史

如果把同一字詞的注列"古今字"材料按照時代串聯起來,往往可以清晰地梳理某個字的職能演變情況或某個詞的用字歷史面貌,這是研究漢字職用史的基礎工作。如詞語{地}的歷時用字可從注列"古今字"材料中找到如下綫索。

《説文·土部》:"地,元氣初分……墬,籀文地从隊。"可見先秦籀文時代記錄{地}多用"墬"字,漢代通行的今字應該是"地",所以《説文》纔會注出它的古字(籀文)"墬"。考西漢《楊量買山刻石》作圖,西晉《臨辟雍碑》作圖①,都是"地"字而形體稍有不同,説明"地"字前承秦代,至漢魏六朝已經是社會習用字。但注列"古今字"材料反映,漢代文獻中仍然有用古字"墬"的,《漢書》中就多見。

(1)【參天墬而施化,豈云人事之厚薄哉。】師古曰:"墬,古地字。"(唐·顏師古《漢書注》卷一百)

① 毛遠明:《漢魏六朝碑刻異體字字典》,中華書局,2014,第160頁。

（2）【《周官》：“天墜之祀。”】師古曰：“墜，古地字也。”（唐·顏師古《漢書注》卷二十五）

　　漢代文人有崇古的個人用字習慣，故當時文獻有用古文字的現象並不奇怪，所以王觀國《學林·古文》說：“司馬遷、班固作史，亦或用古文字。……墜，乃古文地也。”《汗簡》卷下收録有《碧落》文的三個“地”字古文“𡉼𡉼墬”，其中“𡉼”可能是聲符“彖”的省變形式，屬於形體訛變造成的古字。

　　到了唐代，{地}的用字發生重大變化，這在注列“古今字”材料中也有所體現。如唐代出現的武周新字，其中記録{地}的系列會意字就被此後的學者作爲“古字”注列：

　　（3）【委坔】古地字也，則天后所制字也。（唐·慧琳《一切經音義》卷五十四）

　　（4）【坔嶤】二。古文，音地。（遼·行均《龍龕手鑑》卷一·山部第五）

　　（5）【坔墜坔】三。古文，音地。【坔墬】二。古文地字。【坔】古文地字。（遼·行均《龍龕手鑑》卷二·土部第五）

　　（6）【地墬】題利切，下地，重濁陰爲地。【坔墜墬坔】古文。（朝鮮本《龍龕手鑑》上卷第四·土部第五）

　　（7）【不如盡歸中山之新地。】元作坔，武后時字耳。今並從古。此謂中山之新地（元作扶柳）。正曰：姚云：竇苹《唐史釋音》云：“坔，〔古〕地字。見《戰國策》。”今策中間作坔，安知非自武后時傳寫相承，如臣作惡之類？然古文乃作坔。又《鶡冠子》《亢倉子》皆有坔字，恐有自來。愚按鄭氏《書略》：“籀文地作坔。”武后蓋有所本。意本書坔，而後轉從坔歟？後多此字，以義通，不復出。（宋·鮑彪原注、元·吳師道補正《戰國策校注·

趙卷第六》)

《龍龕手鑑》中指認的“古字”包括形聲“墬”類字和武后時期“坔”類字。“坔”“墾”“壵”“坙”都屬會意字，是基本部件“山”“水”“土”的不同組合形式，構形理據清晰。“嶳”“陸”屬形聲系列古字，意符爲“山”“土”“阜”，“豕聲”爲“象聲”的聲旁簡省字。{地}的用字還有更複雜的情況：

（8）【陸墮】二。古文地字。（遼·行均《龍龕手鑑》卷二·阜部第十一）

（9）【墮】同防。舊本阜部陸注：“古文防。”此重出，分爲二，誤。《古文奇字》朱謀㙔曰：“墮爲大篆地字。”又云：“古地字。”本作墮，故旦上二字從墮。俗作坔。按籀文地篆作墬。今闕墬不載，以墮爲墬，變墮爲古文地，亦非。（明·張自烈《正字通》卷二·土部）

【陸】同防。《説文》“防”重文作陸。舊注“古防字”，《古文奇字》以陸爲古地字，並非。舊本土部墮重出。（明·張自烈《正字通》卷十一·阜部）

釋行均、朱謀㙔都指認“墮（陸）”爲“古地字”，而張自烈認爲“防”有重文作“陸”，並非“地”字。《説文·𨸏部》：“防，隄也。從𨸏方聲。陸，防或從土。”今考《汗簡》也曾收録𨸏的古文字形，我們認爲可能是“象”聲符輪廓的省變形式，與“方”字近似，和“防”重文“陸”屬於偶然同形。注家還提到“墜”也能記録{地}，如：

（10）【地】徒二切。釋土地。又天地。《漢》“參天墜而施化”，注：“古地字。”（宋·歐陽德、郭守正《增修校正押韻釋疑》

卷四）

（11）【墬】直類反。落也。又古文音地。（遼·行均《龍龕手鑑》卷二·土部第五）

"墬"被指認爲古字，所引《漢書》用例應該是音近而訛寫的字形。宋張有《復古編》："【墬墜】墜从土隊，直類切。隊也。下古地字。""墜"記錄{墜落}和"墬"記錄{地}意義完全不同，由於形近音近，容易誤寫誤用。這種由於字形錯訛或由於形體演變而形成的古文跟用字的古文性質是不同的。

綜上可見，武后政權被推翻後，新造會意字由於和當時形聲造字的主導方式不合①，故被廢棄，社會習用字最終又重新回歸"地"。經過歷時纍積，記錄{地}的字符有了形聲和會意兩個"古字"系列：形聲字類如"墬、陸、嶳、陞"，會意字類如"坔、塗、坕、埊"等。其中許多字形是訛寫變異的結果，並非都是不同的字種。

注列"古今字"材料，可以和文獻實際用字互證，包括出土文獻。如《說文》說"地"的籀文作"墬"，出土先秦文字確實多見"墜"字，限於篇幅，例略。

可見，注列"古今字"不僅可以爲閱讀古書掃除障礙，而且可以勾勒詞語異時用字變化的綫索，反映不同時代的用字背景和用字習慣，以及字符形體的演變情況，因而對研究漢字發展史很有價值。

3.利用注列"古今字"分析用字變化原因和規律

記錄某個詞項已有"古字"，爲何要另用"今字"？換用今字又該換用什麼樣的今字？這都是漢字職用學需要解決的問題。歷代注列"古今字"材料有的已經蘊含這方面的分析，例如王筠常常指出某組

①　據齊元濤考察，"形聲字是隋唐五代楷書的主導構形方式，此時的會意字主要是歷史字形的傳承，造新字的能量不高"。參見《武周新字的構形學考察》，《陝西師範大學學報》（哲學社會科學版）2005年第6期。

“古今字”的古字是“借字”，而今字是後作“分別文”，那就是說，之所以要用這個今字取代那個古字，是因爲那個古字有本義、借義，閱讀時不太容易辨析，所以後作並換用了具有“分別”作用的今字。從諸如此類的注列“古今字”材料中，我們可以揭示古今用字變化的大致動因和選字的基本規則。

首先，我們發現今字的理據性總體來説要比古字強，這説明用字的理據性是推動今字取代古字的動力之一。例如：

（1）夋，當爲豭之古文。（黄侃《説文同文·互部》）

（2）囙者，古文席字。《説文》席之古文作匫。（王國維《定本觀堂集林·釋禬》）

例（1）古文“夋”爲象形字。《説文》：“夋，豕也。從互，下象其足。”後由於形體演變，象形表義的理據已經不顯，遂以形聲結構的今字“豭”代之。例（2）的“囙”作爲古字也是象形性的，隨着形體演變，形貌弱化，遂采用了理據更清晰的形聲字“席”（從巾石聲）。這説明構形理據清晰的今字更容易被選擇以取代古字。

同理，有些今字增加或改換表義構件，其實也是爲了理據更明顯或更切合。如：

（3）《木部》：“欘，弋也。”段注：“《釋宫》曰：‘欘謂之杙。’……弋、杙古今字。”（清·段玉裁《説文解字注·木部》）

（4）醬，醢也。從肉、從酉，酒以和醬也。爿聲。牆，古文。（《説文解字·酉部》）

（5）【狚】去業切。多畏也。今作怯。（宋·陳彭年等《大廣益會玉篇》卷二十三）

例（3）的古字“弋”爲象形字。宋陳彭年等《大廣益會玉篇》、元熊忠《古今韻會舉要》都曾指認“弋、杙”是古今字。《説文·厂部》：“弋，橜也。象折木衺鋭著形。从厂，象物挂之也。”從字形看，金文作“弋”，小篆作弋，都已看不出象形意味，遂增“木”旁，構成形聲字。原來的象形字降格爲表音構件。例（4）“䣾—醬”古今字中，古字“䣾”本已“从酉”，今字又增“月（肉）”旁，則“酒以和醬”的信息更完整。例（5）的古字“狜”從“犬”，不管是表{怯}的主體還是原因都嫌迂曲拘泥；今字“怯”從心，更能體現畏怯的心理範疇。

其次，如果理據或其他條件差不多，通常是書寫便利者占優，所以某些“古今字”的今字會比古字更簡便。例如：

（6）【𥣬】音巨，黑黍也。今作秬。（宋·陳彭年等《大廣益會玉篇》卷十五）

古字“𥣬”從㐭，矩聲。《説文·㐭部》：“㐭，……从口，口，器也；中象米；匕所以扱之。”理據清晰，但構件多，筆畫繁，使用時書寫不便利，所以今字選用同樣是形聲字但筆畫簡單的“秬”。其他如“䴷—麴”“蠭—蜂”“齩—咬”都屬於今字選擇的字形簡單的情況。

再次，根據字詞關係調整需要而換用區別度大的今字可能也是一個選項。因爲漢字使用時不能衹管某個特定的字詞，還得關注相關的字詞，避免所用字跟其他字在形體上或職用上混同或失衡。例如：

（7）【骹節】又作坑，同。胡灌反。《通俗文》：“燒骨以桼曰坑。”《蒼頡訓詁》：“坑，以桼和之。”……桼，古漆字。（唐·慧琳《一切經音義》卷七十三）

古字"桼"其實是記錄{漆汁}義的本字，筆畫也不多，可後來{漆汁}義却捨本字"桼"而借用{水名}的"漆"，除了職用的區別性調整恐怕很難做出其他合理解釋。因爲秦漢以後，"桼"被大量借用表數詞{七}，使用頻率高，文獻中"桼"是記錄{七}還是{漆}容易模糊；而表示{水名}的"漆"使用頻率很低，爲了平衡職用以增強"桼"的表詞清晰度，就借用頻率較低的同音字"漆"來記錄"桼"原來承擔的{漆汁}義。經過這樣的調整，"桼"專門記錄使用頻率高的數詞義{七}，"漆"則記錄使用頻率都較低的{水名}義和{漆汁}義，直到後來又用"柒"取代"桼"，這大概也是因爲"桼"跟"黍"在形體上區分度較小。

（8）【厭，筓也。】段注：《竹部》曰："筓者，迫也。"此義今人字作壓，乃古今字之殊。《土部》壓訓壞也，塞也。無筓義。……按厭之本義筓也，合也。與"壓"義尚近，於"猒，飽也"義則遠。而各書皆假厭爲猒足、猒憎字。猒足、猒憎失其正字，而厭之本義罕知之矣。（清·段玉裁《說文解字注》卷九）

段注指認"厭—壓"在記錄{壓迫}義上的"古今字"關係，並指出今字行用的原因是由借字導致的職能轉移：{滿足、厭憎}等義失其本字"猒"，多借用"厭"記錄，故{壓迫}義又轉借"壓"字記錄，形成"猒—厭""厭—壓"字詞關係的系列調整。

最後，錯訛也是造成用字變化的原因之一，但這不應該是主觀追求的結果，而往往是無意識造成的客觀存在。例如：

（9）【第】此字亦不當增。古止作弟，形誤作苐，苐又誤作茅，茅復誤作第。（黃侃《說文段注小箋》五上）

“弟—弟—苐—第”客觀上形成多組“古今字”關係，但後面的今字都是由於形體訛變造成的，不是用字者主觀的構造和選用。

古今用字變化還有出於詞義變化、語音變化、個人喜惡、社會習慣等原因的，歷代注列“古今字”材料中均有表述，值得深入發掘和系統整理。

（四）注列“古今字”的語言學價值

注列“古今字”在語言學領域的價值包括語義、語音、語法三個層面。

1. 語義層面

語義跟“古今字”的關係是通過詞語來體現的。某個詞語意義發生變化，如果變化到了需要成爲一個新詞的時候，往往會用改變原來用字的手段使新詞得以顯現和固定，原來的用字和爲了分化新詞而換用的字也是形成“古今字”的途徑，因而通過“古今字”材料可以考察詞語意義的變化情況。例如：

（1）【停】止也。古作亭。（宋・毛晃等《增修互注禮部韻略》卷二）

【停】止也。从人，亭聲。特丁切。按《説文》：“亭，民所安定也。”本實字，因安定得亭止義。故“竫”訓“亭安也”。《文選》謝靈運《初去郡》詩注云：“《蒼頡篇》：‘亭，定也。’‘亭’‘停’古字通。”《釋名》：“含，合也，合口亭之也。”並古止作“亭”之證。……知同謹按：《釋名》：“停，定也，定於所在也。”知漢時已別出“停”字。《漢・高帝紀》“亭長”，小顏注“亭”謂“停留宿食之處”，此不本古説，因漢制自解名義。亦可見古“停”止作“亭”。（清・鄭珍、鄭知同《説文新附考》卷三）

“亭”本義爲供人停留休息或食宿的建築物，因其功用在供人停留,故引申出停留、停止義。當停留、停止義仍然用"亭"記錄的時候,亭閣義與停止義還可以説是一詞多義,而另造分化字"停"專門記錄停止義,與原來記錄停止義的"亭"構成"亭—停"古今字關係,則停止義的"亭(停)"就應該被看作派生了新詞,今字"停"就是這個新詞的標志。所以通過這組"古今字"材料,我們可以了解"亭閣—停止"的派生綫索,同時根據今字"停"的出現時代推知派生詞{停止}産生的時代。

類似的材料很多,凡是具有職能分化作用的"今字"都可以提供詞義變化和詞語派生的綫索。具有職能分化作用的"今字"不限於形體上增换義符的"分化字",形體上没有聯繫的新造字,甚至借用或轉用某個現成字,祇要它專門分擔了原字的某個義項,都有可能提供原字記錄的詞語産生派生詞的證據,如"備—箙""畏—威""葉(篿)—頁""介(个)—箇(個)"等"古今字"。

2. 語音層面

"音同或音近"是"古今字"的基本特徵。但"古今字"的"音同音近"是建立在"記錄同一詞項"的理論基礎上的,實際上由於時代差異和語音變化,古字和今字的讀音未必完全相同。甚至可以説,有些詞語正是因爲有了語音的變化,纔造成異時用字的變化。例如當語音發生古今變化時,古字如果是形聲字,其聲符標音度會漸弱,不能準確提示字音,那麽就可能會换用聲符表音性更强的字。由此"古字"與"今字"之間就會留下語音演變的印痕,所以"古今字"材料就可以爲考察歷史性語音演變軌迹提供綫索。例如:

(2)【矜,矛柄也。】《方言》曰:"矛,其柄謂之矜。"……字從令聲,令聲古音在真部,故古叚矜爲憐。《毛詩·鴻雁》傳曰"矜,憐也",言叚借也。……【從矛,令聲】各本篆作矜,解云"今聲",今依漢石經《論語》、溧水《校官碑》、魏《受禪表》皆

作矜正之。《毛詩》與天、臻、民、旬、填等字韻，讀如鄰，古音
也。漢韋玄成《戒子孫詩》始韻心，晉張華《女史箴》、潘岳《哀
永逝文》始入蒸韻。由是巨巾一反，僅見《方言》注、《過秦論》
李注、《廣韻·十七真》，而他義則皆入蒸韻，今音之大變於古也。
矛柄之字，改而爲穜，云“古作矜”。他義字亦皆作矜，從今聲，
又古今字形之大變也。（清·段玉裁《説文解字注·矛部》）

段玉裁指認“矜—憐”記録{憐憫}、“矜—穜”記録{矛柄}是
兩組“古今字”。其中“矜”從“令”聲，古音“讀如鄰”，故可借爲
“憐”。但漢代開始與“心”相韻，晉代入蒸韻，故“從令聲，古音在真
部”的“矜”字記録{憐憫}詞標音度不足，今字遂采用古“真部”的
“憐”字。古字“矜”改用今字“憐”，反映的正是這種語音的變化。

（3）【樝】山查本作樝。今借柤字爲之，變作查，因誤爲查。
（黃侃《説文段注小箋·木部》）
【泏】渣滓之渣，《説文》所無。《手部》“揤”下云“取水
泏也”。泏即今之渣字，知渣古作泏。（黃侃《説文段注小箋·
水部》）

黃侃指認“樝—柤—查”爲古今字關係。《説文·木部》：“樝，果
似梨而酢。”段注：“按即今梨之肉粗味酸者也。張揖注《子虚賦》云：
‘樝似梨而甘。’古音在《五部》。”《説文·虍部》：“虘，虎不柔不信
也。從虍，且聲。讀若鄘縣。”段注：“按邑部曰：鄘，沛國縣也。……
然則古音本在《五部》。沛人言鄘，若昨何切。此方言之異。而虘讀同
之。”“樝柤”同聲符字，古音皆屬魚部。“柤”形體變爲上下結構作
查，訛爲“查”，累增“木”旁作“楂”。《廣韻》“查”，側加切，假開
二平麻莊，已入麻韻。“柤查”反映了上古魚部字向中古“虞魚麻”演

變的過程。

（4）【胜】《説文》："犬膏臭也。从肉，生聲。一曰不熟。"徐引《禮記》："飲胜而苴熟。"今文通作腥。（元·熊忠《古今韻會舉要》卷九）

【胜，犬膏臭也。】《庖人》《内則》："秋行犢麛，膳膏腥。"杜子春云："膏腥，豕膏也。"後鄭云："膏腥，雞膏也。"……《論語》："君賜腥，必孰而薦之。"字當作胜，今經典膏胜、胜肉字通用腥爲之而胜廢矣，而腥之本義廢矣。（清·段玉裁《説文解字注》卷四）

熊忠、段玉裁都指認"胜—腥"爲"古今字"，記録{腥氣}義，其中"胜"爲古字，"腥"爲今字。從今字聲符的改換可以考察語音演變的過程，二字的聲符古音相近，"生""星"同是耕部平聲字，"生"爲生紐，"星"爲心紐。但《説文》反切音，"胜"爲桑徑切，而"生"爲所庚切，韻部已不太一致。《廣韻》"生"，梗開二平庚生，而"星"，梗開四平青心。今字選擇"星"作爲聲符記録{腥氣}，正是反映了語音的古今變化。

（5）瘨，今作癲。（黃侃《説文段注小箋·疒部》）
縢，今作袋。（黃侃《説文段注小箋·巾部》）
洮，今作淘。（黃侃《説文段注小箋·水部》）

"瘨—癲"古今字中古字與今字古音同。而聲符"真"，古章母，屬照三組字。"照三歸端"，"真"從上古端母舌音發展爲舌上音，記録{癲狂}語音上標音不太協調，故改換聲符以"顛"爲今字聲符。"縢袋""洮淘"也反映了"古無舌上音"的語音演變過程。

可見"古今字"材料，特別是其中"聲符替换"類，的確可以反映"古字"和"今字"之間的語音聯繫和演變，應該成爲漢語語音史研究的寶貴資料。"古今字"的注列是大量的，指認者時代明確，如果全面考察注列"古今字"的語音關係，輔之以文獻分時用字調查，那麼上古、中古、近古語音的發展演變應該在不同時代的"古今字"材料中都有所反映，這是值得今後深入拓展的課題。

3. 語法層面

語法屬性跟文字不是太密切，所以正常的古今用字不同往往很難反映語法問題。但如果把某些"古今字"放到實際語言中檢驗，也可能發現被掩蓋的某些語法現象。例如：

（6）【娶】七句切。取女爲娶。古亦單作取。（宋·戴侗《六書故》卷九）

"取—娶"作爲一組"古今字"是被公認的，但這組古今字有兩個問題需要考證：一是"娶"出現於何時，二是有了"娶"後娶妻語境中還用不用"取"。如果"娶""取"同時使用，它們的功能真的完全相同嗎？

考出土文獻，秦代前娶妻義都用"取"字，罕見用"娶"者。甲骨文已有"娶"字（菁7.1），但用爲人名，可能跟娶妻義的"娶"屬同形字。傳世先秦文獻則"取""娶"並用，似乎不屬於用後起的"娶"替換原先的"取"的情況，也就是跟一般所説的"古今字"此消彼長的用字差異不完全相同。這種同時並用現象當然也是可以解釋的，比如"古"字在"今"字出現後仍然習慣性沿用，或者先秦文獻本來都是用"取"而傳抄過程中不斷被後人篡改爲"娶"了。如果"取""娶"的使用真的毫無區別，那這些解釋是能够成立的。可我們發現，先秦文獻中"取""娶"的用法事實上是有區別的，即在表述娶妻事件時，"取"後面一定帶表示女性的賓語（女性通稱或某個具體的女人），至少前後有女性或婚嫁方面的詞語；而"娶"可以單用，前後可以不出現女性或婚嫁方面的詞語。請看用例：

> 取妻如之何？匪媒不得。(《詩經·齊風·南山》)
> 取妻不取同姓，故買妾不知其姓則卜之。(《禮記·曲禮》)
> 余取女。(《楚帛書丙篇·四》)

這個語法限制到漢代及以後仍然保持：

> 如秦爲太子建取婦。(《史記·楚世家》)
> 勿取齊女，淫而迷國。(《漢書·五行志》)
> 爲子彭祖取魯女。(《三國志·魏志》)

《説文解字·又部》："取，捕取也。從又從耳。"引申爲没有特定對象的一般"取得、拿到"。"取"表述娶妻事件時之所以後面一定要出現女性，大概是因爲這種用法的"取"仍然是一般意義的"取得、獲得"，並没有獨立的"取女人爲妻"這類義項。這個推測從下面的例子中可以看得更清楚：

> 兄弟死，皆取其妻妻之。(《史記·匈奴列傳》)
> 後鈞取掖庭出女李嬈爲小妻。(《後漢書·陳敬王羨傳》)

其中的"取"祇有"取得""拿"之類的意義，結爲夫妻的意思是用"妻之""爲小妻"來表示的。如果"取"具有獨立的"取女人爲妻"義，那句中的"妻之""爲小妻"就屬多餘。可見字書詞典中給"取"設立"娶妻"義項而等同於"娶"並不符合上古語言事實。

《説文解字·女部》："娶，取婦也。從女從取，取亦聲。"段注："取彼之女爲我之婦也。""娶"字本身含有"取"的對象"女"和目的

“爲婦”義，因而用“娶”字表示娶妻事件，後面可以出現女性名詞，也可以不再出現女性名詞作賓語，還可以用“於”介紹出地方或所屬人作補語。用例如：

鄭武公娶于申。（《左傳·隱公元年》）

椒舉娶於申公子牟。（《左傳·襄公二十六年》）

君娶於吳。（《論語·述而》）

萬章問曰：“《詩》云：‘娶妻如之何？必告父母。’信斯言也，宜莫如舜。舜之不告而娶，何也？”孟子曰：“告則不得娶。……是以不告也。”（《孟子·萬章上》）

這説明至少在先秦“取”和“娶”是有區別的兩個詞，不能互相取代，因而不具備“古今字”的條件，把它們看作“古今字”是不準確的，因爲忽略了它們語法上的差異。這種差異的消除，以及最終在娶妻意義上衹用“娶”不再用“取”，應該是在漢代以後了。

六　項目完成情況説明

“‘古今字’學術史叢書”一共9種，是國家社科基金重大項目“‘古今字’資料庫建設及相關專題研究”的主要成果，分別由蔣志遠（湖南師範大學）、張燕（湘潭大學）、鍾韻（生活·讀書·新知三聯書店）、温敏（鄭州大學）、蘇天運（齊齊哈爾大學）、張青松（貴州師範大學）、關玲（北京師範大學碩士畢業）、張志麗（天津師範大學碩士畢業）、劉琳（陝西師範大學）等人承擔和完成。作爲學術史叢書研究基礎的是“古今字”資料庫的建設和《古代注列“古今字”輯考》的編撰，實際上就是材料的搜集與整理。材料的搜集與整理工作實際上在項目批准之前就開始了，前後經歷逾十年，參與的人員眾多。具體操作流程大致是：

第一階段，制訂體例，確定實施方法，試做樣條，分工布置。主要參與人員有李運富、蔣志遠、鍾韻等。

第二階段，從歷代古籍注釋、小學專書（字詞典）、學術筆記等著作中搜集原始材料，錄入電腦，形成電子資料。按書籍分工，參與人員多爲在校碩士研究生和博士研究生，也有博士後、訪問學者和校外人員，如陳安琪、何余華、黃甜甜、姜雯潔、蔣志遠、李娟、劉瓊、牛振、時玲玲、韋良玉、溫敏、武媛媛、徐多懿、張浩、張燕、張喆、鍾韻、周易（按音序，下同）等。

第三階段，核實原書（影印圖片），校對文字，標點原文，按"古今字"性質排除非古今字，標注"古今字"字際關係，撰寫"說明"，建立參數完整的"古今字"數據庫。按"古今字"的"今字"音節分工，參與人員主要是在校博士研究生和校外高校教師，有高淑燕、何余華、黃甜甜、蔣志遠、李建清、李娟、李玉平、劉琳、牛振、蘇天運、王海平、王虎、溫敏、吳國昇、吳吉煌、張道升、張青松、張素鳳、張喆、鍾韻等。

第四階段，初步統稿，針對問題集中討論，重點核對和修改。按"今字"音節分工，參與人員有何余華、蔣志遠、李玉平、李運富、劉琳、牛振、蘇天運、王虎、溫敏、吳國昇、吳吉煌、張道升、張青松、張素鳳、張喆等。

第五階段，再次剪切圖片，全面復查，核實版本，校對原文，解決疑難，修改表述，調整版式，重新分合排序，統稿編目，整理參考文獻，等等。參與人員有蔡宏煒、程慧、程婕、馮曉瑞、何余華、蔣志遠、李玉平、李運富、劉正印、牛振、任健行、孫倩、王虎、王勝華、王瑜、王雲、韋良玉、溫敏、吳國昇、吳吉煌、尉侯凱、張道升、張青松、張曉玲、張陽、周天閣、朱芳等。

第六階段，統稿加工，組裝合成，列印成册，申請結項，等等。參與人員主要是何余華、李運富、張青松。

第七階段，最後通讀，逐條修改，提交出版稿。主要由李運富、季旭昇承擔。

第八階段，排版後的校對、修訂。主要由李運富、張青松負責。

以上主要就基礎材料的搜集、整理、彙校而言（其成果《古代注列“古今字”輯考》因性質不同未收入該叢書）。該叢書的斷代史和專題史研究則基本上是在李運富指導下，作爲博士學位論文或碩士學位論文，由各書作者獨立完成的。收入叢書時做了一定的修改，但由於各書撰寫的時間不同，面對的研究素材不同，碩博士研究生的要求不同，内容或有輕重，體例並不統一，而且爲了保持各書的相對獨立，緒論部分多有重複。凡此遺憾，頗出無奈，祈讀者諒宥。

李建廷在編撰體例、版本目録、校對等方面多有貢獻，何清、李晶在項目的統稿會上負責了接待服務工作。

謝謝所有參與項目工作的人員。

目 録

緒 論

一 課題研究的必要性

（一）選題緣起

"古今字"是中國傳統語言文字學領域中一個非常重要的概念。它是伴隨着訓詁家的訓詁活動産生的，訓詁家常用該術語指稱某一個詞在不同時代采用了不同的書寫形式的現象。人們閱讀古書，書的時間越久遠，困難就越大。後代的人在讀前代的典籍時肯定會遇到語言文字的障礙，於是爲了消除語言文字的古今隔閡，從漢代開始，許多訓詁家就爲古書做注解，其中就有對"古今字"問題的研究和注解，這些成果大都保存在有關字詞的訓詁材料中。要想弄清楚前人對"古今字"這一概念的認識，就有必要對這些訓詁材料做一全面的搜集、整理和總結，這對今天研究漢語歷時字詞關係、漢字職能的發展演變都有很大的價值。因此，從學術史的角度，對前人的"古今字"訓詁材料做全面、客觀的梳理和總結是十分必要的。李運富在其《漢語學術史研究的基本原則》中指出："研究學問是從繼承前人的成果開始的，就是要'以前人的研究終點作爲自己的研究起點'，這樣學術纔會進步。而要找到前人的研究終點，就得對學術史有所瞭解。所以可以説，研究學術史是從事一切學術研究的基礎。”① 可見，對“古今字”學術史的研究很有必要。

學界關於歷代“古今字”材料的研究多以各時期的某一部著作或者某個人的訓注爲主，還沒有對這些材料進行跨時代、跨著作的整體彙編和分析總結，所以各時期“古今字”訓詁成果的整體面貌一直没有得到全面反映，不利於人們對“古今字”訓詁材料的全面認識，也不能客觀反映這些材料的學術價值。有鑒於此，李運富老師申請了國家社科基金重大招標專案“‘古今字’資料庫建設及相關專題研究”，借助古籍語料庫，全面搜集和整理歷代“古今字”訓注和例證材料，從學術史和漢字職能兩個角度研究“古今字”訓詁傳統的源流以及“古今字”訓詁所反映的漢字歷時字用狀況。其總體框架分爲兩個部分：一是“古今字資料庫”，包括“注列古今字材料彙纂”和“古今字文獻用例分時語料”兩個資料庫；二是以兩個資料庫爲依據的“古今字專題研究”，包括“古今字學術史研究”和“古今字用字現象研究”兩個專題。李運富老師將其中的“古今字學術史研究”劃分爲唐以前、宋元明、清、近現代幾個階段，由於之前已有蔣志遠承擔《唐以前“古今字”學術史研究》，鍾韻承擔《清代“古今字”學術史研究》，溫敏承擔《近現代“古今字”學術史研究》，所以本課題承擔的是宋元明時期“古今字”學術史的階段性研究，主要任務是全面收集整理宋元明時期的“古今字”訓注材料，並在此基礎上考察宋元明時期“古今字”學術史的客觀面貌。

我們對宋元明時期有如下認識。首先，訓詁學經歷了初興時期、發展時期和全盛時期。初興時期爲先秦兩漢，發展時期爲魏晋南北朝至清以前，全盛時期爲清代至近代。② 訓詁學的發展時期又可以分爲四個階段，魏晋南北朝爲第一階段，隋唐爲第二階段，宋代爲第三階段，

---

① 李運富：《漢語學術史研究的基本原則》，《湖北師範學院學報》（哲學社會科學版）2010年第 4 期。

② 蘇寶榮、武建宇編著《訓詁學》，語文出版社，2005，第 232 頁。

元明爲第四階段。我們要研究的宋元明時期即爲第三、四階段。宋代爲訓詁學的變革時期，許多訓詁家能够擺脱漢唐舊説，創發新義，如朱熹的《四書集注》《詩集傳》《楚辭集注》，邢昺的《論語疏》《爾雅疏》，孫奭的《孟子疏》等；元明時期雖有影響的成果不多，但也有一些有名的注疏，如胡三省《資治通鑒音注》、吴師道《戰國策校注》，還有一些小學專書，如方以智《通雅》、梅膺祚《字彙》、張自烈《正字通》等。此時期對清代訓詁學全盛時期的到來也有一定的影響。其次，宋元明時期的小學專書和注疏材料有限，現代古籍語料庫對這些材料的整理也比較完善，這使得本選題的研究工作量可控，材料收集的全面性和准確性也得到了提升。最後，在現有的研究成果中，關於宋元明時期"古今字"的研究幾乎是空白，既没有對單部著作中"古今字"的研究，也没有對某個注釋家注釋"古今字"的研究。所以，對宋元明時期"古今字"學術史進行研究是有可行性的。

（二）選題意義

本課題選題具有以下價值和意義。

首先，全面搜集宋元明時期的"古今字"訓注材料，包括小學專書、史料筆記和注疏材料中的"古今字"，系統地整理這些材料中前人的訓詁成果，這些材料木身就具有一定的史料價值。

其次，實事求是地描寫宋元明時期的"古今字"研究史，客觀地歸納總結各家的"古今字"觀念及其發展脈絡，對於完善"古今字"學術史和訓詁學史，糾正學界長期以來對"古今字"術語以及前人"古今字"研究的某些誤解是很有必要的。

再次，從古人的論述入手，可以更清楚地瞭解古人對這一問題的認識，對瞭解漢語字際關係、字詞關係和漢字學相關理論都有很重要的意義。

最後，本課題的研究可以填補宋元明"古今字"學術史研究的空白，爲清代及近現代"古今字"研究提供一定的參考和借鑒。

二 研究目標、研究方法與指導理論

（一）研究目標

本課題擬實現以下研究目標。

第一，全面檢索宋元明時期的有關訓注，辨析和收集其中屬於"古今字"訓詁的材料，並進行系統的整理。

第二，客觀地描寫宋元明各時期"古今字"研究情況，並在此基礎上探討"古今字"學術的繼承和發展。

第三，從不同角度考察前人"古今字"訓注的體例，分析前人的訓注意圖，歸納其"古今字"觀念，總結"古今字"訓詁的意義和價值。

（二）研究方法

宏觀上，本課題主要將歸納法和演繹法相結合。具體來說，主要采用以下研究方法。

1.文獻考證法 主要用於對宋元明時期"古今字"訓注材料的整理和考察。這些訓注來自各種文獻古籍的字裏行間，因此在收集的過程中除需要摘録訓注文句本身以外，還需要逐一考證各條"古今字"訓注所涉及的字例、詞義及訓者、時代、文獻來源等信息，所以需要從文獻背景入手對相關問題進行逐一考證。

2. 描寫與解釋相結合的方法　主要用於對各家"古今字"研究狀況的考察。學術史要求静止而客觀地去描寫分析研究對象，本書首先要對古代訓注家對"古今字"的注釋情況進行客觀、全面的描寫。在此基礎上，結合古人的論述分析宋元明時期"古今字"訓詁的體例、訓注意圖，總結其意義和價值。

3. 比較研究法　主要是通過比較各時期的"古今字"訓詁成果，總結其學術觀念的繼承和發展。

（三）指導理論

1. 漢語學術史寫作指導

學史是指某門學科的研究歷史，即已經産生的研究者、研究材料、研究方法、研究過程、研究成果和研究流派等。學史也叫學術史，有泛學術史（如"清代學術史"）、學科學術史（如"中國語言學史"）、分科學術史（如"中國語法學史"）、專題學術史（如"古今字研究史"）等。①李運富先生指出："學史不同於學理，不能隨意構擬，而應該尊重歷史事實，堅持'求真'的基本原則。""求真"又要堅持三方面的内容——求真有、求真意、求真評。"求真有"即要保證所收集的材料是原來的真實面目，對於材料中的所有問題都要呈現出來，不能無中生有，也不能視而不見。"求真意"即我們要正確理解古文的原意或本意，既不能斷章取義，又不能牽强附會，把自己的觀點强加給古人。"求真評"即評價者應該對研究對象給予客觀的評價，實事求是，而不能把個人好惡摻雜進去，應得到其真正的價值，爲後人借鑒利用。本書既然要研究宋元明時期的"古今字"學術史，當然應該遵循科學的學術史的研究步驟與方法，儘量做到尊重歷史，尊重事實，還原

---

① 李運富：《漢語學術史研究的基本原則》，《湖北師範學院學報》（哲學社會科學版）2010年第 4 期。

本真。

2. 漢字職用學理論

“古今字”是用不同字符記錄同一個詞的一種語言現象，這一語言現象涉及文字形體與文字音義之間的關係，它們之間的關係是相當複雜的。我們可以利用“字用學”的相關理論進行闡釋。王寧先生指出：“個體字符造出後，並不是永遠用來記錄原初造字時所依據的那個詞或詞素，它的記錄職能時有變化。字用學就是研究在具體的言語作品里漢字字符記錄詞和詞素時職能的分化和轉移的。”① “字用學”討論的對象，就是漢字記錄漢語的實際職能。② 後來，李運富先生進一步豐富了字用學的相關内容及研究方法，並形成了系統的“漢字職用學”（簡稱“字用學”）理論。該理論認爲漢字職用學的主要研究任務有三個方面。一是考察單個漢字形體可以記錄哪些語言單位，或者某個語言單位可以用哪些字形來記錄，並客觀描述各種字詞關係及相應的字際關係和詞際關係，從而爲漢字的使用和理解提供理論指導。二是對用字現象的全面測查和描寫。包括字量、字頻、字用屬性（本用/兼用/借用）、同字異詞和異字同詞的種類及比重等，從而描寫各種情況下的用字面貌。三是對單字使用職能和文本用字現象進行比較分析，總結使用規律，探討變化原因。③ 我們在進行宋元明“古今字”學術史研究時，運用漢字職用學理論可以分析材料中所體現的每組古字和今字的關係，可以分析該時期用字現象背後所體現的用字習慣、用字變化等規律，進而探討用字習慣形成的原因。

基於以上理論，本書研究的“古今字”是指某個“古字”的用法和某個“今字”的用法相同，即在記錄同一個詞時，不同時代使用了不同字形的文字現象，其中排除了指稱古今版本的異文、指稱詞語變

① 王寧：《漢字構形學講座》，上海教育出版社，2002，第 12 頁。
② 王寧：《漢字構形學導論》，商務印書館，2015，第 4 頁。
③ 李運富：《漢字語用學論綱》，《勵耘學刊·語言卷》2005 年第 1 輯。

化和字符職能變化的現象。

三 相關問題的説明

（一）關於"古今字"訓詁材料的檢索和收録標準

本書的材料搜集主要依靠"中國基本古籍庫"等網絡古籍語料庫，我們所依據的古籍都以語料庫提供的書影爲準，如果同一古籍有多種版本，我們以刊刻清晰、時代較早的爲準。在檢索文獻時，我們將"古""今"分別作爲關鍵詞進行檢索。如果材料中没有"古"或"今"的標記，所討論的字際關係即使是今天我們所理解的"古今字"，我們也不納入該系統，因爲我們無法判斷當時的訓注者是否也是這樣認爲的。所以本書所收録的材料都是包含"古"字或"今"字的"古今字"訓注材料。我們相信，這部分材料是能够充分反映宋元明時期"古今字"學術史的基本情況的。

當然，在我們搜集的這些材料中，並不是所有含有"古"或"今"的材料都將列入我們的研究，因爲利用關鍵字檢索難免會將一些反映其他問題的材料摻入，這些材料並不涉及"古今字"問題，應當排除。具體有哪些材料應該排除，我們會在第一章詳細説明。

（二）關於"古今字"訓詁材料成果的展示

宋元明時期"古今字"訓詁材料的收集和整理是本書研究的基礎，在收集和整理這些材料的過程中，我們花費了大量的時間和精力，這批材料數量龐大，將以"彙編"的形式另行出版。在正文當中我們僅僅列舉一部分具有代表性的"古今字"材料來進行重點分析，在彙編中我們則將收集到的該時期"古今字"材料進行全面展現。每一條材料將包括時代、指論者、古字、今字、注列原文、記錄詞項等內容，如下表所示。

時代	指論者	古字	今字	注列原文	記錄詞項
五代	徐鍇	頿	髭	【頿，頰須也。從須，此亦聲。】臣鍇曰：今俗作髭。而淹反。	髭鬚
宋	陳彭年、丘雍	旹	時	【旹】晨也。《廣雅》曰"旹，伺也"。又善也。中也。是也。又姓……市之切。七。【旹】古文。	時

（三）關於書名中時代和正文時代不一致的説明

爲了保證學術史的完整性與真實性，我們在正文及彙編材料中將宋元明之外的五代、遼、金時期的材料也全部整理、統計、分析，這幾個時期也不乏著名的訓詁學家和大型辭書，也保留了一些有關"古今字"觀念的重要論斷或注釋。但在書名上我們沒有全部呈現出來，衹選取了具有代表性的宋元明三代，我們在這裏進行單獨的説明。

（四）關於不同時代"古今字"材料比較的説明

宋元明時段中不同時期的分析説明按嚴格意義來説也是歷時的比較研究，但是爲了凸顯宋元明時期與唐以前和清代時期"古今字"材料的區別，我們在書中將宋元明時期看作一個整體，對整個時段內的不同時期進行共時描寫，而與唐以前和清代時期的"古今字"材料作歷時比較。最終比較分析的結果也證明了我們這樣做的合理性。

（五）關於本書所涉部分訓詁專書及作者介紹的引用説明

本書涉及大量訓詁專書，在介紹這些書籍時，本書參考了下列圖書中有關此類訓詁圖書的内容及作者的介紹，如清永瑢撰《四庫全書總目》（清乾隆武英殿刻本）、清王鳴盛撰《蛾術編》（清道光二十一年世楷堂刻本）、蘇寶榮等編著《訓詁學》（語文出版社，2005）、尹戴忠編著《訓詁學教程》（中國礦業大學出版社，2012）、許威漢編著《訓詁學教程》（北京大學出版社，2013）。此類引用頗多，正文中不再一一出注。

四　“古今字”研究綜述

（一）對“古今字”學術史的研究

“古今字”這一術語最早是由漢代經學家提出來的，開始是泛指古今同詞而異形的字。在古書注釋中，現在所能見到的最早使用“古今字”這一術語的是東漢鄭玄。從總體上看，對於“古今字”的研究多側重其訓詁應用，對其學術史的研究則是從現代開始的。就我們搜集到的關於“古今字”的論著來看，大多是研究某一重要人物指論的或某本著作中的“古今字”，還没有對某一時代的“古今字”材料做全面搜集和研究的成果。以下就我們搜集到的相關文獻資料，對漢、魏晋、唐和清代的“古今字”學術史研究情況進行簡要介紹。

1. 對漢代“古今字”學術的研究

“古今字”這一概念產生於漢代，從文獻古籍以及前人對古今字的研究材料看，最早出現“古今字”的可能是《漢書·藝文志》中所著録的《古今字》一書，但該書現已失傳。在古人注釋中，現在能看到的最早的就是東漢鄭玄的訓釋，如《詩經·大雅·韓奕》："虔共爾位。"鄭玄箋："共，古之恭字，或作供。"又如《禮記·曲禮》："君天下曰'天子'，朝諸侯，分職、授政、任功，曰'予一人'。"鄭玄注："《覲禮》曰：'伯父實來，余一人嘉之。'余、予，古今字。"對於鄭玄所注"古今字"，王曉嵐在《鄭玄注古今字研究》一文中指出："鄭玄作爲第一次提出古今字這一術語的人，他對古今字的理解最能反映傳統語言學中古今字的本質。古今字的本質是歷時的同詞異字現象。今字的産生是爲了解釋古字的字義；古今字是用字方面的問題，而不是造字的問題。古字和今字在某個意義上相同，古字和今字語音相同或者相近。"①單從使用"古今字"這一術語來看，鄭玄的確是第一人，但是對於"古今字"的思想，劉新春在《古今字再論》中提出："在鄭玄之前，鄭衆已經充分意識到經籍中存在古今字的現象，祇是他還没有使用'古今字'這個術語，在訓詁實踐中鄭衆對古今字已經有了清醒的認識。"②關於該認識，李運富在其《早期有關"古今字"的表述用語及材料辨析》中提出："就目前材料來看，東漢初期的鄭衆就已經具有'古今字'的觀念。"③李運富還根據鄭衆所注具體材料指出了鄭衆確認的古今字是指"不同時代記録同一詞項所常用的不同字"④。他進一步區分了"古今字"和"古文""今文"，指明祇有當記録同一詞項時，古代文獻用某字叫古文某，後代文獻用某字叫今文某，這種情況的"古文""今文"纔指古今字，"同一個字在不同時代的字體變異或寫法不同，不是鄭衆等

---

① 王曉嵐：《鄭玄注古今字研究》，碩士學位論文，河南大學，2011，第 27 頁。
② 劉新春：《古今字再論》，《語言研究》2003 年第 4 期。
③ 李運富：《早期有關"古今字"的表述用語及材料辨析》，《勵耘學刊·語言卷》2007 年第 2 輯，學苑出版社，2007，第 67 頁。
④ 李運富：《早期有關"古今字"的表述用語及材料辨析》，《勵耘學刊·語言卷》2007 年第 2 輯，學苑出版社，2007，第 71 頁。

人所説的古今字"①。

2. 對魏晋"古今字"學術的研究

從魏晋開始，注釋中用"古今字"這一術語的已經涉及經史百家，如韋昭的《國語解》、晋灼的《漢書注》、南朝梁顧野王的《玉篇》等訓詁注解中都出現了"古今字"的相關條例，但是目前關於魏晋時期"古今字"的研究成果却不多，相關討論主要是圍繞三國時期魏國訓詁學家張揖編著的《古今字詁》，但是這部書現已失傳，現今看到的《古今字詁》是清人從前人的字書和古書注釋中輯出的。此書雖已亡佚，但是後代有許多注家引用過其中的古今字，如《匡謬正俗·卷六》："或問曰：'今山東俗謂'伏地'爲'跌'，何也？'答曰：'跌者，俯也。'"顏師古注："張揖《古今字詁》云'頫、府，今俯、俛也'。"《文選·長楊賦》："其厪至矣。"李善引張揖《古今字詁》注："厪，今勤字也。"《後漢書·張衡傳》："百卉含蘤。"李賢注："張揖《古今字詁》曰：'蘤，古花字也。'"洪成玉在其《古今字辨正》中認爲《古今字詁》中的"古今"應該理解爲"一個語言單位，把'字詁'理解爲如同清人黃生所著的《字詁》"②。孫雍長則認爲《古今字詁》是鄭玄的"古今字"概念的繼承和沿襲。那麼，關於《古今字詁》的性質，還需要再進一步搜集該書中的條例，並在對其進行系統整理分析後，纔能下結論。

3. 對唐代"古今字"學術的研究

唐代，是訓詁學的高峰期，此時出現了顏師古的《匡謬正俗》和《漢書注》、孔穎達的《五經正義》、陸德明的《經典釋文》、李善的《文選注》、李賢的《後漢書注》、玄應的《一切經音義》、慧琳的《一切經音義》等著作。這些經籍傳注和小學專書中保留了大量的

---

① 李運富：《早期有關"古今字"的表述用語及材料辨析》，《勵耘學刊·語言卷》2007年第2輯，學苑出版社，2007，第88頁。

② 洪成玉：《古今字辨正》，《首都師範大學學報》（社會科學版）2009年第3期。

“古今字”材料，但目前的研究仍集中於對顏師古“古今字”的研究。

孫雍長在其《論“古今字”暨辭書對古今字的處理》中指出，顏師古的“古今字”概念包括了三類文字現象，“一是漢字字體演進過程中不同歷史時期所產生和使用的一些異體字……一是漢字孳乳發展過程中用‘加注意符’的構形模式所造出的字……一是既非‘異體字’，亦非‘區別文’，而從廣義的、共時的角度來看或稱之爲‘通假字’的”①。

何玉蘭《顏師古〈漢書注〉古今字研究》分別從字音、字形、字義三方面研究唐代古今字，其認爲古今字就是漢字發展過程中所產生的同詞異字現象，表達的是同一詞義，因時代不同而應用的形體不同的漢字，並且認爲：古今字之間的語音相近或相同，是兩者聯繫的主要紐帶；今字本義與古字引申義之間所存在的聯繫，是兩者之間語義聯繫的主要部分；而在古字基礎上增加偏旁（主要是意符），是今字產生的主要途徑。②

4. 對清代“古今字”學術的研究

清代是訓詁學的全盛時期，關於“古今字”的研究也較前代豐富，除了有繼承“古今字”訓詁傳統的，還有對“古今字”性質、成因進行探討的，其中以段玉裁、王筠、徐灝爲代表。段玉裁在其《說文解字注》中對“古今字”做了相關闡述，如：“凡讀經傳者，不可不知古今字。古今無定時，周爲古則漢爲今，漢爲古則晋宋爲今，隨時異用者謂之古今字，非如今人所言古文、籀文爲古字，小篆、隸書爲今字也。”③他指明了“古今字”不是着眼於漢字自身形體的變化，“古”和“今”有相對性，並不是指某個固定的時代。

段玉裁關於“古今字”的闡述受到了許多學者的關注，研究成果

---

① 孫雍長：《論“古今字”暨辭書對古今字的處理》，《辭書研究》2006 年第 2 期。

② 何玉蘭：《顏師古〈漢書注〉古今字研究》，碩士學位論文，暨南大學，2007，第 1 頁。

③ （漢）許慎撰，（清）段玉裁注《說文解字注》，上海古籍出版社，2011，第 94 頁。

較豐富。趙海燕在其《段玉裁對古今字的開創性研究》中分別從段玉裁的古今字理論、古今字類型和段氏研究的成就與不足等方面展開，指出"段玉裁第一次從理論上闡釋了'古今字'的概念，指出古今字'古今'的相對關係、古字與今字之間的意義關係、古今字不同於字體演變以及古今字之間的對應關係"①。孫啓榮在《也談段玉裁的古今字觀》中指出，"段玉裁是傳統古今字論的集大成者，但也是其終結者，他的觀點爲後代的學者基本接受，形成了新的古今字觀……今人在研究古今字時還是秉承段玉裁的觀點的"；但是他同時指出，"段玉裁把一些異體字、通假字、同源字也包括了進去"。②黃圓在《段玉裁〈説文解字注〉中有關古今字論述的考察》中也指出，段注中的"古今字"是文獻中的歷時用字現象，"古"與"今"是辯證的，"古字"與"今字"在形音義上是有聯繫的。同時，作者還説明了"古今字"與語文現象的關係，如"古今字"與古今語的關係、"古今字"與古文和今文的關係、"古今字"與正俗字的關係、"古今字"與假借字的關係、"古今字"與字的古今義的關係等。③

　　段玉裁之後的王筠雖在其著作中没有對"古今字"進行過專門的論述，但是他指明的具有"古今字"關係的例子却散見於他的著作中。此外王筠還提出了"分別文"和"累增字"的概念。許多學者針對這兩個概念和"古今字"進行了探討。有的學者認爲，王筠所説的"分別文""累增字"就是古今字。持有這種觀點的人主要是洪成玉，他在其《古今字概述》一文中提出，"王筠所説的分別文的情況，基本上能把古字和今字的關係概括進去"。④馬臻榮《談古今字的孳乳關係》(《運城高專學報》1995 年第 3 期)、張勁秋《從古今字看漢字的特點和規範》(《語言文字應用》1999 年第 3 期)等，都認爲王筠所説的分別文

①　趙海燕:《段玉裁對古今字的開創性研究》，《廣西社會科學》2005 年第 9 期。

②　孫啓榮:《也談段玉裁的古今字觀》，《承德民族師專學報》2007 年第 3 期。

③　黃圓:《段玉裁〈説文解字注〉中有關古今字論述的考察》，《安順師範高等專科學院學報》2005 年第 2 期。

④　洪成玉:《古今字概述》，《北京師範學院學報》(社會科學版) 1992 年第 3 期。

大體上相當於人們所說的“古今字”。對於此觀點，李運富、蔣志遠提出了不同的意見，他們在《論王筠“分別文、累增字”的學術背景與研究意圖》中指出，王筠提出“分別文、累增字”的概念是由於“異部重文”中有“一字遞增”的現象，“一方面解釋漢字孳乳造字的具體規律，同時梳理新造字與本字之間的種種關係。這些因發展而形成的具有歷時性質的各種字際關係，雖然有的可以歸屬於‘古今字’，但原本不是從‘古今字’的角度立論，因而跟‘古今字’並不重合”①。二人又在《從“分別文”“累增字”與“古今字”的關係看後人對這些術語的誤解》一文中指出，二者是屬於不同性質的概念：“由於角度不同，它們在材料分析上有交集，所以王筠偶爾用‘分別文’或‘累增字’指稱‘古今字’的‘今字’，意在解釋這些‘今字’的成因，並未改變‘古今字’的歷史定義。後人將‘古今字’完全等同於具有‘造字相承’關係的‘分別文’‘累增字’，其實不符合王筠的本意。”②蔣志遠在《論王筠的“古今字”觀念》一文中明確區分了王筠所論的“古今字”與“分別文、累增字”的區別，指出“王筠所論的‘古今字’，指的是爲記錄一個詞，不同時期的文獻中使用了不同的字元這一現象。王筠使用‘古今字’，是以溝通字詞關係爲目的的，‘古今字’和專門論述漢字造字演變的術語‘分別文’、‘累增字’並不處在同一理論層面上”③。

徐灝是王筠之後的《說文》學家，其在《說文解字注箋》中也論述了“古今字”。他說：“古今字有二例：一爲造字相承，增偏旁；一爲載籍古今本也。”④徐灝關於“古今字”的觀點，也引起了衆多學者的探討。孫雍長認爲：“徐氏所說的‘造字相承，增偏旁’式的‘古今

---

① 李運富、蔣志遠：《論王筠“分別文、累增字”的學術背景與研究意圖》，《勵耘學刊·語言卷》2012 年第 2 輯，學苑出版社，2012，第 146 頁。

② 李運富、蔣志遠：《從“分別文”“累增字”與“古今字”的關係看後人對這些術語的誤解》，《蘇州大學學報》（哲學社會科學版）2013 年第 3 期。

③ 蔣志遠：《論王筠的“古今字”觀念》，《大慶師範學院學報》2010 年第 2 期。

④ （清）徐灝：《說文解字注箋》，甲寅京師補刊本，卷第一上。

字'即王筠所提出的'分别文'和'累增字';所説的'載籍古今本'式的古今字,則主要是指鄭玄所説的古今字。"①洪成玉認爲徐灝的"古今字""主要傾向於前一例,即把'造字相承,增偏旁'的看作是典型的古今字。……關於'載籍古今本'的古今字,徐灝一般采用箋引段注的説法。由於現存的典籍,面目已非古昔之舊,要據以判斷古今字,是有困難的。因此徐灝所説的'古今字有二例',其價值衹存在於'造字相承,增偏旁'一例"。②李運富、蔣志遠則認爲:"'造字相承,增偏旁'屬於漢字孳乳的構形問題,'載籍古今本'屬於不同時代的用字問題,'二例'不是符合邏輯的類别劃分……可見徐灝提出的兩種'古今字'類别可針對同一材料而論,它們不屬於同一個邏輯層面,是不能成立的。"③

(二)對"古今字"定義、性質的研究

目前,學術界關於"古今字"的定義及性質仍然没有形成統一的看法與認識,主要有兩種觀點。一種認爲是歷時文獻中用來記録同詞同義而先後使用了不同形體的一組字,先使用的叫古字,後使用的叫今字,合稱"古今字"。④持這種觀點的主要有裘錫圭、王寧等。裘錫圭先生在《文字學概要》中指出:"'古今字'也是和一詞多形現象相關的一個術語。一個詞的不同書寫形式,通行時間往往有先後,在前者就是在後者的古字,在後者就是在前者的今字。"王寧等認爲:"所謂'古今字',是一種縱向歷時的同詞異字現象,即記録同一個詞(實際是詞的某一義項),不同時代社會用字不同,前一個時代所用的字叫

---

① 孫雍長:《論"古今字"暨辭書對古今字的處理》,《辭書研究》2006 年第 2 期。
② 洪成玉:《古今字概述》,《北京師範學院學報》1992 年第 3 期。
③ 李運富、蔣志遠:《從"分别文""累增字"與"古今字"的關係看後人對這些術語的誤解》,《蘇州大學學報》2013 年第 3 期。
④ 李運富:《早期有關"古今字"的表述用語及材料辨析》,《勵耘學刊·語言卷》2007 年第 2 輯,學苑出版社,2007,第 66 頁。

古字，後一個時代所用的字叫今字。"① 這種觀點代表了現在一部分學者對古今字的理解。持這種觀點的文章有：羊子葉《古今字類型例釋》（《南充師院學報》1984 年第 4 期）、張慶利《古今字臆説》（《綏化師專學報》1986 年第 2 期）、馮瑞生《文化史和古今字》（《中國文化》1995 年第 1 期）、楊潤陸《古今字的定稱與定義》（《古漢語研究》1999 年第 1 期）、張金霞《簡論古今字》（《語言文字學術研究》2008 年第 3 期）、王宏宇《淺説古今字》（《牡丹江師範學院學報》2008 年第 4 期）。

　　另一種觀點認爲，古今字是漢字孳乳派生的產物，"是爲了區別記錄功能而以原來的某個多功能字爲基礎分化出新字的現象，原來的母字叫古字，後來分化的新字叫今字，合稱古今字"②。持有這種觀點的人主要是王力、洪成玉。王力主編的《古代漢語》教材中有"古今字"一節，認爲"古今字"的産生，是由於"古字兼職多"，後起的今字是"分擔其中一個職務"。書中列舉了"責、債""舍、捨"等例子，並指出："責、舍是較古的字，債、捨等是較後起的字，我們可以把'責債'、'舍捨'等稱爲古今字。但是，我們不要誤會，以爲'責、舍'等字已經被廢棄了，它們的職務已經完全由'債、捨'等字代替了。要知道，'責、舍'所移交給'債、捨'的衹是它們所擔任的幾個職務當中的一個，它們還有別的職務並没有卸掉。"③洪成玉在《古今字概述》一文中認爲，"古今字是漢字適應漢語詞義的發展，遵循漢字造字的規律，滿足記録新詞産生需要的文字現象"④。持這種觀點的文章還有馬臻榮《談古今字的孳乳關係》（《運城高專學報》1995 年第 3 期）、張勁秋《從古今字看漢字的特點和規範》（《語言文字應用》1999 年第

① 王寧、林銀生、周之朗、秦永龍、謝紀鋒：《古代漢語通論》，北京師範大學出版社，1996，第 48~56 頁。
② 李運富：《早期有關"古今字"的表述用語及材料辨析》，《勵耘學刊·語言卷》2007 年第 2 輯，學苑出版社，2007，第 66 頁。
③ 王力主編《古代漢語》（第一冊），中華書局，1999，第 171 頁。
④ 洪成玉：《古今字辨析》，《首都師範大學學報》（社會科學版）2009 年第 3 期，第 94 頁。

3 期）等。

　　除了以上這兩種觀點外，部分學者主張用不同的術語，以求避免造成理解上的分歧。如蔣紹愚針對古今字問題提出了比較獨特的觀點，他主張不用“古今字”的名稱而換用“本原字”和“區別字”來指稱古字和今字。他這樣認爲原因有二。一、“古今字”的名稱是從時代的先後着眼，並未表達出這一類字的特點。“區別字”是原來用同一個字記錄 a 詞和 b 詞，後來用另一個字來記錄 a 詞或 b 詞，從而把 a、b 兩詞加以區別。這樣的分類，都以字詞的關係爲標準，而不同類別又不至於重疊交叉。二、從“古今字”這個名稱本身來看，古人並不專用來指本原字和區別字。① 另外，李運富認爲：“訓詁學意義上的‘古今字’被改造成了文字學意義上的‘古今字’，殊不知此‘古今字’已非彼‘古今字’，既然已經偷換成今人的概念，那爲什麼還要用古人的名義呢？除了竄亂學術史外，似乎没有別的積極意義。”② 他進而主張“在指文字分化現象時，最好不要使用‘古今字’這個具有訓詁意義的概念，更不能以今律古，把古代注釋家所標注的‘古今字’都看成母字與分化字”。③

（三）對“古今字”與異體字、通假字、同源字之間關係的研究

　　大多數人認爲古今字與異體字、通假字和同源字是可以區分清楚的。持有這種觀點的文章有：杜方琴、劉慶賢、翟忠賢《假借字、通假字、古今字新辨——兼與盛九疇、祝敏徹同志商榷》（《語文研究》1982 年第 2 輯）、鄭學初《古今字與通假字的界定問題》（《語文教學與

---

① 蔣紹愚：《古漢語詞彙綱要》，商務印書館，2005，第 209~210 頁。
② 李運富：《漢語學術史研究的基本原則》，《湖北師範學院學報》（哲學社會科學版）2010 年第 4 期，第 29 頁。
③ 李運富：《早期有關“古今字”的表述用語及材料辨析》，《勵耘學刊·語言卷》2007 年第 2 輯，學苑出版社，2007，第 66 頁。

研究》1982 年第 10 期）、朱俊之《古今字和通假字的關係》（《廣西民族學院學報》1984 年第 2 期）、閆崇東《古今字與通假字》（《内蒙古師大學報》1985 年第 4 期）、張勁秋《古今字淺談》（《安徽教育學院學報》1986 年第 1 期）、何忠信《略説通假字、古今字、異體字》（《重慶師範大學學報》1987 年第 4 期）、王今錚《從“假借”談古今字、通假字》（《内蒙古民族師院學報》1989 年第 2 期）。這些文章大都贊同洪成玉《古今字》一書中的觀點，他們認同下文的古今字和通假字、異體字、同源字的區分標準。

古今字和通假字的區別主要表現在意義、形體和時間三個方面。由詞義引申形成的古今字和通假字的區別主要是兩字意義上有無聯繫，有聯繫的是古今字，没有聯繫的是通假字。由於假借形成的古今字主要是從形體上和通假字進行區分，這類古今字是以古字爲聲符，再加上或表本義或表借義義類的義符構成今字。而通假字通常字形上的聯繫不明顯，即使本字和借字是形聲字，兩字的義符也不相同。在時間上，古今字具有歷時的關係，而通假字則要求在共時平面内兩個字都出現。

古今字和異體字主要區別在於能不能引起詞的分化。一組古今字中今字和古字祇在某一個意義上相同。而記錄同一個詞的異體字祇是一個詞在書面上尚未定型的體現，異體字音義全同，祇是字形不同，並未導致詞的分化。兩個産生時間有先後、形體不同但記錄同一個詞的字也應該歸入異體字，不能把它們當成古今字和異體字交叉的例字。

對於古今字和同源字的關係，有的學者認爲古今字一般就是同源字。還有的學者認爲古今字和同源字的關係是：詞義引申形成的古今字是同源字，假借形成的古今字則不是同源字；同源字不拘形體，而古今字多有形體上的聯繫。

還有一些討論中學、大學教材中的古今字現象。雒江生《略説中學文言文中的異體字、古今字和假借字》（《天水師範學院學報》1983

年第 1 期)、温鈞陶《"尊"與"遵"是古今字》(《内江師範學院學報》
1988 年第 1 期)、許匡一《郭本〈古代漢語〉古今字注釋用語異議》
(《固原師專學報》1989 年第 1 期)、熊慶年《古今字、通假字、異體字
處理疑議》(《九江師專學報》1989 年第 2、3 合期)、鄒時高《古今字
與通假字的本質區別》(《語文教學與研究》1989 年第 8 期) 等。這些
文章主要反映了在中學和大學教材中古今字和異體字、假借字出現混
淆的問題,中學語文課本中的古今字一般被説成了假借字和異體字。

　　還有學者從出土文獻的角度討論古今字,有朱聲琦《〈玉篇〉中
的古今字、通假字和異體字》(《江蘇教育學院學報》1995 年第 2
期)、聶中慶《郭店楚簡老子古今字、同源字研究》(《陰山學刊》
2003 年第 6 期)。

　　綜上所述,我們可以看出以往關於"古今字"的研究可以分宏觀
和微觀兩個方面。從宏觀上來看,主要是關於文字學研究中涉及的幾
個術語的比較研究,即"古今字"和"異體字、同源字、通假字"之
間的比較;從微觀上來看,多數側重於某個學者所論述的"古今字"
或者某部著作中所出現的"古今字"的研究。本書則跳出以往研究的
框架,從學術史的角度出發,在縱向梳理宋元明時期"古今字"材料
的基礎上,進行橫向同時代和縱向跨時代的比較研究。

第一章 宋元明"古今字"研究材料

一 概説

"古今字"是訓詁家們在閲讀古代文獻時，對不同時代所用字難以理解之處所使用的注釋用語，我們要開展"古今字"的學術史研究，首先要從大量的古代訓詁材料中判定哪些材料是研究"古今字"的，這樣纔能更好地利用這批材料去分析、歸納古人對"古今字"的研究情況。

在文獻的流傳過程中，典籍版本異文、語言詞彙更迭以及用字習慣變化等原因都可能給後人理解前代文獻造成困難。爲了疏通文獻閲讀障礙，訓詁家們往往用"古""今""古文""今文""古字""今字""古今字""今古字""古文作""今文作""古作""今作"等術語説解歷時語言文字現象。其中的"古""今"都是時間標記，並且具有並存關係，訓條中即使單説"古"或"今"，其實也多暗含着對舉的另外一方。李運富指出，"注釋中溝通古今字關係固然要出現'古'或'今'字，但有'古'或'今'字的注釋不一定都是在講古今字"①。從文獻考察情況來看，單是"古文"這一術語，在不同的訓條中既可用

---

① 李運富：《早期有關"古今字"的表述用語及材料辨析》，《勵耘學刊·語言卷》2007 年第 2 輯，學苑出版社，2007，第 79 頁。

來指與今文經相對的古文經，也可用來溝通歷時用字差異。所以，我們就不能一味地把包含"古"或"今"的訓詁材料都看作研究"古今字"的訓詁材料，而要對包含"古"或"今"的這些材料進行具體的分析，確定其實際所指，然後排除不屬於"古今字"訓詁的材料，遴選出真正能體現古人"古今字"觀念的材料來。本章通過實例介紹我們對宋元明包含"古"或"今"字的訓注中不同所指的辨析理據和辨析結果。

二 宋元明時期"古今字"材料的確定

（一）"古今字"相關術語分類

我們在進行材料搜集時主要是用關鍵字"古""今"來進行全面檢索的，所以會將所有包含"古""今"字的材料都記錄下來，但是這些材料並不都是反映"古今字"現象的，"古""今"術語可以溝通不同的語言文字現象，不僅包括由時間差異造成的記錄同一詞語而使用了不同的字的現象，還有漢代古文經和今文經的區別、古今不同版本的差異、古今詞語變化的情況等。我們所搜集的材料就是將這些情況全部摻雜在了一起，不同時代不同的注釋家對"古""今"的理解也不同。爲了避免有所遺漏，我們剛開始將所有的材料都搜集起來，但是本書的"古今字"側重在記錄同一詞項時古今用不同的字形的現象，不包括其他幾種語言現象，所以我們有必要將其他幾種用"古今"來溝通的材料排除出去。

在我們收集的材料中，關於"古""今"的術語種類比較繁雜，古人在注釋過程中不單單用"古"或"今"來表示古今字，還會加入別的術語,比如"古/今或作""古/今皆作""今俗別作""今省作""今別作""今當作"等等。通過梳理,我們將古人注釋的術語進行了整理分類,主要有以下幾類(見表1–1)。

表 1–1 "古今字"相關術語分類

第一類:基本的表述用語	第二類:在第一類基礎上限定使用範圍	第三類:在第一類基礎上添加具體使用原因	第四類:非專指用語
古今字 / 今古字	古 / 今 或作	古 / 今 借 / 作	古文 / 今文
古字 / 今字	古 / 今 亦作	古 / 今 假借	古文 / 今文 省
古作 / 今作	古 / 今 多作	古 / 今 省作 / 省文作	古文 / 今文 作
古用 / 今用	古 / 今 但作	古 / 今 當作	古文 / 今文 借
古爲 / 今爲	古 / 今 通作 / 用	古 / 今 俗作 / 用 / 書	古 / 今 某某字
古書 / 今書	古 / 今 皆作	古 / 今 俗訛誤	古 / 今 爲某某字
古從 / 今從	古 / 今 經典作 / 通用爲	古 / 今 俗別作	古 / 今 作某某字
後作	古 / 今 並作	古 / 今 俗記作	某某字 古 / 今作
		古 / 今 俗或作	某某古本並作某某
		古 / 今 或作	

第一類:

該類術語屬於基本的表述"古今字"的用語,其中使用較多的爲"古字 / 今字""古作 / 今作""古用 / 今用""古爲 / 今爲"等形式,這些都是指稱"古今字"現象時使用最廣泛、流傳最久遠的用語。例如:

【㤈】而欲切。古辱字。(宋 陳彭年、丘雍《大廣益會玉篇》卷八)

【十八年嚬咲】嚬音頻,宜作顰。愁蹙之貌。古笑字。(宋 史炤《資治通鑒釋文》卷一)

【捧卮】章持切。古字作觝,飲酒禮器也,古以角作,受三升。(宋 史炤《資治通鑒釋文》卷二十八)

　　【御馭衙御】《説文》“使馬也”。徐鍇曰：“卸，解車馬也。或彳或卸，皆御者之職。”古作馭衙御。御，一曰侍也。進也。又姓。（宋　丁度等《集韻》卷七）

　　【虛】丘居切。大丘也。今作墟。《爾雅》曰“河出崑崙虛”。郭璞云“《山海經》曰：河出崑崙西北隅虛山下基也”。又許魚切。空也。（宋　陳彭年、丘雍《大廣益會玉篇》卷二）

　　【冂同坰】《説文》“邑外謂之郊，郊外謂之野，野外謂之林，林外謂之冂，象遠界也。古從口，象國邑”。或從土。（宋　丁度等《集韻》卷四）

　　【屃】去罽切。心息也。今為憩。（宋　陳彭年、丘雍《大廣益會玉篇》卷十一）

　　【毁】徒透切。遙擊也。古為投。（宋　陳彭年、丘雍《大廣益會玉篇》卷十七）

　　【纔】繒色一入曰纔。《增韻》“雀頭色紫黑色也”，一曰暫也。《廣韻》“僅也，又淺也”。《前晁錯傳》“遠縣纔至則胡又已去”，師古注：“纔，淺也，猶言僅也，通作才。”《説文》徐曰：“古亦用才為纔。”（元　熊忠《古今韻會舉要》卷四）

　　【牂】古文莊。篆作牂。今用莊。（明　張自烈《正字通》卷六）

　　【樓牾】魏人，後又作梧。補曰：一本作啎。姚同。注引《管子》云“事無常而法令申，不啎，則國失勢”，注“啎”古伍字，謂偶令也。愚按：《玉篇》無啎字，有牾字，五故反。觸也，逆也，策後作梧。（元　吳師道《戰國策校注》魏卷第七）

第二類：

　　該類術語是在第一類術語各種形式的基礎上加了一些修飾限定性條件，這些修飾限定性條件可以提示古字或今字的使用範圍和使用頻率，如：“古通作”“古皆作”“古但作”“古並作”提示我們與某個古字

23

相對應的今字可能在該文獻那個時代還没有産生，所以都用那個古字來表示；"多作"則表示對於某個漢字形體使用頻率相對較高；"或作"表示可能有用某個字形表示該詞語的情況。例如：

【枚】鍬屬。古作柩。或作欥。《方言》云"青齊呼意所好爲枚"。（宋 陳彭年、丘雍《廣韻》卷二）

【顥】大也。又天邊氣。《説文》曰"白皃，《楚詞》曰'天白顥顥，商山四顥'，白首人也"。今或作晧。（宋 陳彭年、丘雍《廣韻》卷三）

【鱅】餘恭切。古文墉。亦作章。（宋 陳彭年、丘雍《大廣益會玉篇》卷二）

【𣂈】丁勒切。取也。今作寻。亦作尉。（宋 陳彭年、丘雍《大廣益會玉篇》卷四）

【侯】又射侯。古作矦。《漢書》多作矦。古作厌，从矢取射義。（宋 毛晃、毛居正《增修互注禮部韻略》卷二）

【鞫】《説文》"窮理罪人也"。本作𥷒。从幸人言，竹聲。徐曰：以言鞫之也。今文但作鞫。《集韻》或作𥷒𥺊，亦作諊，又作告。《禮記》"纖剸，亦告於甸人"。通作鞫，本文注"告讀爲鞫"，讀書用盡其罪也。推審其罪。（元 熊忠《古今韻會舉要》卷二五）

【晋音齊】孟喜《易》晋作齊，陸德明云：齊子西切，義同，蓋音躋，躋亦晋也，故知義同《春秋》"齊師遷紀、邢、鄑、郚"。鄑，子移反。《文選》"弦高犒晋師"。注引《吕氏春秋》秦將伐鄭，賈人弦高遇之，乃矯鄭伯之命以勞之。曰："寡君使丙也、術也、視也於邊，候晋之道也，迷惑入大國之地，再拜受之。"高誘曰：晋，國名也。按：晋鄑同字從邑，爲是從日，傳寫誤也。古但作晋，而音子西反，與《易》《春秋》合。（明 馮惟訥《古詩紀》卷一百五十四）

【朢】日月相朢，《説文》月滿與日相朢，如臣之朝君也，故從臣從月從壬，壬音珽，經典通作望，《説文》古作𡎸，又見陽韻。（明樂韶鳳《洪武正韻》卷十三）

【暗】烏紺切。又於禁切。昏甚也。古通作闇。（宋戴侗《六書故》卷二）

【敕】恥力切。敕正也。戒敕也。……按：秦漢以來人主之命令稱制爲敕令，《漢書》猶皆作敕，六朝始通用勑字，今皆作勑。（宋戴侗《六書故》卷十五）

【𠀌】壯力切。傾頭也。今並作側。（宋陳彭年、丘雍《大廣益會玉篇》卷二一》）

【旨】美味，《説文》美也。從匕從甘，今作旨，又志也，意向也。亦作恉，經典通作指，俗作旨。（明樂韶鳳《洪武正韻》卷七）

第三類：

該類術語也是在第一類的基礎形式上添加一些修飾語，但是又區別於第二類，這些修飾語具有一定的分析性，主要是對今字使用原因的分析。例如：“今假作／假借”是提示我們由於假借使用了該字來表示；“今省作”也是對漢字使用變化的原因進行的説明；“今俗作”“今俗別作”“今俗記作”等是把今字視爲俗字，也是對漢字使用原因的分析。例如：

【懽】古玩切。《爾雅》“懽懽愮愮，憂無告也”。今借作歡字。（明楊慎《奇字韻》卷四）

【佋】《中庸》“所以序佋穆也”。今借用昭。（明楊慎《奇字韻》卷二）

【薦】《列子》王薦而問之，亦音進，又與搢同。《史記》薦紳先生難言之，徐廣曰薦紳，即搢紳也，古字假借，又霰韻。（宋毛晃、

毛居正《增修互注禮部韻略》卷四）

【蒜】舊注：古桔字，蒜蘇果蓏也。見《靈樞經》。按《說文》"菩蔞果蓏也"。俗省作苦。訛作蒜。（明 張自烈《正字通》卷九）

【舄】《篆文》云"古鵲字"。象形，借爲履舄字。本作舄，今省作舄。（宋 毛晃、毛居正《增修互注禮部韻略》卷五）

【醬】醢也，肉醬謂之醢。……字從爿從夕從酉。當作牆。今作醬。（宋 毛晃、毛居正《增修互注禮部韻略》卷四）

【假樂君子】（假）《中庸》《春秋傳》皆作嘉，今當作嘉。（宋 朱熹《詩集傳》卷十七）

【龍】盧容切。音與隆同。《說文》龍鱗蟲之長，從肉龍，肉飛之形，童省聲。《埤雅》龍，八十一鱗，九九之數，有鱗曰蛟龍，有翼曰應龍，有角曰虯龍。《廣韻》又通也，和也，又寵也。《詩》何天之龍，又《王莽傳》倉龍，太歲。又句龍，后土氏。又《爾雅》馬高八尺以上爲龍。又州名。氐羌地西魏立龍州。又姓。舜納言龍之後。《集韻》古作竜㫋龓龕龒，《前南粵傳》有龒元侯，又江韻。俗作龍，非。（元 熊忠《古今韻會舉要》卷一）

【箸，飯敧也。從竹，者聲。】臣鍇曰：今俗記作筯也。其肋反。（五代 徐鍇《說文解字繫傳》卷九）

【㣇，豕鬣如筆管者，出兩郡。從希，高聲。】臣鍇曰：所謂豪豬。行高反。【㣇，籀文从豕。】臣鍇等曰：今俗別作毫，非是。（五代 徐鍇《說文解字繫傳》卷十八）

【斗】當口切。徵清音。《說文》"斗十升也。象形，有柄"。《前漢志》斗者聚升之量，又宿名。又星名。《詩》"維北有斗"，陸佃曰：斗有環域北斗七星，古者壘取象於雷，斗取象於斗，或作㪷。《周禮·考工記》梓人一獻而三酬，則三豆矣。注當作斗。俗作斜。毛氏曰：《考工記》一豆注當作斗。豆即古斗字。《左傳》豆、區、釜、鍾，當音斗，後人誤作俎豆之豆讀之。今俗書作斜，蓋誤併耳。

（元 熊忠《古今韻會舉要》卷十六）

【捋】古文將。篆作捋。《説文》扶也。與將義合，孫愐士良切非。《六書故》作叔，从又手也，會意，爿諧聲。《正譌》曰：舊説將从肉，从寸，非。按二説將本作捋叔。俗用將。又《長箋》即古牀字，象爿形，當是几案類，从手爿意兼聲。按此説尤非。（明 張自烈《正字通》卷四）

第四類：

該類表述用語有的可以用來指稱“古今字”現象，但是同時也可以用來表示其他現象，雖然該類術語也包含“古”“今”，但是具體指稱什麽，還需要結合上下文來判斷。例如“古文”既可指某字在古時寫作某，也可指古文字體，還可以指漢時的古文經，抑或是某書的古文版本的異文，等等。“古之某”“今之某”既可指我們所理解的“古今字”現象，也可指“古今語”。“古/今爲某某字”既可以指稱用字變化，也可用來説明某一個字詞義的古今變化。例如：

【上】市讓切。《説文》云“高也，又居也”。《易》曰“本乎天者親上”。《虞書》曰“正月上日”，孔安國曰“上日，朔日也”。《老子》曰“太上下知有之”，王弼曰“太上，大人也”。《漢書》云“望於太上”，如淳曰“太上，猶天子也”。又市掌切。登也，升也。【丄】古文。（宋 陳彭年、丘雍《大廣益會玉篇》卷一》）

【宜】《説文》本作“宜，所安也”。俗作宜。亦姓，出《姓苑》。魚羈切。十一。【宜】上同。【𡧯㝥】並古文。（宋 陳彭年、丘雍《廣韻》卷一》）

【𡋬，𡋬商，小塊也。从𠂤从臾。】臣鉉等曰：臾，古文蕢字。去衍切。（五代 徐鉉《大徐校訂説文》卷十四》）

【𩠐】舒酉切。《説文》“與百同。古文首也。巛象髮。謂之鬊，鬒即《《也”。《廣雅》云“首謂之頭也”。《易》曰“乾爲首”。《書》云“元首起哉。元首。君也”。《方言》云“人之初生謂之首”。又書授切。自首罪也。【首】同上，今文。（宋 陳彭年、丘雍《大廣益會玉篇》卷四》）

【㽞】如野牛而青。象形，叙姊切，古文作㽞。（元 周伯琦《説文字原》）

【宿】《説文》宿，止也。本作宿，从宀佰聲。佰，古文夙字。當作宿。**今文省作**宿。《左傳》一宿爲舍，再宿爲信。《廣韻》又素也，大也。《增韻》又安也，守也。《左傳》官宿其業，漢宿道嚮方，又星宿也。《釋名》宿，宿也。言星各止住其所也。《禮記·月令》宿離不貸，注如字，又音秀。《書·洪範》三曰星辰，注星宿音夙，亦音秀。又姓。《風俗通》漢雁門太守宿，詳又見宥韻注。（元 熊忠《古今韻會舉要》卷二五）

【籭】《説文》竹器也，可以除麤取細。从竹麗聲。今文借作篩。（元 熊忠《古今韻會舉要》卷二）

【躇】《説文》本作躇。跱躇不前也。从足屠聲。今文作蹢躇。《增韻》猶豫也。又住足也。又御韻。（元 熊忠《古今韻會舉要》卷三）

【第二十一章】恍惚古本並作芒芴。惚今恍兮，其中有象。一其字上無兮字，一無其字，句末有兮字，下同。其精甚真碑本無此。（明 焦竑《老子翼》卷六）

【第二十九章】而爲之古本下有者。天下神器古本上有夫。爲者碑本者作故，下同。故物蘇、葉、黃、陳故並作凡。呴陸、王弼作歔，一作噓，古本作喋。羸古本作刲，王作挫。載古本作培，碑本作接。隳古本作墮。是以司馬以作故。（明 焦竑《老子翼》卷六）

（二）非“古今字”材料的排除

根據分析我們可以知道上述第四類表述用語是比較複雜的，利用關鍵字所提取出的材料會將別的沒有説明“古今字”問題的材料摻入其中，所以理應排除。上面已經作爲反例提出來的就是我們要排除掉的，具體有以下幾種類型是需要排除的。

1. 指稱版本異文的“古、今”訓釋

指稱版本異文的“古、今”訓釋，主要表現在“古文”“今文”“古本作”“今本作”的表述用語上，這些相關訓釋，或是指古今不同版本中的異文，或者意在比較文字異同並加以校勘，這些都不是古今用字的問題。因此我們排除在本書的研究範圍之外。例如：

【第三十五章】出口，古本、碑本口並作言。（明 焦竑《老子翼》卷六）

【利器不可以示人】歙音吸也，聚也。張，開大也。深原作淵，邦原作國，今從韓非本。（明 焦竑《老子翼》卷二）

按：以上兩條中第一條“古本、碑本口並作言”，“古本”和“碑本”屬於並列關係，可知“古本”意思爲古版本；第二條中後有“今從韓非本”，可知前面的“古本”也爲不同於韓非本的另外一個版本。在我們找到的材料中有64條屬於該種材料，應該排除，不屬於我們討論的範圍。

2. 指論詞語變化的“古、今”訓釋

指論詞語變化的“古、今”訓釋，主要體現在“古之某”“今之某”的表述用語上。這類主要是指不同時代的人們在指稱同一事物時使用不同的稱呼，一般也叫作“古今語”，“古今語”中變化的對象是詞語而不是用字，所以我們把這種情況也排除在外。例如：

【丽】古文偶也。施也。華綺也。好也。數也。（金 韓道昭《五音集韻》卷十）

按：該條中使用了"古文"術語。根據《説文·人部》："偶，桐人也。从人，禺聲。"引申之"偶""丽"皆有"配偶"義，但讀音不同，屬古今語而非古今字，若同音讀之，則屬同義換讀。所以也應該排除。

【鶤】《説文》鶤雞也。本作鵾。从鳥軍聲。《爾雅》雞三尺爲鶤。一曰陽溝巨鶤，**古之雞名**。《楚辭》鶤雞啁哳而悲鳴。《文選·西京賦》駕鵞鴻鶤，張揖曰：鶤雞黃白色長頷赤喙。今作鯤。（元 熊忠《古今韻會舉要》卷五）

按：以上例子中，《爾雅》郭璞注指出"陽溝巨鶤，古之雞名"，用"古之"這個術語是爲了説明"陽溝巨鶤"是古代的一種雞的名字，並没有説明古今用字的差異，所以不屬於"古今字"問題。

3. 指論字符職能變化的"古、今"訓釋

指論字符職能變化的"古、今"訓釋，主要體現在訓釋詞爲"古／今某某字""古／今以爲某某字""古／今作某某字"的訓詁材料中，這類材料涉及的對象也是詞而不是字，是關於某一個字詞義古今發生的變化，屬於同字異義，而不是同詞異字的情況，所以我們也排除在外。例如：

【又】更也，佑也。古爲右手字。（宋 毛晃、毛居正《增修互注禮部韻略》卷四）

按：該條中使用術語"古爲某某字"，意在説明"又"古代的詞義爲"右手"，後來由於假借的原因，"又"作爲副詞使用，而"右手"

義由“右”字承擔。

　　【眠，眠兒。從目，氐聲。】臣鍇曰：此又古文視字。凡文有
古今異者，若視，古爲神祇，今則直爲視字；麗，古爲丽字，今
別爲字，其類多矣。善旨反。（五代 徐鍇《説文解字繫傳》卷七）

　　按：該例中使用術語“古爲某某”，意在指出“視”古代表示“神
祇”義，而後來表示“看”義，指的是同一個字前後詞義發生變化的
情況。

　　4.指稱字形或構件的構造功能的“古、今”訓釋

　　指稱字形或構件的構造功能的訓釋，往往出現於古人分析漢字結
構時，指出某個形體或構件的功能相當於某個“古文”或“今文”的
意義，這樣的“古文”或“今文”不是記録同一個詞的古今用字差異，
不屬於“古今字”關係。如：

　　【大】天大，地大，人亦大。大爲象形，古文人也。凡大之屬
皆從大。臣鍇按，《老子》“天大，地大，王亦大也”，古文亦以此
爲人字也。（五代 徐鍇《説文解字繫傳》卷二十）

　　按：該例中説“大”是“古文人”，“古文亦以此爲人字”，意思是説
“大”在古文字的構形中表示“人”，即“大”字造意爲伸展肢體之人形。
清王筠《説文釋例》：“此謂天地之大，無由象之以作字，故象人之形以作
大字，非謂大字即是人也。”也説明了“大”字的造字意圖，是説其構形
像人，並不是説“大”字就是“人”字。

　　5.指稱字形局部變化的“古、今”訓釋

　　指稱字形局部變化的材料意在説明形體書寫的某些變化，意在
説明某個字的形體古代寫作什麽樣，後來變成什麽樣，注列者也會用

"古作某"或"今作某"來説明,這些材料也不是指記録同一詞項的古今用字不同。如:

【亘】求宣也。又姓。從二從回,回音回,今作日。與亙字不同,亙從二從舟,舟今作月。凡宣垣字從亘。(宋 毛晃、毛居正《增修互注禮部韻略》卷二)

按:該例中"今作日"是説古文字"亘"的中間部分原來寫作"回",而後來訛變成了"日"。"舟今作月"是説"亙"字中原來的"舟"形現在訛變成了"月"形。這裏的"古""今"並不是指文獻用字,所以也應排除。

【攀】披班切。自下援上也。中從廾。古文作艸。(宋 毛晃、毛居正《增修互注禮部韻略》卷一)

按:該例中"古文作艸"是解釋字頭"攀"字中的中間構件"廾"古文字形爲"艸",並没有説明文獻用字的實際,是指稱字形局部變化的,所以不在我們的考察範圍之内,應該排除。

6.文字訛變、校勘不精所引起的文字關係錯亂,使得古人誤注誤列的"古、今"訓釋

【癹】舊注:"古文班字。"按:班,通作頒、般。《集韻》或作辬、斑。或作斒。《説文》本作辬,《易·賁卦》陸氏釋文:賁,古斑字,今改作癹,非。(明 張自烈《正字通》卷七)

按:"癹"本爲"發"字古文,方月切。"月、丹"形近,明刻本《篇海》誤作"方丹切",《詳校篇海》承《篇海》之誤而補作"音班",

《字彙》又承《詳校篇海》“音班”而定爲“古文班字”，屬於誤判，所以也應排除。

7.訓釋術語中祇能體現單方面的“古”或“今”，不能體現不同時代的用字變化的訓釋

這種訓釋中的“古”或“今”祇指某個時代的用字，不是指不同時代的一組字，不能體現出前後的用字變化來。如：

【洌】古文。解冰也。（金 韓道昭《五音集韻》卷二）

按：該條中祇説了“洌”是一個古文形體，表示“解冰”的意思，我們從這裏看不出與其對應的今字是什麽，無法形成完整的對應字組，故排除。

【除】俗用字體。今文除。（金 韓道昭《五音集韻》卷六）

按：該條中祇説明了“除”是一個當時的俗用字，並未説明與其對應的古字是什麽，同時也没有説明記録的詞項是什麽，所以也排除在我們考察範圍之外。

（三）最終確定的真正屬於古今用字變化的材料

宋元明時期的訓詁家同樣對於古人的一些難以理解的用字習慣做出了相應注釋，爲後人閲讀相關古書提供了便利。這些注釋實際上就是指出某個“古字”的用法和某個“今字”的用法相同，就是在記録某一個詞時，前後不同時代使用了不同字形的文字現象。訓釋中的真正屬於用字變化的術語主要有“古字（文）”“今字（文）”“古某字”等，即上文有關術語的前三類和第四類中的一部分。

經過對材料的搜集、篩選和排除，我們獲得了真正屬於用字變化的"古今字"材料共 11074 組。這些古今字分布在不同時代的不同訓詁作品中。具體情況我們將在下一章進行詳細分析。

三　宋元明時期"古今字"材料的分析

宋元明時期的"古今字"材料繁多，我們有必要對這批材料進行全面分析，纔能對該時期的"古今字"特點有整體的評價。以下我們分別從材料的時代分布、載體分布、訓注目的、屬性關係和形成原因等方面進行分析。

時代分布主要是看宋元明時期各個階段"古今字"所占的比重和術語使用的側重；載體分布主要是分析其注釋考證材料、小學專書材料和筆記語料中的"古今字"的側重；訓注目的主要是探討分析古人爲何使用"古今字"，何時使用"古今字"術語；屬性關係分析主要是利用現代字詞關係理論來説明該時期"古今字"所呈現出來的具體內容；形成原因主要是分析古人對"古今字"成因的認識，不同材料所體現的原因是不同的。

（一）"古今字"材料的時代分布

根據《唐以前"古今字"學術史研究》和《清代"古今字"學術史研究》中統計出來的"古今字"材料，唐以前共計 3373 組"古今字"，清代共計 5053 組。我們統計出來宋元明時期的材料共計 11074 組，比唐前和清代都多，那麼這批材料在宋元明時期的分布是均匀的還是有差異的？根據統計，我們得出以下數據。

表 1-2 宋元明各時期"古今字"統計

單位：個，%

時期	訓釋數量	所占比重
五代	311	2.81
遼	831	7.50
宋	5127	46.30
金	2071	18.70
元	1073	9.69
明	1661	15.00

由表 1-2 我們可以看出，"古今字"材料基本分布在宋元明各個時期，"古今字"的訓釋和研究在此期間並没有間斷過。但宋元明各時期訓釋數量有所差別：宋代最多，幾乎占了一半；明代次之；元代最少。這種數量上的差異主要受當時政治文化因素的影響。

（二）"古今字"材料的載體分布

宋元明時期"古今字"材料數量龐大，雖然訓釋家們在注釋時所采用的術語在形式上基本一致，但由於在所記録的載體、注釋目的等方面有所區別，因此來源於不同類型作品中的"古今字"也有所不同。

"古今字"的材料多半集中在經典注釋和小學專書中，本書參考蔣志遠《唐以前"古今字"學術史研究》一書中的分類方法，將"古今字"材料分爲"隨文釋義"類和"小學專書"類。隨文釋義類材料，主要針對所讀文獻中難以理解的字詞、文句或句義進行解釋，其中所解釋的是具體的文義；而小學專書中的"古今字"大都是將多個記録某個義項的不同形體字全部列舉出來，並且是將多個義項並列列舉，我們很難立即判斷出兩個字到底是在哪個義項上形成了"古今字"關係，多是脱離了具體語境的字義、詞義，没有具體語言環境作爲背景，其溝通的字詞相對具有概括性。該時期還有一類材料來源於史料筆記，這類材料十分具體，其體裁多樣，內容豐富，涉及方方面面。以下我們對上述材料的載體分布進行統計，如表1-3所示。

表1-3　宋元明時期"古今字"不同載體統計

單位：個，%

種類	訓釋數量	所占比重
隨文注釋類	429	3.87
小學專書類	10621	95.91
史料筆記	24	0.22

由表1-3我們可以看出，該時期小學專書類材料的數量是最多的，占比95.91%，並且這些小學專書中字書、韻書居多；其次是隨文注釋類材料；最少的是史料筆記。

（三）"古今字"材料訓注目的分析

雖然宋元明時期訓詁學既不是初興時期，也不是全盛時期，但是有大批"古今字"材料，這些材料在訓釋目的上是有差別的，可以體現該時期"古今字"研究的新進展。根據對材料的分析，我們得出宋元明時期訓詁學家使用"古今字"的目的有四：一是利用"古今字"解釋文獻中的具體詞義，二是利用"古今字"彙集不同時期的用字，三是利用"古今字"闡釋相關字詞使用的情況，四是利用"古今字"比較文字異同並加以校勘。

1. 解釋文獻中的具體詞義

解釋文獻中的具體詞義，就是在閱讀文獻遇到障礙的時候，利用"古今字"來解釋，一般是用今字來解釋古字，來溝通文獻文意。例如：

（1）【昨夜見軍帖，可汗大點兵，軍書十二卷，卷卷有耶名。】耶，以遮切，今作爺。俗呼父爲爺。（宋 章樵《古文苑》卷九）

（2）【振民，象山下有風；育德，象山在上也。】育，王肅作毓。古育字。（宋 魏了翁《周易要義》卷二）

例（1）出自北朝樂府民歌《木蘭詩》，該句的意思是"昨天晚上看見徵兵文書，知道統治者在大規模徵兵，那麼多卷徵兵文册，每一卷上都有父親的名字"。根據章樵的注釋，在表示"父親"義時，"耶"和"爺"形成了古今字關係。

例（2）指出"毓"和"育"爲古今字關係。《説文》："育，養子使作善也。从𠫓肉聲。《虞書》曰：'教育子。'𣫦育或从每。"根據《説文》可知，"毓"爲"育"的或體字，都表示"生養，養育"義。在《周易要義》中，魏了翁指出在表示"生養，養育"義時，"毓"爲古字，"育"爲今字。

2. 彙集不同時期的用字

宋元明時期的小學專書具有一定的特殊性，大量韻書是將不同的古文彙集在一起解釋某個詞義或多個詞義，具有彙纂的性質。例如：

（1）【視】看視。又音是。【眡眂瞲睧】古文。（金 韓道昭《五音集韻》卷十）

（2）【農䢉𦦥農䢉𨱻】《説文》"耕也"。一曰厚也。又姓。古作䢉𦦥𨱻農䢉𨱻。（宋 丁度等《集韻》卷一）

（3）【終暴𢍰暴𢍰夊】之戎切。《説文》"緑絲也"。一曰盡也。又姓。古作暴𢍰暴𢍰。隸作夊。文六。（宋 司馬光《類篇》卷三十七）

以上三例都是一個今字對應多個古字的情況，韻書將這些古字彙集在一起。例（1）中指出在表示"看視"義時，"眰、眠、睹、眮"都爲"視"的古字。例（2）中指出"襛、襛、襛、襛、酋"這幾個字都爲"農"的古字，但具體表示什麼意思是不確定的，有"耕"義，有"厚"義，具有多義性。例（3）中也是如此，"曓、夘、曓、戛"四字都爲"終"的古字，但具體在什麼意思上形成了"古今字"關係，是不能確定的。

3. 闡釋相關字詞使用的情況

材料中使用"古今字"相關術語有時還爲了闡釋相關字詞的使用情況：有的指出使用是否合理，有的指出使用訛誤的原因，有的在指出訛誤的基礎上加以訂正，等等。

（1）【吅，驚嘑也。从二口。凡吅之屬皆从吅。讀若讙。】臣鉉等曰：或通用讙，今俗別作喧，非是。（五代 徐鉉《大徐校訂説文》卷二）

（2）【鄭，國也，齊桓公之所滅。从邑，覃聲。】臣鉉等曰：今作譚，非是。《説文》注義有譚長，疑後人傳寫之誤。徒含切。（五代 徐鉉《大徐校訂説文》卷六）

（3）【嵎】嵎峓。束表之地。晁謹案：《廣韻》"嵎峓，山名"。《書》作嵎夷。舊本作銕。誤。銕，古鐵字。今正。（宋 毛晃、毛居正《增修互注禮部韻略》卷一）

例（1）中徐鉉指出"吅"和"喧"在表示"驚嘑"義時形成了"古今字"關係，但是他同時指出"今俗別作喧"是不符合標準的，給予了評價。[①]例（2）中徐鉉指出"鄭"和"譚"在表示"國也，齊桓公之所滅"義時爲"古今字"關係，也説了"今作譚"不符合標準，

---

① 張燕：《徐鉉俗字標準問題》，《西華師範大學學報》（哲學社會科學版）2015 年第 3 期。

並指出《説文》注義有譚長,是後人傳寫造成的訛誤。例(3)中指出《書》舊本將"夷"寫作"銕"是錯誤的,並指出"銕"爲古"鐵"字,給予了訂正。

4. 比較文字異同並加以校勘

(1)【曆】力的切。象星辰分節序四時之逆從也。數也。本作歷。古文作厤。【靐】古文。(宋 陳彭年、丘雍《大廣益會玉篇》卷二十)

(2)【く】公泛切。水小流皃。深尺廣尺曰く。古文作〈〈,篆文作𤀰。(宋 陳彭年、丘雍《大廣益會玉篇》卷二十)

(3)【鄉】萬二千五百家。《周禮》"百家之内曰鄉。王畿六鄉"。古文作䣣。从兩邑、从皀。皀,古鄉字。今文作鄉。(宋 毛晃、毛居正《增修互注禮部韻略》卷二)

以上三例在指出古文或者今文的同時,側重於比較文字的異同。例(1)中是將古文"厤"和"歷"加以比較,例(2)中是將古文"〈〈"和篆文"𤀰"放在一起加以比較,例(3)中是將古文"䣣"和今文"鄉"加以比較。

(四)"古今字"材料字際關係分析

宋元明時期"古今字"材料涉及的字詞關係是相當複雜的,本小節我們以李運富先生歸納出的系統的字際關係理論爲依據,對該時期的"古今字"材料屬性關係進行分析。

1. 本字與本字

本字與本字的關係是指古字和今字都是爲記錄某一個詞義而造的字。這一字際關係下又包括異形字、異構字、源本字—分化本字、古本字—重造本字四種類型。

（1）異形字

異形字就是古字與今字祇是在字形上有區別的一組字。有的訓釋家在注釋中利用"古今字"的表述來説明字的形體演變，這些"古今字"的古字與今字祇在形體上有細微差别，書寫元素不同或不完全相同，没有構形、構意的區別，也没有漢字職能上的區別，其結構屬性和記詞職能是完全相同的。例如：

A【衆】之仲切。多也。三人爲衆。又姓。《左傳》魯大夫衆仲。又音終，𠂤、𡇬並古文。（金 韓道昭《五音集韻》卷十）

B【封】大也。國也。厚也。爵也。亦姓……府容切。【坒】古文。（宋 陳彭年、丘雍《廣韻》卷一）

C【送】蘇弄切，遣也。【𨕣】古文。（金 韓道昭《五音集韻》卷十）

例A中"𠂤"和"𡇬"都爲"衆"的古文，實際上，"𠂤"爲"衆"的小篆形體；例B中"坒"爲"封"的《説文》古文形體；例C中"𨕣"爲"送"的籀文形體。這些注釋中的"古今字"實際上屬於古今字體的演變，古文一般都是説文古文、籀文、小篆形體的寫法，宋元明時期有一大批材料屬於這種情況，訓釋術語幾乎全部用"古文"，它們記録的詞項相同，但是寫法不同。

（2）異構字

異構字是和異形字相對應的，也是爲同一個詞而造的，但是有異構字關係的古字與今字有明顯的字構差別，有的構件選擇不同，有的構形方式不同，有的構件擺放位置不同，有的構件職能不同。例如：

A【恐】區用切。疑也。【㤿】古文。（金 韓道昭《五音集韻》

卷十）

B　【祺禥祈】《説文》"吉也"。一曰祥也。籀从基。古作祈。（宋 丁度等《集韻》卷一）

C　【祧禥】他彫切，遷廟也。古作禥。文二。（宋 司馬光《類篇》一）

D　【𠬝，引也。從反廾。凡𠬝之屬皆從𠬝。】臣鍇曰：引者自外引入也，故反手向外引之。潘蠻反。【攗，𠬝或從手從樊。】臣鍇曰：此今人書攀字。（五代 徐鍇《説文解字繫傳》卷五）

例 A 中"忈"和"恐"形成了"古今字"關係，其今字衹是在古字基礎上多了一個構件"凡"。例 B 中古字"祈"和今字"祺"、例 C 中古字"禥"和今字"祧"也是選擇了不同的構件。這些字都是表示某個義項的本字，造字時選取了不同的構件而已。例 D 中"攗"和"攀"，則是構件擺放位置不同而已。

（3）源本字—分化本字

這種字際關係是由於詞語的派生而引起的文字分化現象。由於古字的某一個義項引申出了別義，並且派生了新詞，形式上也分化出了新字即今字，所以對於引申出的這個別義，原來的古字就是源本字，後分化出的今字就是分化本字，二字在形義上都有聯繫，先後記錄同一個義項。例如：

【周烈王崩，諸侯皆弔。齊後往，周怒赴於齊曰：天崩地坼，天子下席】……補曰：《正義》云：赴，告也。今文作訃。（元 吴師道《戰國策校注》趙卷第六）

該例中指出"赴"和"訃"爲"古今字"。《説文》："赴，趨也。从走，仆省聲。""赴"的本義是"趨奔"，後引申出"告喪"義，"告喪"義後來派生了新詞，也分化出了新的本字"訃"，專門表"訃告"義。吳師道的意思即在表示"告喪"義時，"赴"爲古字，"訃"爲今字。其實"赴"是源本字，用本字記錄引申義，"訃"是分化本字，它們先後記錄了同一個義項，在使用分化本字的同時仍然可以用源本字來記錄該義項。

（4）古本字—重造本字

這種字際關係是指古字頻繁記錄別的詞，或是本詞派生需要分化，因此爲該古字的本義重造了一個本字，也就是今字，而原古字可以不用來表示其本義。例如：

A 【鼻】毗志切。《説文》曰"引氣自畀也"。【自】古文。（金韓道昭《五音集韻》卷十）

B 【雲】古文雲字作云，象雲回轉之形，其上從二，二者天中之陰也，天中之陰，應之於上，故地中之陽升而爲雲，蓋陰陽之氣自下而上阻於一則爲丂，應於二則爲亏，應於二而盤薄則爲雲……（宋 陸佃《埤雅》卷十九）

C 【虛】丘居切。大丘也。今作墟。《爾雅》曰"河出崑崙虛"。郭璞云"《山海經》曰：河出崑崙西北隅虛山下基也"。又許魚切。空也。（宋 陳彭年、丘雍《大廣益會玉篇》卷二）

例 A 中據《説文解字·自部》："自，鼻也。象鼻形。𦣹，古文自。"我們知道"自"是表示"鼻子"義的本字，後被借來表示第一人稱"自己"，又爲"鼻子"義重造了本字"鼻"字，"自"字不再用來表示其本義。例 B 中據《説文解字》："雲，山川气也。從雨，云象雲回轉形。凡雲之屬皆從雲。𠃞，古文省雨。𩇓，亦古文雲。"可知"云"是記錄"白雲"義的本字，後來被假借來表示虛詞，又爲"白雲"義造了新本字"雲"。例 C 中"虛"本義即爲"大丘"，後被假借來表示"虚詞"等義，爲"大丘"義新造了本字"墟"。

2. 本字與借字

這種字際關係是指在記録同一個義項的不同用字中，有的是本字，有的是通假字或假借字，具體有以下兩種情況。

（1）本字—通假字

該種關係是在表示某個義項時，古字爲本字，今字爲通假字。例如：

【辟】違也。迴也。【𨒫】古文。（金 韓道昭《五音集韻》卷十）

《説文·辵部》："避，回也。从辵，辟聲。"《古文字詁林》："馬叙倫曰：避，甲骨文作𧾷，从彳。"《説文》："辟，法也。从卩从辛，節制其辠也。从口，用法者也。"根據《古文字詁林》所引馬叙倫之説可知，"𨒫"爲"避"的異構本字，它們的本義爲"迴避"，而"辟"的本義是"法"，所以在表示"迴避"義時，"𨒫"和"辟"爲本字和通假字的關係。

（2）假借字—後造本字

該種字際關係是某個詞原來没有本字記録，用假借字記録，後來爲了分化假借字的職能，替某詞造出專用本字，不再用原假借字。例如：

A　【趄】趑趄，趄不進貌。古作且。（宋 毛晃、毛居正《增修互注禮部韻略》卷一）

B　【胎】湯來切。《説文》"婦孕三月，凡孕而未生皆曰胎"。古作台。（宋 毛晃、毛居正《增修互注禮部韻略》卷一）

例A中"且"和"趄"在"趑趄"義上形成了"古今字"。根據《説文》：“且，薦也。”王筠《釋例》：“且，蓋古俎字。借爲語詞既久，始從半肉定之。經典分用。”可知“且”本義爲“薦”，古用“且”來表示“趄趄”義屬於假借，後來在“且”字基礎上加“走”字爲“趄”，則是爲記録“趄趄”義重新造的本字，“且”和“趄”屬於假借字和後造本字的關係。

例 B 中“台”和“胎”在表示“胎兒”義時爲“古今字”。《説文》：“台，説也。從口，㠯聲。”根據《説文》可知，“台”本義爲喜悦，《石鼓文》中有例證：“有狐如虎，獸鹿如兕，台爾多賢。”其表示“胎兒”義屬於假借，後來在“台”的基礎上加“月”字爲“胎”，則是爲“胎兒”義後造的本字，所以“台”和“胎”爲假借字和後造本字的關係。

3. 借字與借字

該種字際關係是指在記録某個義項時用的不是該義項的本字，而是通假字或假借字。

（1）通假字—通假字

該種字際關係是指有專門記録某個義項的本字，但是不用該本字，而是分別借用多個通假字來記録該義項的現象。例如：

【荷】水名。《書》“導荷澤，被孟豬”。亦作苛。此舊注也。案：今《書·禹貢》作菏，疑古作荷，後人轉寫作菏。（宋 毛晃、毛居正《增修互注禮部韻略》卷二）

該例中毛晃、毛居正指出“荷”和“菏”在“水名”義上形成了“古今字”關係。《説文》：“荷，芙蕖葉。從艸，何聲。”《玉篇·艸部》：“菏，菏菔草。”根據《説文》和《玉篇》中的解釋，可知“荷”和“菏”的本義分别爲“荷葉”和“菏菔草”，都和草有關。在《説文·水部》中有：“菏，菏澤水，在山陽胡陵。《禹貢》：‘浮於淮、泗,達於菏。'从水,苟聲。"可知,有表示"水名"義的本字"菏",但是由於別的原因,不使用該本字,而是借用"荷"和"菏"來表示,二字屬於有本字而借用別的字的通假關係。

(2)假借字—假借字

該種字際關係跟上一種類似,祇是沒有專門記錄某個義項的本字,分別用多個假借字來記錄該義項。例如:

> 【疋】正也。待也。《説文》所菹切,"足也。古文以爲《詩·大雅》字"。又山呂切。(宋 陳彭年、丘雍《廣韻》卷三)

該例中"疋"的本義是"足","雅"的本義是一種鳥名,《説文》中沒有專門記錄《詩·大雅》的字,所以假借"疋""雅"字來表示,二字都是表示"大雅"義的假借字。

(五)"古今字"形成原因分析

訓詁家們在注釋"古今字"時不僅指出了該現象,有的還指出了造成這一現象的原因,這些論述都是零散地分布在這些訓釋當中的。這些關於原因的闡釋相比唐以前的又有所豐富,和唐以前一致的有文字借用、漢字偏旁變化以及字形的訛變、誤寫、轉寫,除了和文字本身有關係的原因外,不一樣的有語言分化及詞形變化。

1. 文字借用

文字的假借或者通假是形成"古今字"最重要的原因之一,或者本無古字,借用他字,後來又另造本字;或者是已經有本字而不用,另外借用其他讀音相同或相近的字。例如:

(1)【曾】又與增同。《孟子》"曾益其所不能"。古作曾,後

人借用增字。（宋 毛晃、毛居正《增修互注禮部韻略》卷二）

（2）【悟】《史記·韓非傳》"大忠無所拂辭，悟言無所擊排。"拂、悟當爲咈、忤，古字假借。（宋 婁機《班馬字類》卷四）

（3）【難】那干切。徵次濁音。《說文》鳥也。本作鸛。從鳥聲，或莫從佳作難。徐曰：今假借爲難易之難。《廣韻》不易之稱也。《增韻》又重大也。又木難，珠名，色黃，生東夷。曹植詩云："珊瑚間木難"。《集韻》古作鷬雗雗。又歌翰韻。（元 熊忠《古今韻會舉要》卷五）

以上三例都説明"古今字"是由於文字假借而形成的。例（1）中"曾"與"增"，例（2）中"咈"和"拂"，例（3）中"鸛"和"難"，注釋者不僅指出這些字之間的古今關係，同時指出形成古今關係的原因爲借用。

2. 語言分化

古今詞義發生變化也會導致文字的變化。詞義引申發展，一字記錄多個意義，造成該字職能過重，爲了滿足記詞功能的明確性，後人又專門造新字來分化原字的詞義，這樣就造成了"古今字"的産生，這種屬於異詞分化。例如：

【周烈王崩，諸侯皆弔。齊後往，周怒赴於齊曰：天崩地坼，天子下席】……補曰：《正義》云：赴，告也。今文作訃。（元 吳師道《戰國策校注》趙卷第六）

該例中指出"赴"和"訃"爲"古今字"。《說文》："赴，趨也。從走，仆省聲。""赴"的本義是"趨奔"，後引申出"告喪"義，"告喪"義後來派生了新詞，也分化出了新的本字"訃"，專門表"訃告"義。吳師道的意思就是在表示"告喪"義時，"赴"爲古字，"訃"爲今字。

3. 詞形變化

古今漢字演變過程中，有些詞義會發生分化，有些詞義沒有發生變化，但是詞形會發生變化，記錄的還是同一個詞項，職能是一樣的，這種屬於同詞變形。例如：

【𣃚旁𣃛𣃜𣃝𣃞】蒲光切。《説文》"溥也"。隸作"旁"。《爾雅》"二達謂之歧旁"。古作𣃛、𣃜，籒作𣃝。或作𣃞旁。又鋪郎切。旁礴混同也。又蒲庚切。旁勃，白蒿也。免食之壽八百歲。又晡橫切。髈，或作旁。文六，重音三。（宋 司馬光《類篇》卷一）

"旁"字《説文》中已指出其古文"𣃚，古文旁。𣃛，亦古文旁。𣃜，籒文"。這幾個字即爲"𣃚、𣃛、𣃜、𣃝"。《類篇》中又多出"𣃞"字，該字在《玉篇·宀部》中有收錄："𣃞，古文旁。"《類篇》將這些字整合在一起，用"古作"來指出。它們是由於古今字體演變而成的"古今字"。這幾個字祇是形體發生了變化，記錄的詞義並沒有改變。

4. 漢字偏旁的變化，包括增加、省減或改換偏旁

"古今字"的形成，漢字偏旁的變化也是一個很常見的原因。許多今字是在古字基礎上增加、省減或改換偏旁而形成的。

（1）【屢】數也。案今之婁字，本是屢空字，此字後人所加從尸。未詳。丘羽切。（五代 徐鉉《大徐校訂説文》卷八）

（2）【縣】《史記·殷紀》縣肉爲林，《高祖紀》縣隔千里，《漢書·高紀》同，師古曰：此本古之懸字，後人轉用爲州縣字，乃更加心以別之，非當借音。《元帝紀》縣蠻夷邸門，古懸字。《禮樂志》高張四縣，《西域傳》縣繩而度，《詩》有縣貆兮，《春秋左

氏傳》室如縣罄。（宋 婁機《班馬字類》卷二）

（3）【囪】《廣韻》"在墙曰牖，在屋曰囪"。古字象形，後加偏旁作牕、窻。（宋 毛晃、毛居正《增修互注禮部韻略》卷一）

（4）【申】升人切。伸也，重也，容也，明也，闡也。……又欠申。《翼奉傳》"欠申動於貌"……古惟申字，後加立人以別之。（宋 毛晃、毛居正《增修互注禮部韻略》卷一）

（5）【笑】此字本闕。臣鉉等案：孫愐《唐韻》引《説文》云"喜也。從竹從大"，而不述其義，今俗皆从犬。又案：李陽冰刊定《説文》"从竹从天"，義云"竹得風，其體天屈如人之笑"，未知其審。（五代 徐鍇《説文解字繫傳》卷九）

（6）【妖】妖豔也。《説文》作"媄，巧也"。今從夭，餘同。於喬切。（宋 陳彭年、丘雍《廣韻》卷二）

（7）【嫷，南楚之外謂好曰嫷。从女，隋聲。】臣鉉等曰：今俗省作婑。《唐韻》作妥，非是。徒果切。（五代 徐鉉《大徐校訂説文》卷十二）

（8）【丼】《説文》曰"八家一丼，象構韓形。·，𤮺之象也。古者伯益初作丼"。今作井，見經典省。又姓，姜子牙之後也，《左傳》有井伯。子郢切。（宋 陳彭年、丘雍《廣韻》卷三）

（9）【亥】指事。下改切，帀，古文。一曰亥，有二首六身，亦古文亥爲豕，與豕同，比豕減一畫，本象豕形。（元 周伯琦《説文字原》）

以上例（1）~（4）都是"今字"在"古字"基礎上增加偏旁的例子，例（5）是"今字"在"古字"基礎上改換偏旁而來，例（6）~（9）是"今字"比"古字"減省了偏旁，注釋者明確指出了"古今字"形成的原因。

5. 字形的訛變、誤寫、轉寫

很多"今字"的形成，是人們在書寫的過程中發生了訛變，可能是由於字形相近造成訛誤，也有可能是一種普遍性的訛誤，由於長期使用，到最後固定下來。

（1）【郯，國也，齊桓公之所滅。從邑，覃聲。】臣鉉等曰：今作譚，非是。《説文》注義有譚長，疑後人傳寫之誤。徒含切。（五代 徐鉉《大徐校訂説文》卷六）

（2）【佗，負何也。從人，它聲。】臣鉉等案：《史記》匈奴奇畜有橐佗，今俗訛誤謂之駱駝，非是。（五代 徐鉉《大徐校訂説文》卷八）

（3）【嵎】嵎嵼。束表之地。晁謹案：《廣韻》嵎嵼，山名。《書》作嵎夷。舊本作銕。誤。銕，古鐵字。今正。（宋 毛晃、毛居正《增修互注禮部韻略》卷一）

（4）【豆】《考工記》“梓人一獻而三酬，則一豆矣”，注“豆當作斗，釋文音斗”。居正曰：豆自是古斗字，如豆區釜鍾之類。後人誤作俎豆之豆讀之。今俗書斗斛之斗爲鈄，蓋訛併耳。（宋 毛晃、毛居正《增修互注禮部韻略》卷三）

（5）【徙】想氏切。商次清次音。《説文》移也。本作迣。今文轉寫作徙。《説文》“古作㣙”。《集韻》又或作𣥂𨑞。案《説文》本從辵從止。當作迣。古文云當作㣙。今文徙字既從古作㣙，又於止下增止，亦轉寫之誤也（元 熊忠《古今韻會舉要》卷十一）

以上例（1）爲後人轉寫錯誤導致“郯”和“譚”形成“古今字”；例（2）中是俗寫訛誤導致“佗”和“駝”形成“古今字”；例（4）中“斗”和“豆”、“斗”和“鈄”，都是由於後人誤寫而成；例（5）中“迣”和“徙”形成“古今字”是由於“今文轉寫”而成。

四　小結

以上我們主要對本書研究的"古今字"材料進行了分析，分別從材料的搜集、選擇和判定，材料的分布，材料的具體分析這幾個角度進行了説明。我們將屬於指稱版本異文的"古、今"訓釋、指論詞語變化的"古、今"訓釋、指論字符職能變化的"古、今"訓釋排除，最後共有 11074 條該時期材料在我們的研究範圍之内。根據統計，我們得出該時期材料的具體分布情況，宋代最多，明代次之，元代最少。其中，小學專書中的"古今字"材料最多，占比达 95.91%，隨文注釋類和史料筆記中的很少。這些材料的訓注目的主要有四：一是利用"古今字"解釋文獻中的具體詞義，二是利用"古今字"彙集不同時期的用字，三是利用"古今字"闡釋相關字詞使用的情況，四是利用"古今字"比較文字異同並加以校勘。這些"古今字"材料體現的字詞關係複雜，主要有本字與本字、本字與借字、借字與借字關係。另外，該批材料還對"古今字"的形成原因進行了解釋，主要有：文字借用，語言分化，詞形變化，漢字偏旁的變化（包括增加、省減或改換偏旁），字形的訛變、誤寫、轉寫，等等。通過對材料的整體分析，我們對該時期"古今字"的研究材料有了整體的認識和瞭解。

第二章　宋元明"古今字"歷時研究

一　概説

　　宋元明時期的訓詁對漢唐之訓詁經常産生懷疑，力求擺脱漢唐的影響，紛紛另創新説。總之，宋元明時期的訓詁學具有鮮明的時代特點，疑古創新是其主要特色。這一特色産生了消極和積極兩方面的效應。毫無根據的疑古和隨心所欲的創新，基本上否定和割裂了漢唐朴學的傳統，使訓詁學一度走入歧途，在某些方面呈現衰落趨勢。但勇於創新的精神一旦與傳統的求實精神結合起來，就會産生朱熹那樣的理學大師，從而推動訓詁學的發展。總的來説，宋元明訓詁學在經歷了暫時的曲折以後，仍然順應了歷史的發展趨勢，是有所創新、有所進步的。

　　考慮到學術史研究的全面性及其"求真有"的原則，我們把五代時期與遼、金的訓詁材料也納入考察範圍，但是我們着重研究的主要還是宋元明三代的"古今字"。

　　根據上一章所述的判定原則，我們從古籍語料庫中找到了11074條宋元明時期注釋中的"古今字"訓詁材料。以這些材料爲基礎，我們就能够全面地、歷時地考察研究"古今字"訓詁在宋元明時期的發生、發展情況。從縱向上來看，隨着時代的前進、社會的發展，"古今字"訓詁從漢代開始就是逐漸發展的，宋元明時期亦然。根據我們的統計，宋元明時期共有二十多位訓詁家在三十多種著作中累計訓詁"古今字"一萬多條，成果豐碩。從橫向上來看，宋元明時期的"古今字"訓詁在各類隨文注釋訓詁材料、小學專書和史料筆記中都有不同程度的分布。從來源上看，該時期出自隨文注釋訓詁材料中的"古今字"有 429 條，約占總數的 3.87%；出自小學專書中的"古今字"有 10621 條，約占總數的 95.91%；而出自史料筆記中的"古今字"祇有 24 條，祇占總數的 0.22%。

從縱向和橫向兩個角度，本章結合相關歷史背景，以宋代、元代、明代三個歷史時期及宋代前五代時期和元代前的遼金時期的"古今字"訓詁家和著作的時代先後爲序，分小學專書、隨文注釋和史料筆記三大類別考察介紹宋元明注釋中的"古今字"訓詁材料。

二 五代時期的"古今字"研究

五代十國（907~960）是中國歷史上的一段大分裂時期。五代是指 907 年唐朝滅亡後依次更替的位於中原地區的五個政權，即後梁、後唐、後晉、後漢與後周。960 年，後周趙匡胤發動陳橋兵變，黃袍加身，篡後周建立北宋，五代結束。該時期因時局動蕩，王朝更迭頻繁，所以文化成果甚少，訓詁成就更加微不足道。但爲了還原學術史的全貌，我們還是有必要對該時期的成果進行整理。在我們找到的現有資料中，該時期的"古今字"有杜光庭《道德真經廣聖義》中的 1 條，徐鉉《大徐校訂說文》中的 136 條，徐鍇《說文解字繫傳》中的 174 條。

（一）小學專書中的“古今字”研究

1. 徐鉉《大徐校訂説文》

《大徐校訂説文》是研究《説文解字》的一部重要圖書。作者徐鉉（917~992），是五代十國、北宋初年著名的文學家、書法家，字鼎臣，廣陵人。歷官吳校書郎，南唐知制誥、翰林學士、吏部尚書，後隨李煜歸宋，官至散騎常侍，世稱徐騎省。徐鉉與弟徐鍇並治《説文解字》，均有成就，世人稱其爲“大徐”，鍇爲“小徐”。徐鉉受詔與句中正等校訂《説文解字》，力求恢復許書之舊，根據孫愐的《唐韻》爲《説文解字》中的每個字注音，對許書的一些錯誤加以改正，加入按語，補充許書中漏收的字（見大徐本“新附字”）。今天我們常用的《説文解字》即是徐鉉校訂的《説文解字》。我們收集到的徐鉉校訂《説文》中的“古今字”注釋術語主要是“今作”“古文某字”，我們根據術語從中選取幾條來進行詳細分析。

（1）【吅，驚嘑也。从二口。凡吅之屬皆从吅。讀若讙。】臣鉉等曰：或通用讙，**今俗別作喧**，非是。（徐鉉《大徐校訂説文》卷二）

（2）【左，手相左助也。从ナ工。凡左之屬皆从左。】則箇切。臣鉉等曰：**今俗別作佐**。（徐鉉《大徐校訂説文》卷五）

（3）【屢】數也。案**今之婁字**，本是屢空字，此字後人所加从尸。未詳。丘羽切。（徐鉉《大徐校訂説文》卷八）

（4）【兌，説也。从儿，㕣聲。】臣鉉等曰：㕣，**古文㕣字**，非聲。當从口从八，象气之分散。《易》曰“兌爲巫爲口”。（徐鉉《大徐校訂説文》卷八）

（5）【畫，晝商，小塊也。从𠂤从叟。】臣鉉等曰：叟，**古文蕢字**。

去衍切。（徐鉉《大徐校訂説文》卷十四）

例（1）中徐鉉指出在表示“大聲呼叫，聲音雜亂”義時，“吅”和“喧”形成了古今字關係。古文中用“吅”字，後來人們習慣用俗字“喧”，徐鉉説“非是”，意即後來人們所使用的俗字並不符合《説文》的原意。①

例（2）中徐鉉指出在表示“輔助”義時，“左”和“佐”形成了古今字關係。《説文》中“左”的本義即爲“輔佐，幫助”，後來假借用來表示方位“左右”之“左”，又造新字“佐”來表示“輔助”義，並且成爲表示該義常用的俗字。段玉裁注：“左者，今之佐字。《説文》無佐也。”段玉裁也指出了二字的古今字關係。

例（3）中徐鉉指出在表示“多次”義時，“屢”和“婁”爲古今字關係。《説文》：“婁，空也。从母、中、女，空之意也。一曰婁，務也。，古文。”徐鉉也没有指出爲什麽二字有古今字關係，衹是説明“婁”本是“中空”義。段玉裁《説文解字注・女部》：“婁，婁之義又爲數也。此正如窗牖、麗廔之多孔也，而轉其音爲力住切。俗乃加尸旁爲屢字。古有婁無屢也。”

例（4）中徐鉉指出“兖”是“台”的古文形體字。《説文》：“台，山間陷泥地。从口，从水敗皃。讀若沇州之沇。九州之渥地也，故以沇名焉。，古文台。”清朱駿聲《説文通訓定聲・屯部》：“蓋台、沇、兖本一字。泉出沮洳曰台，古以命泲水上流，作沇，因以沇水命州，後又别制兖。”

例（5）中徐鉉指出“蕢”爲“臾”的古文形體字。《説文》：“蕢，艸器也。从艸賫聲。，古文蕢，象形。《論語》曰：‘有荷臾而過孔氏之門。’”今本《論語・憲問》作“荷蕢”。根據《説文》可知，徐鉉的校訂沿襲了《説文》的説法。

① 張燕：《徐鉉俗字標準問題》，《西華師範大學學報》（哲學社會科學版）2015年第3期。

2. 徐鍇《說文解字繫傳》

《說文解字繫傳》爲南唐徐鍇（920~974）所撰，是漢魏以後最早的一部系統的、比較詳密的《說文解字》注解。作者徐鍇，南唐文字訓詁學家，字楚金，精通文字學，仕於南唐，秘書省校書郎起家，後主李煜時，遷集賢殿學士，終内史舍人。徐鍇平生著述甚多，今僅存《說文解字繫傳》四十卷，《說文解字韻譜》五卷。

《說文解字》流傳至唐代，李陽冰對它做了竄改，使《說文解字》漸失原貌。李陽冰整理《說文解字》時，排斥許說，自逞臆說，對解說和篆法大加改動。爲了糾正李陽冰的臆說，徐鍇著《說文解字繫傳》一書。徐鍇是在李陽冰刊定《說文解字》之後第一個對《說文解字》進行全面校訂和注釋的人，也是第一個系統分析《說文解字》部首編排次序的人。此書共分八篇四十卷。徐鍇非常敬重許慎，把《說文解字》看成經書，自己的注解則稱爲傳。《說文解字繫傳》實際上就是《說文解字》注。徐鍇此書爲恢復、保存許書的本來面目作出了重要貢獻。《說文解字繫傳》以“通釋”部分爲主體，除引據前代古書以證明許慎訓解外，還指出其他引申的意義，並通過諧聲字的聲旁說明聲旁與字義的關係，對後代訓詁學家影響很大。此書在“通釋”中也往往說明古書的假借和古今用字的不同，有時還用今語解釋古語，在文字訓詁學發展史上占有重要地位。《說文解字繫傳》已注意到形聲相生、音義相轉之理。這種訓詁方法對後人有很大啓發，清段玉裁作《說文解字注》就十分重視徐鍇的意見。在《說文解字繫傳》全書中，徐鍇闡明許書體例，疏證許書說解，明辨假借及古今用字之異，辨析字形，考索字義，多方面開創了研究《說文解字》的先河，在《說文解字》研究史上作出了重要貢獻。

徐鍇注釋術語主要有“古文”“今作”“古文作”“古某字”“今文作”“今從”“今字”“今某字”“今借”“今文”“古用”“古作”。例如：

（1）【帝，……帝，帝古文，諸上字皆從一，篆文皆從二。二，古文上字。】臣鍇曰：萬物莫先於一，故**古文**上皆爲一，非謂古文以一爲上字也。古上爲二字，亦指事也，似上字，但上畫微橫書之，則長下畫而短上畫。二，貳字，則上下兩畫齊等也。凡示字，天垂象；辰字，象房星。故皆從二。辛，愆字也。愆者，上獲愆，故字從。上，幹字也。二，上字也。至於言童、龍、音、章等，皆從辛之聲，所以云皆從上。詳而察之，皆出於辛字也。（徐鍇《説文解字繫傳》卷一）

（2）【瑬，垂玉也，冕飾。從玉，流聲。】臣鍇曰：天子十有二旒。旒之言流也，自上而下動則逶迤若水流也。冕瑬當作此瑬字，**今作旒**，假借也。力周反。（徐鍇《説文解字繫傳》卷一）

（3）【氣，雲氣也。象形，凡氣之屬，皆從氣。】臣鍇曰：象雲氣之皃。**古文又作**昕、氞。郎利反。（徐鍇《説文解字繫傳》卷一）

（4）【薗，艸也。從艸，圍聲。】臣鍇曰：圍，**古圍字**也。延救反。（徐鍇《説文解字繫傳》卷二）

（5）【退，毀也。從攴，貝聲。《周書》曰“我興受其退”。】臣鍇曰：毀壞而出也，此微子出奔之辭也。**今文作**敗。步介反。（徐鍇《説文解字繫傳》卷四）

（6）【徐，安行也。從彳，餘聲。】臣鍇按：《詩》曰“其虛其徐”。又古國，本從邑，亦通作 徐、徐。顓頊後，其裔孫，生大業，大業生皋陶，皋陶生伯益。皋陶之後爲士師，爲李氏。伯益之後分封爲徐，在東海郡東方，仁方也，有君子國，故孔子欲居九夷……故徐氏有四望：高平、北海、彭城、東海。而以東海爲上望也。徐者，舒緩之名也，故其後雖爲武，未嘗無君子之風，徐宣立盆子是也。然則**古徐字雖作**邻，其義出於此字也。（徐鍇《説文解字繫傳》卷四）

（7）【諯，咨也。一曰痛惜也。從言，耑聲。】臣鍇曰：**今俗從口作嗤**。走嗟反。（徐鍇《説文解字繫傳》卷五）

（8）【虯，引也。從反廾。凡虯之屬皆從虯。】臣鍇曰：引者自外引入也，故反手向外引之。潘蠻反。【攀，虯或從手從樊。】臣鍇曰：此**今人書攀字**。（徐鍇《説文解字繫傳》卷五）

（9）【斁，閉也。從攴，度聲。讀若杜。】臣鍇曰：**今借杜字**。徒土反。（徐鍇《説文解字繫傳》卷六）

（10）【卟，卜以問疑也。從口卜。讀與稽同。】臣鍇曰：《尚書》曰"明用稽疑"，**今文借稽字**。古兮反。（徐鍇《説文解字繫傳》卷六）

（11）【眠，眠兒。從目，氏聲。】臣鍇曰：此又**古文視字**。凡文有古今異者，若視，古爲神祇，今則直爲視字；曆，古爲鬲字，今别爲字，其類多矣。善旨反。（徐鍇《説文解字繫傳》卷七）

（12）【椓，擊也。從木，豖聲。】臣鍇按：《春秋左傳》曰"太子又使諑之"，《楚辭》曰"謡諑謂余之善淫"，**古皆用**此字也。輟角反。（徐鍇《説文解字繫傳》卷十一）

例（1）中徐鍇指出"二"是"上"的古文形體字。根據甲骨文、金文的形體可知，"上"在甲骨文、金文時代皆作"二"。《説文》："丄，高也。此古文上，指事也。凡丄之屬皆从丄。𠄞，篆文上。"清段玉裁改作"二"，並注云："古文上作二，故'帝'下、'旁'下、'示'下皆云：从古文上。可以證古文本作二。篆作丄，各本誤以丄爲古文。"商承祚《説文中之古文考》："段改丄爲二，是也。甲骨文、金文皆同。"根據段玉裁和商承祚的説法，可知徐鍇的説法是正確的。

例（2）中徐鍇指出"蓬"和"旒"在表示"冕飾"義時形成了古今字關係。徐鍇指出"蓬"爲表示"冕蓬"義的本字，後來用"旒"表示，是假借的用法。

57

例（3）中徐鍇指出“旡、炁”二字皆爲“氣”的古文形體字，但是並没有具體説明。《正字通·日部》：“旡，炁本字。”《玉篇·月部》：“炁，古氣字。”根據《正字通》和《玉篇》對於“旡”和“炁”字的收録，可以知道“旡”和“炁”爲古“氣”字，和徐鍇的注釋一致。《正字通·气部》：“炁，古文氣字。見《韻會》。”根據《正字通》的解釋，“炁”爲“氣”的古文形體字，和徐鍇注釋一致。

例（4）中徐鍇指出“圚”和“囿”爲古今字關係。《説文》：“囿，苑有垣也。从囗有聲。一曰禽獸曰囿。圚，籀文囿。”根據《説文》的解釋可知，“圚”爲“囿”的籀文形體字，二字爲古今字，屬於古今字體的演變形成的。

例（5）中徐鍇指出在表示“敗壞”義時“退”和“敗”爲古今字關係。《説文》：“退，斁也。从攴貝聲。《周書》曰：‘我興受其退。’”按：今本《尚書·微子》作“敗”。《説文》：“敗，毁也。从攴、貝。敗、賊皆从貝，會意。𣀷，籀文敗从賏。”根據《説文》的解釋，二字都爲“毁壞”義，聲音相同。徐鍇指出“敗”爲“退”的今字。

例（6）中徐鍇指出“郐”和“徐”爲古今字關係。徐鍇也没有具體説明爲何二字爲古今字。《説文》：“郐，邾下邑地。从邑余聲。魯東有郐城。讀若塗。”段玉裁注：“城當作戎。許書之例未有言城者。郐戎即《周禮》注所云‘伯禽以王師征郐戎’。今《尚書》作徐夷、徐戎。許、鄭所據作郐。鄒在魯東，即郐在魯東可知矣。”段玉裁具體説明了二字形成古今字的情況，二字在表示“地名徐戎”時，形成了古今關係。

例（7）中徐鍇指出“諻”和“嗟”爲古今字關係。他衹是説出“諻”字今俗作“嗟”。《集韻·麻韻》：“諻，《説文》：‘咨也。一曰痛惜也。’或作嗟，亦書作諻。”可見《集韻》承襲了徐鍇的説法。

例（8）中徐鍇指出“攀”和“攀”爲古今字關係。《説文》：“𠬟，引也。从反廾。凡𠬟之屬皆从𠬟。今變隸作大。𢸁 𠬟或从手从樊。”邵瑛《説文群經正字》：“今經典从或體，而又變作‘攀’。”根據《説文》

的解釋可知“攥”爲“扟”的或體字，後人將其構件位置稍微改變，成爲“攀”字。

例（9）中徐鍇指出“敠”和“杜”爲古今字關係，並且“杜”是“敠”的假借字。《説文》：“敠，閉也。从攴度聲。讀若杜。敠或从刀。”《説文》：“杜，甘棠也。从木土聲。”根據《説文》可知，“杜”的本義是一種木名，即甘棠。“敠”的本義是“關閉”，後來在表示“關閉”義時，假借“杜”字來表示而不用其本字“敠”。段玉裁注：“杜門字當作此，杜行而敠廢矣。”

例（10）中徐鍇説明“卟”和“稽”爲古今字關係，“稽”爲“卟”的假借字。《説文》：“卟，卜以問疑也。从口、卜。讀與稽同。《書》云‘卟疑’。”《説文》：“稽，留止也。从禾从尤，旨聲。凡稽之屬皆从稽。”可知“稽”的本義是“停留，延遲”，後假借“稽”字來表示“通過占卜問吉凶，查考”義，不用其本字“卟”。

例（11）中徐鍇指出“眂”爲“視”的古文形體字。《説文》：“視，瞻也。从見、示。𧠘，古文視。眂，亦古文視。”根據《説文》可知，“眂”爲“視”的説文古文形體字。徐鍇遵從了《説文》的解釋。

例（12）中徐鍇説明“詠”和“椓”爲古今字關係。《説文》：“椓，擊也。从木豕聲。”“椓”的本義是“擊打，敲捶”義。《方言》卷十：“詠，愬也。楚以南謂之詠。”“詠”是“誹謗”義，徐鍇的意思是在表示“誹謗”義時，不用其本字“詠”，而是假借“椓”字來表示。

（二）隨文注釋中的“古今字”研究

五代時期隨文注釋的“古今字”材料很少，祇找到了1例，出現在《道德真經廣聖義》一書中，該書爲唐末五代杜光庭所撰。此書前五卷爲總論，概述全經宗旨，介紹老子生平事迹，並對唐明皇御注序逐句加以疏解。卷六至卷五十爲八十一章經文疏釋，皆首列

經文，次列唐明皇注，再次爲明皇疏，最後爲杜光庭疏義，分別標
"注""疏""義"加以區別。該例爲：

> 古文道字，從元從首，謂道，爲諸法之元，衆聖之首也。（杜
> 光庭《道德真經廣聖義》卷三十）

該例中杜光庭指出"道"和"道"在表示"諸法之元，衆聖之
首"義時形成了古今字關係。

以上我們舉例説明了五代時期的"古今字"研究情況，主要集中
於徐鉉、徐鍇對《説文解字》的研究，大徐主要是指出了《説文》中
的俗字和古文形體字，小徐注釋更加豐富，不僅指出了古文形體字，
更多的是對古字、今字的使用及其形成原因做了闡釋。大小徐的注釋
爲清代《説文》學的興盛奠定了基礎，提供了借鑒。

三　遼代的"古今字"研究

遼代（907~1125）是中國歷史上由契丹族在中國北方地區建立的
封建王朝。916 年，遼太祖耶律阿保機統一契丹各部稱汗，國號"契
丹"。947 年，遼太宗率軍南下中原，攻滅五代後晉，改國號爲"大
遼"。1125 年爲金國所滅。遼代統治者積極借鑒中原封建政權的統治經
驗，吸收漢族的封建文化，遼代的文化表現出遊牧文化與漢文化相互
影響、相互吸收、共同發展、相得益彰的特點。遼代的"古今字"研
究，以行均《龍龕手鑑》爲代表，下詳述之。

《龍龕手鑑》，原名《龍龕手鏡》，四卷，是遼代幽州僧人行均

編撰的，他編撰的目的是讀當時俗寫體的佛經，所以這本書收録了當時大量的手寫體的俗體字和異體字。在宋人刊刻時，爲避趙匡胤祖父趙竟之諱，把《龍龕手鏡》改爲《龍龕手鑑》。書中一共收録26400多個字，部首按平、上、去、入四聲排列，各部下收的字也是按四聲排列，共242部，其中平聲97部，上聲60部，去聲26部，入聲59部。《龍龕手鑑》收録俗字較多，其内容为解釋經論中之文字，屬於佛經音義書。此書注明各字之古今字形、反切、字義等，並注釋其音義。每個字之下都標有正體、俗體、古體、今字或者或體字，有簡單的音義和注釋。從現在的角度來說，此書非常重要的是它保留了古體字和異體字。《龍龕手鑑》在編排上有自己的特點，即依照寫本所收録的俗體字、異體字的偏旁來歸類。我們收集到的該書中的“古今字”材料有887條，注釋“古今字”的術語主要有“古作”“今作”“古文某”“古字”“古文某字”，例如：

（1）【旒】音流，旒蘇，旗脚也，又冕旒，珠纓垂布貌也。**古作**流。（《龍龕手鑑》卷一）

（2）【鉵】徒口反，酒器也。或作鍮。**今作**鐙。（《龍龕手鑑》卷一）

（3）【夆】土刀反，進趁也，**今作**半字。（《龍龕手鑑》卷一）

（4）【愼】時忍反，古文。**今作**慎，廉謹也。又音嗔。（《龍龕手鑑》卷一）

（5）【囟】音信。囟門也。古文。**今作**顖字。（《龍龕手鑑》卷二）

（6）【罒】烏瓜、烏文、烏洽三反。象形古字，**今作**窪。（《龍龕手鑑》卷四）

（7）【誼】音義，理也，宜也，善也，**古文義字**。（《龍龕手鑑》卷一）

（8）【侌】**古文陰字**。（《龍龕手鑑》卷一）

（9）【佝】俗【傯】古【佝】今，詞閏反。遠也。疾也。以身從物也。（《龍龕手鑑》卷一）

（10）【雟】古【隹】今。（《龍龕手鑑》卷一）

（11）【罿罬】二古【置】今，子邪反。遮也。兔罟網也。（《龍龕手鑑》卷二）

例（1）中指出"流"和"旒"爲"古今字"。《説文》："㳅，水行也。从㳛、㐬。㐬，突忽也。㳅，篆文从水。"《正字通·方部》："旒，以絲繩貫玉，垂冕前後也。"行均指出在表示"旒"字義時古用"流"字表示。《禮記·樂記》："龍旂九旒。"唐陸德明《經典釋文》作"流"，曰："流，本又作旒。"也説明了二字關係。

例（2）中指出"鉰"和"鐙"在表示"酒器"義時爲"古今字"關係。《説文》："鐙，錠也。从金，登聲。""鐙"本是一種古代照明的器具，後又指古代盛熟食器。《集韻·庚韻》："鉰，兵器。"可知"鉰"是一種兵器。按照行均的注釋，表示"酒器"義時古可以用"鉰"來表示，後用"鐙"表示。

例（3）中指出"夲"和"半"爲"古今字"關係。二字不是《説文》所收字，《類篇·十部》："夲，進趣也。"《正字通·十部》："半，俗夲字。一作夲。"行均更是進一步指出了二字的古今關係，古用"夲"字表示，今用"半"字。

例（4）中指出"愼"和"慎"爲"古今字"關係。《説文》："慎，謹也。从心真聲。眘，古文。"我們可以看出，二字爲構件位置有區别的異構字。《字彙補·心部》："愼，古文慎字。"《字彙補》也指出了二字爲"古今字"。

例（5）中指出"囟"和"顖"爲"古今字"關係。《廣韻·震韻》："顖，同囟。"二字都可表示"囟門"義，古作"囟"，今作"顖"。

例（6）中指出"凹"和"窐"爲"古今字"。《集韻·洽韻》：

"凹,下也。"《廣雅·釋詁一》:"窊,下也。"按照行均的注釋,在表示"凹陷;低下"義時,古用"凹"字,今用"窊"字。

例(7)中指出"誼"爲"義"的古文形體字。《説文》:"誼,人所宜也。从言,从宜,宜亦聲。"段玉裁注:"誼、義,古今字。周時作誼,漢時作義,皆仁義字也。"段玉裁也指出了二字在表示"正確的道理,合理的原則"義時,形成了"古今字"關係。《説文》:"義,己之威儀也。从我、羊。""義"的本義是"威儀",後用"儀"來表示。行均已經指出了在表示"理也,宜也,善也"義時,古用"誼",今用"義",段玉裁又進行了詳細的闡釋。

例(8)中指出"霒"和"陰"爲"古今字"。《説文》:"陰,闇也。水之南、山之北也。从𨸏侌聲。"《説文》:"霒,雲覆日也。从雲今聲。霒,古文或省。𩃀,亦古文霒。"根據《説文》可知,"霒"爲"霒"的古文省形字,"陰"爲今字,二字都可以表示"陰暗"義。

例(9)中指出"傽"和"徇"爲"古今字"。《説文》:"徇,疾也。从人旬聲。"《正字通·人部》:"傽,徇、徇通,俗作傽,疾也,與《説文》徇訓同。"《正字通》中指出了"傽"和"徇"都表"疾速"義。《龍龕手鑑》列出三個義項,指出前者爲古字,後者爲今字,但不知在何義上二字爲"古今字"。從二字的形體結構可以看出,今字是在古字基礎上減省了構件。

例(10)中指出"雔"和"雲"爲古今字。《字彙補·隹部》:"雔,售字之訛。雲,音義與售同。"根據《字彙補》的解釋,二字都和"售"字有關。《龍龕手鑑》指出,"雔"爲古字,"雲"爲今字。

例(11)中指出"罝""罝"兩字和"罝"皆形成了"古今字"。《説文》:"罝,兔网也。从网且聲。罝,罝或从糸。𧟼,籀文从虍。"根據《説文》可知,"罝"爲"罝"的或體字,"罝"爲"罝"的籀文形體字,所以行均注釋,"罝""罝"二字皆爲"罝"的古字。

以上我們主要分析了遼代小學專書《龍龕手鑑》中的"古今字"

材料，該書側重於收集某字的古今字形，保留了大量古體字，由於作者編寫該書是爲了讀俗寫體佛經，故俗寫字和讀音是其重點，對"古今字"古今形體之不同，並未説明在哪個義項上二者具有古今關係。

四　宋代的"古今字"研究

宋代（960~1279）是上承五代十國下啓元朝的朝代，分北宋和南宋兩個階段。公元 960 年，後周諸將發動陳橋兵變，擁立趙匡胤爲帝，建立宋朝。宋太祖爲了避免晚唐藩鎮割據和宦官專權的亂象，采取重文輕武的施政方針，雖加强了中央集權，但導致北宋武備積弱，不敵北方外患，對契丹、西夏用兵屢敗。宋太宗統一全國，至宋真宗時期與遼國締結澶淵之盟後逐步進入治世。1125 年金國南侵，導致了靖康之難，北宋覆滅。趙構在南京應天府（今河南商丘）即位，建立了南宋，紹興和議後與金國以秦嶺、淮河爲界，後期爆發宋元戰争，1276年元朝攻占臨安，1279 年崖山海戰後，南宋正式滅亡。

宋朝時出現了理學，儒學得到復興。著名史學家陳寅恪曾言："華夏民族之文化，歷數千載之演進，造極於趙宋之世。"[1]西方與日本史學界認爲宋朝是中國歷史上的文藝復興與經濟革命時代的學者不在少數。宋朝統治者爲了鞏固統治，大力提倡理學，視封建倫理道德和等級制度爲"天理"，把所有違背封建制度的思想、行爲當作"人欲"，要"存天理，滅人欲"。爲了闡述和發揚這種理學，從周敦頤開始，經程顥、程頤，到朱熹，他們不斷以理學爲中心，結合佛道，從經書中

---

[1]　陳寅恪:《鄧廣銘〈宋史職官志考證〉序》，載《金明館叢稿二編》，上海古籍出版社，1980，第 245 頁。

尋找各種證據，以附會義理，反過來又以"理"説經，窮理盡性，横發議論。這種各取所需的爲時代服務的經學研究，勢必衝破前人注疏的框框，擺脱漢唐訓詁的束縛，以"理"作爲高於一切、先於一切的判斷是非、衡量高下的標準，凡前代注疏中合乎"理"的，就加以認可和發揮，不合乎"理"的就堅決否定，並肆意詆毀。因此，自北宋以後，隨着理學的興起，經學訓詁的治學風氣和方法發生了重大變化，疑古創新之風盛行，附會義理之法勃興。這一時期是訓詁學的變革時期，有許多突出成就。如歐陽修、劉敞等人發揚孟子"盡信書不如無書"的見解，對經傳大膽懷疑，擺脱漢唐舊説，創發新義。朱熹的《四書集注》《詩集傳》《楚辭集注》，邢昺的《論語疏》《爾雅疏》，孫奭的《孟子疏》等，就是這方面的代表性著作，其中不乏"古今字"訓詁材料。此外，還有大批小學專書出現，如陸佃的《埤雅》、司馬光的《類篇》、陳彭年等《廣韻》、丁度等的《集韻》等，這些小學專書中的"古今字"訓注材料要比隨文注釋中的豐富。

（一）小學專書中的"古今字"研究

1. 丁度等的《集韻》

《集韻》是中國宋代編纂的按照漢字字音分韻編排的書籍。宋仁宗景祐四年（1037），宋祁、鄭戩給皇帝上書批評宋真宗年間編纂的《廣韻》多用舊文。與此同時，賈昌朝也上書批評宋真宗景德年間編的《韻略》"多無訓釋，疑混聲、重疊字，舉人誤用"。[①]宋仁宗令丁度等人重修這兩部韻書。《集韻》在仁宗寶元二年（1039）完稿。丁度（990~1053），字公雅，開封（今河南開封）人，祖籍恩州清河（今河北省邢臺市清河縣），北宋大臣，訓詁學家。主要參與編纂《禮部韻略》《集韻》《武經總要》等書。在我們所搜集到的《集韻》中1342

---

① （宋）王應麟：《玉海》卷四十五，清光緒九年浙江書局刊本，第889頁。

條“古今字”材料中，許愼指出的有23條，這些均源於《説文解字》，蔣志遠《唐以前古今字學術史研究》中已經論述，本書衹研究丁度等人所指出的“古今字”，共有1319條。丁度等人以“古某字”“古作”“古從”爲主要訓釋形式，例如：

（1）【納内】《説文》“絲溼納納也”。一曰入也。**古作**内。（《集韻》卷十）

（2）【公台】《説文》“平分也。从八从厶”。八猶背也。韓非曰背厶爲公。一曰封爵名。**古作**台。（《集韻》卷一）

（3）【轗輡】《説文》“車伏兔下革也”。从㥵，**古昏字**。或从昏。（《集韻》卷五）

（4）【賜䞈】《説文》“資也”。一曰**古貨字**。或从危。（《集韻》卷七）

（5）【斁歜】《説文》“解也”。引《詩》“服之無斁”。“斁，猒也。一曰終也”。**古从**欠。（《集韻》卷十）

（6）【姶䛤】《説文》“女字也”。引《春秋傳》“嬖人婤姶”。“一曰無聲”。**古从**邑。（《集韻》卷十）

例（1）中，《集韻》先引了《説文》對“納”字的解釋——“絲溼納納也”，這是“納”字的本義“濡濕貌”。根據我們所查，“納”字在克鼎中的形體爲“”，與“内”字在井侯簋中的形體“”是相吻合的，根據專家考釋，金文“納”字作“内”，古文字入、内、納通用。《集韻》指出在表示“交入”義時，“内”和“納”形成了古今字關係，這是可以證實的。

例（2）中《集韻》指出“公”的本義是“平分”，後有了“古爵位名”的意思。《字彙·八部》：“公，爵名，五等之首曰公。”《公羊傳·隱公五年》：“天子三公稱公，王者之後稱公；其餘大國稱侯；小國稱伯、子、男。”在表示“古爵位名”義時，“甴”和“公”形成了古今字關係。

例（3）先引出《説文》的“韇”字，接着分析該字的形體，“從憂”，指出“憂”爲古昏字。《説文·女部》：“婚，憂，籀文婚。”該字收在“婚”字的籀文下，説明“憂”和“婚”也爲古今字關係。《正字通·女部》：“婚，古作昏。”“昏”和“婚”在“結婚”義上形成了古今字。雖然《集韻》中没有指出“憂”和“昏”在什麽義項上形成了古今字關係，但是根據以上分析我們可以知道也是“結婚”義。

例（4）中的“賹”字《説文》這樣解釋：“資也。從貝，爲聲。或曰，此古貨字。讀若貴。”可見在《説文》中許慎已經指出“賹”和“貨”爲古今字關係。段玉裁注：“爲、化二聲同在十七部。貨，古作賹，猶訛、譌通用耳。”可見該處《集韻》也是借鑒了《説文》的説法，認爲二字在“財物”義上形成了古今字關係。

例（5）《集韻》先引《説文》解釋“歎”的本義爲“解除”義，後指出在表示“終止”義時，“歎”和“歇”爲古今字關係。

例（6）《集韻》也是先引出“始”字在《説文》中的解釋，後説明在表示“始”字的另外一個意思“無聲”義時，與“媤”字形成了古今字關係。《正字通·女部》：“媤，同始。”也説明二字是有關係的。

2.《類篇》

《類篇》是一部按部首編排的字書。書凡十五卷，每卷各分上、中、下，故稱四十五卷。末一卷爲目録，用《説文解字》例也，凡分部五百四十。宋仁宗寶元二年（1039）十一月丁度奏稱：“今修《集韻》，添字既多，與顧野王《玉篇》不相參協，欲乞委修韻官將新韻添入，别爲《類篇》，與《集韻》相副施行。”仁宗命王洙、胡宿、掌禹錫、張次立等人相繼修纂，到英宗治平三年（1066）方由司馬光接替，時已成書，治平四年繕寫成功，上之於朝。舊稱司馬光撰，實際上衹是由司馬光整理成書而已。本書是直承《説文解字》和《玉篇》的一部字書。所收字數爲31319字，比原本《玉篇》增加一倍多。我們所搜集到的《類篇》中的“古今字”材料有871條，其中主要的訓釋方式爲“古作某”，例如：

（1）【㫄旁雱𣃟𩂣㝑】蒲光切。《説文》“溥也”。隷作“旁”。《爾雅》“二達謂之歧旁”。**古作**雱、𣃟，籒作𩂣。或作㝑旁。又鋪郎切。旁礴混同也。又蒲庚切。旁勃，白蒿也。兔食之壽八百歲。又晡横切。騯，或作旁。文六，重音三。（《類篇》卷一）

（2）【遠遠】雨院切。《説文》“遼也”。**古作**遠。遠，又於願切，離也。文二，重音一。（《類篇》卷五）

（3）【祧濯】他彫切，遷廟也。**古作**濯。文二。（《類篇》卷一）

（4）【眒瞚】升人切。鳥獸驚皃。一曰疾也，引目也。**古作**瞚。眒，又式刃切，張目也。文二，重音一。（《類篇》卷十）

（5）【巫】祝也。女能事無形以舞降神者也。象人兩褎舞形。與工同意。古者巫咸初作巫，凡巫之類皆从巫。**古作**㠶、𢒂。微夫切。文三。（《類篇》卷十四）

例（1）中的“旁”字《説文》中已指出其古文：“[illegible]，古文㫄。[illegible]，亦古文㫄。[illegible]，籒文。”這幾個字即爲“㫄、雱、𣃟、𩂣”。《類篇》中又多出“㝑”字，該字在《玉篇·宀部》中有收録：“㝑，古文旁。”《類篇》將這些字整合在一起，用“古作”來指出。它們是由古今字體演變而成的古今字。

例（2）“遠”字《説文》中也指出其古文爲“遠”字，《類篇》用“古作”來説明二字在“遥遠”義上形成了古今字關係。

例（3）“祧”字《説文新附》中衹解釋了其本義爲“遷廟也”。《玉篇·示部》：“祧，遠廟也。濯，古文。”可見《玉篇》中指出了二字爲古今字關係，《類篇》將其整合，用“古作”來指出。

例（4）中“瞚”字在《集韻·真韻》中有收録：“眒，古作瞚。”

《類篇》引用《集韻》的説法，指出在"疾速"義上，"暊"和"眒"字形成了古今字關係。

例（5）中"巫"字《説文》中指出其古文形體字爲"覡"。《集韻·虞韻》中指出："巫，古作覡、祓。"《類篇》將《説文》和《集韻》中的字形進行了整合。

根據以上分析，我們可以看出，《類篇》是集《説文解字》《集韻》《玉篇》於一體的字書，其將以上三部小學專書進行了整合，收錄的字更全面。

3. 郭忠恕的《佩觿》

《佩觿》是五代宋初郭忠恕所撰寫的一部字書。郭忠恕，字恕先，洛陽人。《佩觿》代表了當時的字書發展水平，分爲上、中、下三卷。上卷備論形聲訛變之由，分爲三科：一曰造字，二曰四聲，三曰傳寫。中、下二卷則取字畫疑似者，以四聲分十段：曰平聲自相對，曰平聲、上聲相對，曰平聲、去聲相對，曰平聲、入聲相對，曰上聲自相對，曰上聲、去聲相對，曰上聲、入聲相對，曰去聲自相對，曰去聲、入聲相對，曰入聲自相對。末附與《篇》《韻》音義異者十五字，又附辨證舛誤者一百十九字，不署名字，不知何人所加。《佩觿》一書拋開傳統字書以單字爲字頭的編排體例，設多字字頭。這一方面是受《干禄字書》的啓發，另一方面也是《佩觿》辨析形近音近字的需要。該書把字形相近，讀音也相近的字排列在一起進行注音、釋義、析形，在比較中顯示字在讀音、意義和形體上的差異。[①]該書獨特的編排方法和豐富的文字學理論，值得我們深入研究。該書是對魏晋以後辨形字書的總結，對於規範漢字以及研究漢字的形體演變規律有重要的參考價值。我們在該書中一共搜集到 20 條"古今字"材料，其訓釋方式主要有"古某字""古文"，例如：

---

① 姜燕：《〈佩觿〉研究》，碩士學位論文，陝西師範大學，2002，第 19 頁。

（1）【螽、蠭】上，之容翻，螽斯也。下，**古蜂字**。(《佩觿》卷中)

（2）【朽、攷】上，休九翻，敗也。下，**古巧字**。(《佩觿》卷下)

（3）【叉、叉】上，初加翻，交手。下，側絞翻，**古文爪字**。(《佩觿》卷中)

（4）【宋、朱】上，勿方、莫耕二翻，棟也，廇也。下，**古文困**。(《佩觿》卷中)

（5）【袞、褒】上，不刀翻，美也。下，**古袖字**。(《佩觿》卷中)

例（1）中指出"螽"和"蜂"爲古今字。在《集韻·鐘韻》中有："蠭，《説文》：飛蟲螫人者。从蚰逢聲。古作螽。通作蜂。"《説文》中已經説明表示"昆蟲，蜜蜂"時，古用"螽"，後用"蜂"。

例（2）中指出"攷"和"巧"字爲古今字。《集韻·巧韻》："巧，《説文》：'技也。'古作攷。"二字都可以表示"技巧，技能"義，古用"攷"，今用"巧"。

例（3）中指出"叉"和"爪"爲古今字。《説文》："叉，手足甲也。从又，象叉形。"朱駿聲《説文通訓定聲》："二者，指事。或以爪爲之。"段玉裁注："叉、爪，古今字，古作叉，今用爪。"《説文》："爪，𠃧也。覆手曰爪，象形。"徐灝《注箋》："戴氏侗曰：'爪，鳥爪也，象形。人之指叉，或亦通作爪。'按戴説是也。"可見，郭忠恕的判斷是正確的。

例（4）中沿襲了《説文》的觀點，指出"朱"和"困"爲古今字。《説文》："困，故盧也。从木在口中。朱，古文困。"可見"朱"爲"困"的古文形體字。

例（5）指出"褒"和"袖"爲古今字關係。《説文》："褒，袂也。从衣采聲。袖，俗褒从由。"《廣韻·宥韻》："袖，衣袂也。亦作褒。"《漢書·佞幸傳·董賢》："嘗晝寢，偏藉上褒，上欲起，賢未覺，不欲動賢，乃斷褒而起。"顏師古注："褒，古袖字。"該例中顏師古也指出，

“褎”和“袖”在表示“衣袖”義時爲古今字關係。

4. 陸佃的《埤雅》

《埤雅》，宋代陸佃（1042~1102）作。陸佃字農師，越州山陰人。北宋神宗時爲尚書左丞，著有《爾雅新義》20卷。《埤雅》也是20卷，專門解釋名物，以作爲《爾雅》的補充，所以稱爲《埤雅》。該書始於釋魚，然後依次爲釋獸、釋鳥、釋蟲、釋馬、釋木、釋草，最後是釋天。我們搜集到的《增修埤雅廣要》中的“古今字”材料共有19條，主要訓釋方式有“古文”“古作”“今文作”“古文作”“今作”，例如：

（1）【望】望，月滿也。借作望如朝君也。……《説文》古作朢，日月之望本作朢，瞻望之望從亡望省聲，**今通作**望，非古文制字之義。（《增修埤雅廣要》卷三）

（2）【嵩】《説文》“中嶽嵩，高山也。”……**古作**崇，亦作崧。（《增修埤雅廣要》卷四）

（3）【天】……**古作**兂，一作𠀡，唐武后作𠀡。（《增修埤雅廣要》卷一）

（4）【雲】**古文**雲字作云，象雲回轉之形，其上從二，二者天中之陰也，天中之陰，應之於上，故地中之陽升而爲雲，蓋陰陽之氣自下而上阻於一則爲丂，應於二則爲亐，應於二而盤薄則爲雲……（《埤雅》卷十九）

（5）【鳳】鳳，神鳥也，俗呼鳥王。……**古文**作朋。象形。（《增修埤雅廣要》卷十七）

（6）【鯨】鯨，《説文》“海中大魚”，本作鱷，從魚畺聲，雌曰鯢，雄曰鱷。**今文作**鯨。（《增修埤雅廣要》卷十一）

（7）【菽】菽豆也，從尗生形……本作尗，**今作**菽。（《增修埤雅廣要》卷二十九）

（8）【鰐】《説文》“鰐，日南魚名也。狀類蜥蜴，常水潛伏，

吞人即浮"。字本作蝁，從虫咢聲。**今文**作鰐。亦作鱷。(《增修埤
雅廣要》卷十一)

例（1）中指出表示"月滿"義的"望"古作"壆"，表示"日月
之望"義本作"朢"，現在表示"瞻望"義都用"望"字來表示，説
明"壆"和"望"、"朢"和"望"爲古今字關係。《説文》:"朢，月
滿與日相朢，以朝君也。从月从臣从壬。壬，朝廷也。𦣠，古文朢
省。"根據《説文》的解釋可以知道"壆""朢"爲古今字關係，本義
爲"月滿與日相朢"。《説文》:"望，出亡在外，望其還也。从亡，望
省聲。""望"的本義是"盼望，期待"，後來引申出了"向高處、遠處
看"之義。後來表示這些義項全部用"望"一個字來表示，所以"朢、
壆"和"望"形成了古今字關係。

例（2）中指出"崇"、"崧"和"嵩"爲古今字關係。《説文新
附》:"嵩，中岳，嵩高山也。从山从高，亦从松。韋昭《國語》注云:
'古通用崇字。'"《釋名·釋山》:"嵩，山大而高。"《説文》:"崇，嵬
高也。从山宗聲。"《爾雅·釋山》:"山大而高，崧。"從以上注釋可以
知道，"嵩"本義特指"嵩山"，後泛指"山大而高"，"崇"和"崧"
都指"山大而高"。在表示"山大而高"義時，古用"崇"或"崧"，
後用"嵩"。

例（3）中指出"兲"和"天"爲古今字關係。《玉篇·一部》有
"兲"字，是"天"的古文。在《千甓亭·吳天紀磚》中有"兲"形
體字。《無極山碑》:"無極山與兲墜俱生。"可見，"兲"爲"天"的古
文形體字。

例（4）中指出"云"和"雲"爲古今字。《説文》:"雲，山川气
也。从雨，云象雲回轉形。凡雲之屬皆从雲。云，古文省雨。𠔃，亦
古文雲。"在甲骨文中表示雲雨的形體字爲"𠔃"。于省吾《殷契駢枝
續編》:"云爲雲之初文，加雨爲形符，乃後起字。"二字爲古本字和重

造本字的關係。

例（5）指出"羼"和"鳳"爲古今字。《説文》："鳳，神鳥也。從鳥，凡聲。䳇，古文鳳，象形。鳳飛群鳥從以萬數，故以爲朋黨字。鵬，亦古文鳳。""羼"爲《説文》古文形體字"易"的隸定字。二字是由於古今形體演變形成的古今字。

例（6）中指出"鱷"和"鯨"爲古今字關係。《説文》："鱷，海大魚也。從魚畾聲。《春秋傳》曰：'取其鱷鯢。'鯨，鱷或從京。"表示"鯨魚"義時，原來二字都存在，後世祇用"鯨"字來表示。

例（7）中指出"尗"和"菽"爲古今字關係。《説文》："尗，豆也。象尗豆生之形也。"朱駿聲《説文通訓定聲》："古謂之尗，漢謂之豆。今字作菽。菽者，衆豆之總名。"可見，二字確爲古今字關係。

例（8）中指出"蝁"和"鰐"、"鱷"爲古今字關係。《廣韻·鐸韻》："'蝁'，同'蜴'。"《集韻·鐸韻》："蜴，或作蝁、鰐。"在表示"鱷魚"義時，古用"蝁"字，後來用"鰐"和"鱷"來表示。

5. 陳彭年、丘雍的《廣韻》

《廣韻》是現存最早的一部完整的韻書，全名《大宋重修廣韻》，是宋真宗大中祥符元年（1008）陳彭年、丘雍等人奉詔根據前代的《切韻》《唐韻》等韻書編寫而成。由於《廣韻》繼承《切韻》《唐韻》的音系和反切，《切韻》《唐韻》又都亡佚，因此《廣韻》實際代表的是《切韻》音系，是研究漢語中古音的重要材料。《廣韻》是一部按韻編排的工具書，韻是要區別聲調的，所以《廣韻》的體例首先是按四聲——平、上、去、入分卷，平聲分上下兩卷，上、去、入各一卷，共分五卷。每卷包括若干韻：上平聲二十八韻，下平聲二十九韻；上聲五十五韻；去聲六十韻；入聲三十四韻。共計二百零六韻。我們共收集到該書中古今字材料 294 條，訓釋方式主要有"古文""古文作""古通用""古爲""今用""古作""今作""古某字"，例如：

（1）【農】田農也。《説文》作"農耕也"。亦官名，《漢書》曰"治粟内史，秦官也。景帝更名大司農"。又姓，《風俗通》云"神農之後"。又羌複姓，有蘇農氏。奴冬切。【農】上同。【辳】古文。（《廣韻》卷一）

（2）【籥】習管。古文作龡。又尺偽切。（《廣韻》卷一）

（3）【飛】飛翔。亦漢複姓，《史記》有飛廉氏。古通用蜚。（《廣韻》卷一）

（4）【疋】足也。古爲雅字。（《廣韻》卷一）

（5）【癸】辰名。《爾雅》"太歲在癸曰昭陽"，古作癸。又姓，《姓苑》云"出齊癸公後"。居誄切。（《廣韻》卷三）

（6）【纍】衆明也。微妙也。從日中見絲。今作㬎。又五合切。（《廣韻》卷三）

（7）【顥】大也。又天邊氣。《説文》曰"白皃，《楚詞》曰'天白顥顥，商山四顥'，白首人也"。今或作皓。（《廣韻》卷三）

（8）【敄】强取也。古奪字。《古周書》曰"敄攘矯虔"。亦姓。（《廣韻》卷五）

（9）【璪】美金。《説文》曰"垂玉也。冕飾"。今典籍用下文旒。【旒】旗旒。《廣雅》"天子十二旒至地，諸侯九旒至軫，大夫七旒至轂，士三旒至肩"。（《廣韻》卷二）

例（1）中指出"辳"和"農、農"爲古今字關係。《説文》："農，耕也。从晨囟聲。農，籀文農从林。農，古文農。辳，亦古文農。"《漢語大字典》："金文从田辰會意，辰乃耕器。字或从艸、从林，示田之所在必有草木也。今楷化作'農'"。《玉篇·晨部》："農，耕夫也，厚也。農，同農。辳，古文。"《集韻·冬韻》："農，古作辳。"根據《説文》、《玉篇》和《集韻》的注釋，我們可以知道，"辳"爲"農"的古文，"農"又爲"農"的楷化字，所以三字形成了古今字關係。

例（2）中指出"歙"和"龠"爲古今字關係。《説文》："龠，龠音律管壎之樂也。从侖炊聲。"《玉篇·侖部》："龠，樂人以吹管中氣，今作吹。"《集韻·眞韻》："龠，《説文》：'龠音律管壎之樂也。'或省。通作吹。"作者認爲，在表示"樂器習管"義時，剛開始使用"歙"字，後來使用"龠"字，今字比古字多了一個構件——火。

例（3）指出在表示"飛翔"義時，"蜚"和"飛"形成了古今字關係。《説文》："蜚，臭蟲，負蠜也。从蟲非聲。蜙，蟲或从虫。"可知"蜚"的本義是一種昆蟲名。《説文》："飛，鳥翥也。象形。"清段玉裁《説文解字注·虫部》："蜚，古書多假爲飛字。"《墨子·非樂》："今人固與禽獸、麋鹿、蜚鳥、負蟲異者也。"孫詒讓《墨子間詁》："蜚與飛通。"由以上幾家注釋可知，在表示"飛翔"義時，可以假借本爲昆蟲名的"蜚"字來表示。所以，二字是由於文字假借在"飛翔"義上構成的古今字關係。

例（4）指出在表示"足"義時，"疋"和"雅"形成了古今字關係。《説文》："疋，足也。上象腓腸，下从止。《弟子職》曰：'問疋何止。'古文以爲《詩·大疋》字。亦以爲足字。或曰胥字。一曰疋，記也。凡疋之屬皆从疋。"可知，"疋"的本義是"足"。《説文》："雅，楚烏也。一名鷽，一名卑居。秦謂之雅。从隹牙聲。""雅"的本義是一種鳥名。承培元《説文引經證例》："《詩》借'疋'爲《大雅》、《小雅》之'雅'。《爾雅·釋文》云：'雅本作疋。'又《晋書音義》中、下兩云：'疋，古雅字，可證。'案：雅者，正也。"可見，在表示"雅"字的"正"義時，假借本義爲"足"的"疋"字來表示，所以二字在"正"義上形成了古今字關係，而非在"足"義上。

例（5）中指出"癸"和"癸"爲古今字關係。《説文》："癸，冬時，水土平，可揆度也。象水從四方流入地中之形。癸承壬，象人足。凡癸之屬皆从癸。羮，籀文从癶从矢。"可知，"癸"爲"癸"的籀文形體字，所以二字爲古今字關係。

例（6）中指出"曑"和"㬎"爲古今字關係。《説文》："㬎，衆微杪也。从日中視絲。古文以爲顯字。或曰衆口兒。讀若唫唫。或以爲繭；繭者，絮中往往有小繭也。"《玉篇·日部》："曑，今作㬎。"二字在"顯著"義上形成了古今字關係。

例（7）中指出"顥"和"晧"爲古今字關係。《説文》："白兒。从頁从景。《楚詞》曰：'天白顥顥。'南山四顥，白首人也。""顥"的本義是"白頭"。《説文》："晧，日出兒。从日告聲。"段玉裁注："晧，謂光明之兒也。天下惟潔白者最光明，故引申爲凡白之稱，又改其字从白作皓矣。""晧"的本義是"日出光明之兒"，後引申出"白"義。"顥"和"晧"在"白"義上形成了古今字。

例（8）中指出"敓"和"奪"爲古今字關係。《説文》："敓，彊取也。《周書》曰：'敓攘矯虔。'从攴兑聲。"可見"敓"的本義就是"强取"。段玉裁注："此是争敓正字。後人假奪爲敓，奪行而敓廢矣。"《説文》："手持隹失之也。从又从奞。""奪"的本義是"喪失"。根據段玉裁的注釋我們可以知道，在表示"强取"義時，後人假借"奪"來表示而不用其本字"敓"。所以二字因文字假借形成了古今字關係。

例（9）中指出在表示"古代帝王冠冕前後懸垂的玉串"義時，"瑬"和"旒"形成了古今字關係。《説文》："瑬，垂玉也。冕飾。从玉流聲。"徐鍇《繫傳》："天子十有二旒。旒之言流也，自上而下動則逶迤若水流也。冕瑬當作此瑬字，今作旒，假借也。"《玉篇·㐱部》："旒，旌旗垂者。"其爲"古代旌旗直幅、飄帶之類的下垂飾物"義，後被借來表示"古代冠冕懸垂的玉串"義，二字同樣由於文字假借形成了古今字關係。

6. 陳彭年、丘雍的《大廣益會玉篇》

《玉篇》是我國第一部楷書字典。其卷首有顧野王自序和《進玉篇啟》，可知乃奉命而作。《玉篇》現在僅存若干殘卷（現存日本，《古逸叢書》中有輯録）。唐上元元年（760），孫强在顧野王所編《玉篇》的基礎上，增收了一些漢字，可惜該版本如今也沒有留存下來。再後來，宋真宗大中祥符六年（1013），陳彭年、吳鋭、丘雍等奉命收集並重新編修了《玉篇》，即《大廣益會玉篇》。因此，爲加以區別，顧野王最早所編的《玉篇》目前一般被稱爲《原本玉篇》。我們搜集到《大廣益會玉篇》中的古今字材料共有 1021 條，所使用的版本是澤存堂本。此書訓釋方式主要有"古文""古某字""古作某""今作某""今文""今爲某""古爲某"，其中"古文"訓釋居多，例如：

（1）【天】他前切。《説文》曰"天，顛也。至高無上。从一大"。《爾雅》曰"春爲蒼天，夏爲昊天，秋爲旻天，冬爲上天"。《詩·傳》云"尊而君之則稱皇天，元氣廣大則稱昊天，仁覆閔下則稱旻天，自上降監則稱上天，據遠視之蒼蒼然則稱蒼天"。《吕氏春秋》云"天有九野，東方蒼，東南方陽，南方炎，西南方朱，西方顥，西北方幽，北方玄，東北方變，中央鈞"。《太玄經》曰"九天，一爲中，二爲羡，三爲從，四爲更，五爲睟，六爲廓，七爲減，八爲沈，九爲成"。《釋名》曰"天，豫司兗冀以舌腹言之，天，顯也。在上，高顯也。青徐以舌頭言之，天，坦也。坦然高而遠也"。【兲】【夭】並**古文**。（《大廣益會玉篇》卷一）

（2）【封】甫龍切。大也，厚也。鄭玄曰"起土界也"。《大戴禮》"五十里爲封"。【𡊽】**古文**封。或作坒。（《大廣益會玉篇》卷二）

（3）【坔】迪利切。**古**地字。《大廣益會玉篇》卷二）

（4）【恒】胡登切。常也。久也。**古作**悇。（《大廣益會玉篇》卷八）

（5）【虚】丘居切。大丘也。**今作**墟。《爾雅》曰"河出崐崘虚"。郭璞云"《山海經》曰：河出崐崘西北隅，虚山下基也"。又許魚切。空也。（《大廣益會玉篇》卷二）

（6）【僮】徒東切。僮幼迷荒者。《詩》云"狂僮之狂也"。

且《傳》曰"狂行僮昏所化也"。《廣雅》云"僮癡也"。**今爲**童。（《大廣益會玉篇》卷三）

（7）【脜】如由切。《説文》云"面和也"。野王案：柔色以蘊之。是以**今爲**柔字。（《大廣益會玉篇》卷四）

（8）【巛】齒緣切。注瀆曰川也。流也。貫穿也。通也。**古爲**坤字。（《大廣益會玉篇》卷二十）

（9）【星】先丁切。列宿也。**古爲**曐。（《大廣益會玉篇》卷二十）

例（1）中指出"兲"、"兓"和"天"爲古今字關係。根據《古文字詁林》，"兲"最早見於包山楚簡中，其形體爲" 𠧨 "，在《汗簡》中有"兓"字，其形體爲" 𠆼 "，其用例爲"天竝尚書"。可見二字都是"天"的古文形體字，與"天"形成了古今字關係。

例（2）中指出"壄"、"峯"和"封"字形成了古今字關係。《説文》："封，爵諸侯之土也。从之从土从寸，守其制度也。公侯，百里；伯，七十里；子男，五十里。壄，古文封省。壄，籀文从半。"可見"壄"是"封"的籀文形體字。"峯"字見於《龍龕手鑑·山部》："峯，古文。音封。"《改併四聲篇海·山部》："峯，或作峯。"《集韻·鐘韻》："峯，《説文》：'山耑也。'或作峯。或書作峰。"根據《龍龕手鑑》和《改併四聲篇海》的解釋，我們可以知道"峯"是一個古文形體，但其是否爲"封"的古文形體字仍值得商榷。該例中"壄"的確是"封"的古文形體，和"封"字形成了古今字關係。

例（3）中指出"埊"和"地"爲古今字關係。《説文》："地，元氣初分，輕清陽爲天，重濁陰爲地。萬物所陳列也。从土也聲。墬，籀文地从隊。"《玉篇·土部》："埊，古地字。"《集韻·至韻》："地，或作埊，唐武后作埊。"《字彙補·土部》："埊字或謂武后所製。然寶苹《唐書音義》已云見《戰國策》，又《兀倉》《鶡冠》皆以地作埊，其爲古文無疑。《集韻》或作坔，省文也。"根據以上注釋，我們可以知道在記錄"地"義時，"坔"和"地"的確爲古今字關係。

例（4）中指出"㤩"和"恒"爲古今字關係。《集韻·登韻》："恆，古作㤩。"《正字通·心部》："恒，俗恆字。"《説文》："恆，常也。从心从舟，在二之閒上下。心以舟施，恆也。 𠄨，古文恆从月。《詩》曰：'如月之恆。'"《説文》中"恆"在的小篆形體即爲" 𢙴 "，將其隸定即爲"㤩"。根據以上注釋可以知道，"㤩"爲"恆"的小篆形體字，"㤩"和"恆"爲古今字關係。"恒"又爲"恆"的俗字，所以"㤩"和"恒"同樣是古今字關係。

例（5）中指出"虚"和"墟"爲古今字關係。《説文》："虚，大丘也。崐崘丘謂之崐崘虚。古者九夫爲井，四井爲邑，四邑爲丘。丘謂之虚。从丘虍聲。"清段玉裁《説文解字注·丘部》："虚者，今之墟字；猶昆侖，今之崐崘字也。"表示"大丘"義本字爲"虚"，後常用來表示"空虚"義，即在原字基礎上加偏旁"土"爲"墟"字，專表"大丘"義，所以二字爲古今字。

例（6）中指出在表示"幼童"義時，"僮"和"童"爲古今字關係。《説文》："僮，未冠也。从人童聲。"朱駿聲《説文通訓定聲》："十九以下八歲以上也。"《廣雅·釋言》："僮，稚也。""僮"的本義是"未成年的男子"。《説文》："童，男有皋曰奴，奴曰童，女曰妾。从辛，重省聲。 𥪡 籀文童，中與竊中同从廿。廿，以爲古文疾字。"可見"童"的本義是"古代男子有罪爲奴"，後來二字的意義發生了轉移，用"童"來表示"幼童"義，"僮"來表示"奴婢，仆役"義。可見，在表示"幼童"義時，剛開始用"僮"字，後來用"童"字，二字形成了古今字關係。

例（7）中指出在表示"面色温和"義時"脜"和"柔"形成了古今字關係。《説文》："脜，面和也。从百从肉。讀若柔。"《玉篇·百部》："脜，面和也。野王案：柔色以藴之，是以今爲柔字。"可見"脜"

的本義即爲"面色温和"。《説文》:"柔,木曲直也。从木矛聲。""柔"的本義是"木質軟和,可以曲直",後來引申出了"温和,温順"義。後人即用"柔"來表示"面色温和"而不用其本字"𦱿",二字爲古今字關係。

例(8)中指出"坤"和"巛"爲古今字關係。《説文》:"坤,地也。《易》之卦也。从土从申。土位在申。"朱駿聲《説文通訓定聲》:"字亦作巛,即卦畫豎作。"在熹平石經《易·説卦》中"坤"的形體爲"𻰵",但不是"巛"字。《龍龕手鑑·巛部》:"巛,古文,音坤。乾巛。"《篇海類編·地理類·巛部》:"巛,音坤,《象》穴,斷也。連者,古川字。"清王引之《經義述聞·周易上》"巛"下云:"乾坤字正當作坤,其作巛者,乃是借用巛字……淺學不知,乃謂其象坤卦之畫,且謂當六段書之。夫坤之外,尚有七卦,卦皆有畫,豈當象之以爲震巽離坎等字乎,甚矣其鑿也。"可見,二字本無關係,祇因"坤"卦的形體和"巛"相近,即認爲二字爲一字是不妥的。

例(9)中指出"曐"和"星"爲古今字關係。《説文》:"曐,萬物之精,上爲列星。从晶生聲。一曰象形。从口,古口復注中,故與日同。𡇉,古文星。星,曐或省。"可見"星"爲"曐"的省形字,但是後世普遍使用"星"字來表示"星星"義,幾乎不用"曐"字了,從這個角度來看,"曐"和"星"爲古今字關係。

7. 李昉等的《太平御覽》

《太平御覽》是宋代一部著名的類書,爲北宋李昉、李穆、徐鉉等學者奉敕編纂,始於太平興國二年(977)三月,成書於太平興國八年(983)十月。《太平御覽》采群書類集之,凡分五十五部五百五十門而編爲千卷,所以初名爲《太平總類》;書成之後,宋太宗日覽三卷,一歲而讀周,所以又更名爲《太平御覽》。全書以天、地、人、事、物爲序,可謂包羅萬象。書中共引用古書一千多種,保存了大量宋以前的文獻資料,但其中十之七八已經亡佚,更使該書顯得彌足珍貴,是傳統文化的寶貴遺産。我們搜集到的該書中的古今字材料共有7條，主要訓釋方式是"古某字"，例如：

（1）【《晋陽秋》曰：吴有葛衜，字思真】衜，**古**道字。（《太平御覽》卷二）

（2）《説文》曰：冬，終也，盡也。字從**北**，**古**終字。從仌，**古**冰字。（《太平御覽》卷二十六）

（3）【堂有一大人跂其上，張其兩臂】跂，**古**蹲字。（《太平御覽》卷三百九十五）

例（1）中指出"衜"和"道"爲古今字關係。《龍龕手鑑·彳部》："衜，古文道字。術也，道路也。"《説文》："道，所行道也。从辵从首。一達謂之道。 古文道从首、寸。"曾伯簠中有該形體字" "，和"衜"字相近，"衜"和"道"字的古今字關係是可以肯定的。

例（2）中指出"仌"和"冰"字爲古今字關係。《説文》："冰，水堅也。从仌从水。 ，俗冰从疑。"《説文》："仌，凍也。象水凝之形。凡仌之屬皆从仌。"《增修互注禮部韻略》："古文冰作仌，凝作冰，後人以冰代仌，以凝代冰。"可見，表示"水凍結成的固體"義時，剛開始是"仌"字，後來人們用表示"凝結"義的"冰"字來表"水凍結成的固體"義，直到現在"冰"字還是表示"水凍結成的固體"義的專用字。從這個角度看，二字確爲古今字關係。

例（3）中指出"跂"和"蹲"字爲古今字關係。《説文》："蹲，踞也。从足尊聲。"《篇海類編·身體類·足部》："跂，或作蹲。"《莊子·外物》："紀他聞之，帥弟子而跂於窾水。"成玄英疏："聞湯讓務光，恐其及己，與弟子蹲踞水旁。"陸德明釋文："跂，《字林》云：'古蹲字。'"《山海經·南山經》："又東三百五十里曰箕尾之山，其尾跂於東海。"郭璞注："跂，古蹲字，言臨海上。"根據以上幾家的注釋，可知二字在表示“蹲踞”義時爲古今字關係。

8. 婁機的《班馬字類》

《班馬字類》是南宋婁機所撰的一部字書，凡五卷。機字彦發，嘉興人。乾道年間進士，終官資政殿學士。到宋代，已有人在閱讀《史記》與《漢書》這兩部古代史書時感到不便，尤其是《漢書》中多見假借字和生僻字。婁氏認爲，班固之書的西漢部分“多述司馬遷之舊論，古字當自遷史始”，遂由《漢書》上溯到《史記》，參考《史記正義》、《史記索隱》、《西漢音義》和《集韻》諸書加以訂正，將搜集到的這一類字予以對照、注音、解釋、考辨，按照四聲順序編排成書，以便讀者。我們搜集到的該書中的“古今字”材料共有 245 條，所用注釋方式主要是“古某字”“今字”，例如：

（1）【𩙣】《史記·殷紀》有𩙣雉，《秦紀》𩙣廉，《漢書·宣紀》𩙣覽翱翔，《成紀》有𩙣雉集於庭，**古飛字**，《五行志》趙𩙣燕。（《班馬字類》卷第一）

（2）【縣】《史記·殷紀》“縣肉爲林”，《高祖紀》“縣隔千里”，《漢書·高紀》同，師古曰：此本古之懸字，後人轉用爲州縣字，乃更加心以別之，非當借音。《元帝紀》“縣蠻夷邸門”，**古懸字**。《禮樂志》“高張四縣”，《西域傳》“縣繩而度”，《詩》“有縣貆兮”，《春秋左氏傳》“室如縣磬”。（《班馬字類》卷第二）

（3）【捬】《史記·司馬穰苴傳》“身自捬循之”，音撫。《漢書·趙充國傳》“捬循和輯”，**古撫字**。（《班馬字類》卷第三）

（4）【畀】《漢書·司馬相如傳》“適足以畀君自損”，**古貶字**，《史記》作貶。（《班馬字類》卷第四）

（5）【餉】《漢書·賈山傳》“祝餉在前”，**古饁字**，**今作**噎。補遺別本或書作 餲 。（《班馬字類》卷第五）

例（1）中指出"蜚"和"飛"是古今字關係。《說文》："蜚，臭蟲，負蠜也。从虫非聲。䘒蠹或从虫。"可知"蜚"的本義是一種昆蟲名。《說文》："飛，鳥翥也。象形。"在《廣韻》中也有二字關係，《廣韻·微韻》："飛，古通用蜚。"清段玉裁《說文解字注·虫部》："蜚，古書多假爲飛字。"《墨子·非樂》："今人固與禽獸、麋鹿、蜚鳥、負蟲異者也。"孫詒讓《墨子間詁》："蜚與飛通。"由以上幾家注釋可知，在表示"飛翔"義時，可以假借本爲昆蟲名的"蜚"字來表示。所以，《班馬字類》中指出"蜚"和"飛"在"飛翔"義上構成了古今字關係，並且婁機還列舉出具體用例：《史記·殷本紀》中的"蜚雉"，《秦本紀》中的"蜚廉"，《漢書·宣帝紀》中的"蜚覽翶翔"，《成帝紀》中的"有蜚雉集於庭"，還有《五行志》中的"趙蜚燕"，這幾例中的"蜚"字應該是古"飛"字。

例（2）中指出在"懸掛"義上"縣"和"懸"構成了古今字關係。《說文》："縣，繫也。从系持県。"朱琦《說文假借義證》："此即縣掛本字也。"《廣韻·先韻》："縣，《說文》云：'繫也。'相承借爲州縣字。懸，俗，今通用。"由此可知，"縣"爲表示"懸掛"義的本字，後被借來表示"州縣"義，久借不歸，就用"懸"字來表示"懸掛"義。所以，"縣"和"懸"字在"懸掛"義上構成了古今字關係。婁機列舉出具體用例，如《禮樂志》中"高張四縣"、《西域傳》中"縣繩而度"、《詩》中"有縣貆兮"、《春秋左氏傳》中"室如縣罄"來說明這些例子中的"縣"實爲古"懸"字。

例（3）指出在"安撫"義上"捬"和"撫"構成了古今字關係。《字彙·手部》："捬，古撫字。"《漢書·趙充國傳》："選擇良吏知其俗者捬循和輯。"顏師古注："捬，古撫字。"婁機和顏師古的注釋是相一致的，也指出二字的古今字關係。

例（4）指出在"貶低"義上"甹"和"貶"構成了古今字關係。《說文》："甹，傾覆也。从寸，臼覆之。寸，人手也。从巢省。杜林説：以爲貶損之貶。”段玉裁注：“臼者，巢之省。以手施於巢，傾覆之意也……巢在上覆之而下，則與貶損義相通。”《字彙補·寸部》：“尃，古貶字。”《漢書·司馬相如傳》：“此不可以揚名發譽，而適足以尃君自損也。”顔師古注：“尃，古貶字。”《説文》：“貶，損也。从貝，从乏。”《班馬字類》同樣引了《漢書·司馬相如傳》中的話，該處和顔師古注釋一致。

例（5）中指出在表示“食物等阻塞喉嚨”義時，“餲”爲“饐”字的古文形體字，“噎”爲“饐”的現用通行字。《説文》：“饐，飯傷溼也。从食，壹聲。”“饐”的本義是“食物因受濕熱而腐臭”。《説文》：“噎，飯窒也。从口，壹聲。”《集韻·屑韻》：“噎，《説文》：‘飯窒也。’或作饐。”《玉篇·食部》：“餲，或噎字。食不下也。”《漢書·賈山傳》：“祝餲在前，祝鯁在後。”顔師古注：“餲，古饐字，謂食不下也。”根據《班馬字類》的解釋，可以知道在表示“食物等阻塞喉嚨”義時，古用“餲”字來表示，後來用“饐”字來表示，再後來二字都被“噎”字代替，所以三字形成了古今字關係。

9. 史炤的《資治通鑒釋文》

《資治通鑒釋文》是一部集中反映宋代語音特點的音義著作，爲南宋史炤所作。史炤，四川眉山人，字見可。該書在宋代時有史炤、公休、龍爪注三本流行，但都以史炤本爲藍本，其餘兩本或多淺陋，或與史炤本相同之處過多，實爲一家。這本書在注釋學以及漢語語音學史上都有重要的研究價值，其中所用的語音反切形式複雜，爲研究宋代語音提供了豐富的材料。同樣，該書中也保留了一些“古今字”材料，我們搜集到的該書中的“古今字”材料共有164條，其中有兩條分別轉引自唐代楊倞和顔師古，其餘皆爲史炤所注。主要訓釋方式有“古某字”“古作”“古字作”“古字某”“古文”“今作”，其中“古某字”最多，例如：

（1）【踤蹙】踤，之石切，**古**蹠字，足下曰蹠，脚掌是也。蹙，**古**戾字，言足蹠脚戾不可行。（《資治通鑒釋文》卷二）

（2）【黥首】巨京切。《説文》“墨刑在面也”，**古作**劓。（《資治通鑒釋文》卷七）

（3）【勠力】音戮，**古字**與戮同。《説文》“并力也”，《字林》音遼。（《資治通鑒釋文》卷一）

（4）【和疋】五下切。**古文**雅字。（《資治通鑒釋文》卷十三）

（5）【左悺】《説文》：悹，憂也。音工奐切。**今作**心旁，悺亦悹字也。（《資治通鑒釋文》卷六）

例（1）中指出“踤”和“蹠”、“蹙”和“戾”分别爲古今字關係。《説文》：“蹠，楚人謂跳躍曰蹠。從足，庶聲。”《篇海類編·身體類·足部》：“蹠，脚掌也。踤，與蹠同。”《龍龕手鑑·足部》：“踤，俗；蹠，正。”《漢書·賈誼傳》：“病非徒瘇也，又若踤蹙。”顔師古注：“踤，古蹠字也。足下曰蹠，今所呼脚掌是也。”二字在表示“脚掌”義時，形成了古今字關係。《説文》：“蹙，弼戾也。從弦省，從蹙。讀若戾。”段玉裁《説文解字注·弦部》：“此乖戾正字，今則‘戾’行而‘蹙’廢矣。”《史記·司馬相如列傳》：“蹙夫爲之垂涕。”司馬貞《索隱》：“字或作戾。蹙，古戾字。”《漢書·張耳陳餘傳贊》：“何鄉者慕用之誠，後相背之蹙也？”顔師古注：“蹙，古戾字。戾，違也。”《説文》：“戾，曲也。從犬出户下。戾者，身曲戾也。”“戾”的本義爲“彎曲”，後來引申出“乖戾”義，根據段玉裁、司馬貞和顔師古的注釋，我們可以知道在表示“乖戾”義時，“蹙”和“戾”的確爲古今字關係。

例（2）中指出“劓”和“黥”爲古今字關係。《説文》：“黥，墨刑在面也。從黑京聲。劓，黥或從刀。”根據説文的解釋，可以知道“劓”爲“黥”的或體字。《集韻·庚韻》：“黥，古作劓。”《資治通鑒釋文》沿襲了《集韻》的說法，在表示"古代刑法之一，墨刑，刻字於犯人面、額、頸、臂等處，以墨染之"這個義項時，二字爲古今字關係，且爲異構字關係，都可以看作表示該義的本字。

例（3）中指出"戮"和"僇"在"并力"義上形成了古今字關係。《說文》："僇，癡行僇僇也。从人翏聲。讀若雡。一曰且也。""僇"的本義是"行動遲緩"。《說文》："戮，殺也。从戈翏聲。"《集韻·屋韻》："戮，《說文》：'殺也。'古作僇。"清段玉裁《說文解字注·人部》："僇，《大學》借爲戮字，荀卿書同。"《集韻》中指出二字在表示"殺戮"義時爲古今字關係。《集韻·蕭韻》："勠，并力也。或作戮。"《說文》："勠，并力也。从力翏聲。"可見表示"并力"義的本字是"勠"，"僇"和"戮"都是被借用來表示"并力"義的。《資治通鑒釋文》指出在表示"并力"義時，"僇"和"戮"爲古今字關係。

例（4）中指出"疋"和"雅"形成了古今字關係。《說文》："疋，足也。上象腓腸，下从止。《弟子職》曰：'問疋何止。'古文以爲《詩·大疋》字。亦以爲足字。或曰胥字。一曰疋，記也。凡疋之屬皆从疋。"可知，"疋"的本義是"足"。《說文》："雅，楚烏也。一名鸒，一名卑居。秦謂之雅。从隹牙聲。""雅"的本義是一種鳥名。承培元《說文引經證例》："《詩》借'疋'爲《大雅》、《小雅》之'雅'。《爾雅·釋文》云：'雅本作疋。'又《晉書音義》中、下兩云：'疋，古雅字，可證。'案：雅者，正也。"可見，在表示"雅"字的"正"義時，假借本義爲"足"的"疋"字來表示，所以二字在"正"義上形成了古今字關係。

例（5）指出在表示"擔憂"義時，"悹"和"悺"爲古今字關係。《說文》："悹，憂也。从心，官聲。"《玉篇·心部》："'悺'，同'悹'。"《後漢書·孝桓帝紀》："及中常侍單超、徐璜、具瑗、左悺。"李賢注："《說文》曰：'悹，憂也。'今作心旁官，即悹字也。"二字屬於構件位置發生變化的異構字。

10. 張有的《復古編》

《復古編》，南宋張有撰。張有字謙中，湖州人，張先之孫，出家爲道士。該書根據《説文解字》以辨俗體之訛，以四聲分隸諸字，於正體用篆書，而別體、俗體則附載注中，猶顏元孫《干禄字書》分正、俗、通三體之例。我們共搜集到該書中的古今字材料97條，所采用的版本爲《四部叢刊》本，所采用的訓釋方式主要有“古文”“古某字”“古作”“今某字”“今作”“今用”，例如：

（1）【份】文質倫也。从人、分。**古文作**彬。別作斌。以文配武過爲昌淺。又作贇，音頵，亦於義無取。悲申切。（《復古編》卷上·上平聲）

（2）【夭夲夅】上夭，胡耿切，吉而免凶也，从屰、夭。中夲，尼輒切，所以驚人也，从大羊。下**古南字**。（《復古編》卷下·形相類）

（3）【脣】脣，口耑也，从肉、辰，食倫切，**古作**顄。別作唇，非。唇，音側鄰切。（《復古編》卷上·上平聲）

（4）【荼】苦荼也。早采爲荼。晚采爲茗。此即**今之茶字**。（《復古編》卷上·上平聲）

（5）【尫尵】尫不能行爲人所引也。尵从尣爪是。都兮切。尵从爪尣蒦。户圭切。**今俗用**提攜二字。（《復古編》卷下·聯綿字）

（6）【洟】鼻液也。从水、夷。**今作**涕，从水、弟。他禮切。泣也。（《復古編》卷上·去聲）

（7）【索】入家搜也。从宀、索。所責切。**今用**索。音蘇各切。艸有莖葉。可作繩索也。从朩糸。（《復古編》卷下·入聲）

例（1）中指出“彬”和“份”在表示“文質兼備”義時形成了古今字關係。《説文》：“份，文質借也。从人分聲。《論語》曰：‘文質份份。’彬，古文份，从彡、林。林者，从焚省聲。”可見，在《説文》中已經指出了"彬"爲"份"的古文形體字，二者肯定爲古今字關係。《論語·雍也》："質勝文則野，文勝質則史。文質彬彬，然後君子。"包咸注："彬彬，文質相半之貌。"不過，後來人們借"份"來表示量詞等，其本義幾乎就被"彬"字代替了。

例（2）中指出"𣓃"和"南"爲古今字關係。《説文》："南，艸木至南方，有枝任也。从宋羊聲。𣓃，古文。"可見《説文》中同樣已經説明了"𣓃"爲"南"的古文形體字，並且該古文形體"𣓃"在《三體石經·堯典》中已經出現。

例（3）中指出"顧"和"脣"爲古今字。《説文》："脣，口耑也。从肉辰聲。𩠴，古文脣，从頁。"《説文》中同樣指出了"顧"爲"脣"的古文形體字，《復古編》沿襲了《説文》的説法。

例（4）中指出"荼"和"茶"爲古今字關係。《説文》："荼，苦荼也。从艸余聲。"《爾雅·釋木》："檟，苦荼。"郭璞注："樹小如梔子，冬生葉，可煮作羹飲。今呼早采者爲荼，晚取者爲茗，一名荈，蜀人名之苦荼。"宋魏了翁《邛州先茶記》："茶之始，其字爲荼。如《春秋》書'齊荼'，《漢志》書'荼陵'之類，陸、顏諸人雖已轉入茶音，而未敢輕易字文也。若《爾雅》，若《本草》，猶從艸從余，而徐鼎臣訓荼，猶曰：'即今之茶也。'惟自陸羽《茶經》、盧仝《茶歌》、趙贊《茶禁》以後，則遂易'荼'爲'茶'，其字爲艸，爲入，爲木，而謂荼爲茅秀，爲苦菜，終無有命茶爲荼者矣。"徐鉉也認爲："荼，此即今之茶字。"可見，"荼"本爲"苦菜"義，後用來表示"茶葉"義，後來"茶"字成了表示"茶葉"義的專用字，不用"荼"字。所以，在表示"茶葉"義時，"荼"和"茶"是古今字關係。

例（5）中是指出"尳𩩻"和"提攜"爲古今語的關係。《説文》："尳，跛不能行，爲人所引，曰尳𩩻。从允从爪，是聲。"邵瑛《説文群經正字》："此爲提攜本字，今經典作提攜。"段玉裁《説文解字注·允部》："疊韻字也，與提攜義相近。"《説文》："𩩻，尳𩩻也。从允从爪，巂聲。"可見"腱䮒"爲聯綿詞，二字今用"提攜"來表示。

例（6）中指出"洟"和"涕"在表示"鼻涕"義時爲古今字關係。《説文》："洟，鼻液也。从水夷聲。"可見"洟"的本義是"鼻涕"義。《説文》："涕，泣也。从水弟聲。""涕"的本義是"眼淚"。後來詞義發生轉移，今用"涕"字來表示"鼻涕"義。

例（7）中指出"索"和"索"爲古今字關係。《説文》："索，入家搜也。从宀索聲。""索"的本義爲"入室搜索"。《説文》："索，艸有莖葉，可作繩索。从宋、糸。杜林説：宋亦朱木字。""索"的本義是"大繩子"。後來人們借用表"繩索"義的"索"字來表示"搜索"義，而不用其本字"索"來表示。所以在表示"搜索"義時，"索"和"索"二字形成了古今字關係。

11. 戴侗的《六書故》

《六書故》是一部用六書理論來分析漢字的字書。南宋文字學家戴侗作。戴侗字仲達，永嘉人。全書有 33 卷，通釋 1 卷。作者認爲六書之學是讀書的門徑，而學者不講已久，即使有人學，也往往限於支離附會，不得其要，所以就許慎《説文解字》訂其得失，重新解釋象形、指事、會意、形聲、轉注、假借六書的意義。書中不沿襲《説文》540 部，而別立 479 目，稱其中 189 目爲文，又有 45 目不易解釋的稱疑文，又稱另 245 目爲字。文爲"母"，字爲"子"，字與文的形體是有一定聯繫的，所以稱之爲"子"。戴侗把 479 目分爲九類：一數、二天、三地、四人、五動物、六植物、七工事、八雜、九疑。每目之下把偏旁相同的字敘列於後。戴侗把六書次第排列爲：一指事、二象形、三會意、四轉注、五諧聲、六假借。這部書的價值在於能援引鐘鼎文來説明字形，又能明辨字義的引申不同於文字的假借，對於音與義的關係闡發尤其多。我們搜集到該書中的"古今字"材料有 776 條，訓釋術語主要有"古文""古通作""古以爲""今作""今某字"等，例如：

（1）【燖】詳廉切。又盧咸切。燒湯也。……**古借用尋**。〔又作燅，禮曰乃燅尸俎，康成曰溫也，古文作尋，或作燖。〕（《六書故》卷三）

（2）【燠】乙六切。溫也。又威遇切。**古通作奧**。（《六書故》卷三）

（3）【齋】側皆切。將祭潔屏以致其精明也。**古單作亝**。（《六書故》卷三）

（4）【臤】《説文》曰“堅也”。讀若鏗鏘之鏗。**古以爲賢字**。（《六書故》卷十五）

（5）【隈】烏恢切。岡阜之奧曲也。**古借用畏**。（《六書故》卷五）

（6）【甽】子浚切。又松倫切。〔……按：**今作圳**，田間溝畎也。〕（《六書故》卷五）

（7）【敕】恥力切。敕正也。戒敕也。〔……按：秦漢以來人主之命令稱制爲敕令，《漢書》猶皆作敕，六朝始通用勅字，**今皆作勅**。〕（《六書故》卷十五）

（8）【疊】徒協切。累也。……《詩》云“薄言震之，莫不震疊”。即**今慴字**。（《六書故》卷三十二）

例（1）中《六書故》指出“燖”字記録“燒湯”義時，古借用“尋”字來表示。前代鄭玄指出“燅”字“古文作尋，或作燖”。《説文》：“燖，火門也。从火閻聲。”可知，“燖”的本義是“火焰，火光”。《説文》：“尋，繹理也。从工，从口，从寸，从又。工、口，亂也；又、寸，分理之。度人之兩臂爲尋，八尺也。”“尋”本指“古代長度單位”。《説文》：“燅，於湯中爚肉。从炎，从熱省。”徐灝《注箋》：“燅，古通作尋，久而遂專其義，又增火劜作燖。”《儀禮·有司徹》：“乃鬵尸俎。”鄭玄注：“鬵，温也。《禮記》或作燅。”根據徐灝和鄭玄的注釋，他們認爲在表示“重温”義時，本用“鬵”字，然後借用“尋”字，後加火旁用“燖”字來表示。《集韻·鹽韻》：“燖，沈肉於湯也。或作爛。”《禮記·禮器》：“三獻爓，一獻孰。”鄭玄注：“爓，沈肉於湯也。”可見在表示“於湯中爤肉”義時，也可以借“爓”字來表示。《集韻·鹽韻》：“鬵，《説文》：‘於湯中爤肉。从炎，从熱省。’或作燖。”根據《集韻》的不同記録，可以知道在表示“於湯中爤肉”義時，可以用“爓”或“燖”兩個字來記録。由以上可知，“鬵”是表示“燒湯”義的本字，後借用“燖”“爓”表示，同時“鬵”也是表示“重温”義的本字，後借用“尋”“燖”字記録。

例（2）中指出“燠”古通作“奥”。《説文》：“燠，熱在中也。从火奥聲。”《説文》：“奥，宛也。室之西南隅。从宀𡕩聲。”可知，“燠”的本義是“温熱”，“奥”的本義是“室内西南隅”。《正字通》中指出在表示“温熱”義時，古借用“奥”字來表示。段玉裁《説文解字注》：“《洪範》：‘庶徵曰燠曰寒。’古多假奥爲之。《小雅》：‘日月方奥。’傳曰：‘奥，煖也。’”《六書故》中也指出，在表示“温熱”義時，“奥”和“燠”爲古今字關係。

例（3）中指出“齋”古作“𠖥”。《説文》：“齋，戒，潔也。从示，齊省聲。𩜾，籀文齋从𩵋省。”段玉裁注：“齋戒或析言，如七日戒、三日齋是，此以戒訓齋者，統言則不別也。”宋陸游《東屯高𠖥記》：“少陵先生晚遊夔州，愛其山川不忍去，三徙居，皆名高𠖥。”《漢語大字典》注釋：“‘𠖥’，同‘齋’。”[①]根據《漢語大字典》的注釋，可以知道在表示“房舍，屋子”義時，借用“𠖥”來記録。《六書故》中認爲在表示“齋戒”義時，古用“𠖥”，後用“齋”。

例（4）中指出“臤”古爲“賢”字。《説文》：“賢，多才也。从

---

① 漢語大字典編輯委員會編《漢語大字典》（第二版），崇文書局、四川辭書出版社，2010，第387頁。

貝臤聲。”《説文》：“臤，堅也。从又臣聲。凡臤之屬皆从臤。讀若鏗鏘之鏗。古文以爲賢字。”《説文》中指出了“臤，古文爲‘賢’字”。《隸釋·國三老袁良碑》：“優臤之寵，於斯盛矣。”洪适注：“臤即賢字。”《漢語大字典》中所收二字在楚帛書中的形體皆爲“🖾”①，二字的古文形體是一致的。可見“臤”和“賢”在表示“賢能”義時，爲古今字關係。

例（5）中指出“隈”古借用“畏”。《説文》：“隈，水曲，隩也。从𨸏畏聲。”《説文》：“畏，惡也。从由，虎省。鬼頭而虎爪，可畏也。𤔔，古文省。”“隈”的本義是“水流彎曲處”，“畏”的本義是“惡”。《六書故》指出在表示“岡阜的彎曲”義時，假借“畏”字來表示。清朱駿聲《説文通訓定聲·履部》：“畏，假借爲隈。”《周禮·考工記·弓人》：“夫角之中，恒當弓之畏。”鄭玄注：“畏讀如秦師入隈之隈。”賈公彦疏：“從隈爲曲隈之義。”清孫詒讓《周禮正義》：“畏即《大射儀》之隈字。……《説文·𨸏部》云：‘隈，水曲，隩也。’引申之，弓曲亦曰隈。”鄭玄、賈公彦、朱駿聲、孫詒讓都認爲“畏”可假借來表示“隈”，表示“水曲”“弓曲”。由此，“畏”和“隈”由於假借形成了古今字關係。

例（6）中指出在表示“田間小溝”義時，“甽”和“圳”爲“古今字”。《説文》：“甽，古文く，从田，从川。𤰝，篆文く，从田，犬聲。六甽爲一畎。”“甽”的本義是“田間小溝”，“圳”字除了在《六書故》中提到，也出現在《朱子語類》和《清史稿》中。《朱子語類·論語五》：“如一大圳水，分敷小圳去，無不流通。”《清史稿·循吏傳·曹瑾》：“由九曲塘穿池以引溪水，築埤導圳。凡掘圳四萬餘丈，灌田三萬畝。”在這兩例中，“圳”皆爲“田間小溝”義。

例（7）中指出“敕”字今作“勑”字。《説文》：“敕，擊馬也。从攴束聲。”“敕”的本義是“擊馬”。《説文》：“勑，勞也。从力來

---

① 漢語大字典編輯委員會編《漢語大字典》（第二版），崇文書局、四川辭書出版社，2010，第3646頁。

聲。""勑"的本義是"慰勞、勉勵來者"。二字本義是不同的,《六書故》的意思是在表示"王之命令"義時,漢代使用"敕"字,六朝開始使用"勑"字。別的字書和用例是説明在表示"理,順"義時,"敕"和"勑"相通。《廣雅·釋詁一》:"勑,順也。"王念孫疏證:"卷二云:'敕,理也。'理亦順也。勑與敕通。"《集韻·職韻》:"敕,或作勑。"《易·噬嗑》:"先王以明罰勑法。"陸德明釋文:"勑,恥力切。此俗字也。《字林》作'敕'。"

例(8)中指出在表示"震懾"義時,《詩經》中的"疊"字爲今"慴"字。《説文》:"慴,懼也。從心習聲。讀若疊。""慴"由"恐懼"義引申出"震懾"義。《説文》:"疊,揚雄説:以爲古理官決罪,三日得其宜乃行之。從晶從宜。亡新以爲疊從三日太盛,改爲三田。"《説文》:"多,重也。從重夕。夕者,相繹也,故爲多。重夕爲多,重日爲疊。凡多之屬皆從多。"古籍表示"重疊"義多作"疊"字。《正字通》中指出"疊"字爲今"慴"字是其假借用法。《玉篇·畕部》:"疊,懼也。"清朱駿聲《説文通訓定聲·臨部》:"疊,假借爲慴。"《詩·周頌·時邁》:"薄言震之,莫不震疊。"毛傳:"疊,懼。"陳奐《詩毛氏傳疏》:"疊者,慴之假借字。疊、慴同聲,故慴謂之懼,疊亦謂之懼矣。"陳奐具體説明了二字因爲同聲而假借。

(二)隨文注釋中的"古今字"研究

1. 朱熹對"古今字"的注釋

朱熹(1130~1200),字元晦,又字仲晦,號晦庵,晚稱晦翁,謚文,世稱朱文公。宋朝著名的思想家、教育家、詩人,閩學派的代表人物,世尊稱爲朱子。朱熹是宋代理學的集大成者,也是經學訓詁大師,以《大學章句》《中庸章句》《論語集注》《孟子集注》影響最大。他用儒學統一佛道,通過注釋經書闡發理學。但他既不像漢唐諸儒那樣遵修舊文而鮮見創新，也不像一般宋儒那樣空衍義理而學無根底。
他繼承了傳統訓詁的基本原則和方法，又融合了時代精神，形成了獨
具時代風格的訓詁學。朱熹十分重視字詞句本身的訓詁，主張以訓詁
説經，強調前人的傳注箋疏等資料，如注《詩》多采《毛傳》《鄭箋》，
注《楚辭》多用王逸舊説，注《論語》多據何晏《論語集解》，又多從
《説文》等。守舊注以治訓詁，由訓詁而通義理，這在宋儒中獨樹一
幟。同時，朱熹也不排斥同時期學者的新思想、新看法，他主張創新，
並寓創新於自己的注釋之中，這又使他高於漢儒而具有時代的特徵。
朱熹的訓詁還有一點爲後人所稱道，那就是簡潔明瞭，可讀性強。他
説："解經當取易曉底語句解難曉底，不當反取難曉底解易曉底。"①這使
他的訓詁成果得到了廣泛流傳，從而產生了深遠的影響。尤其值得注
意的是，朱熹訓詁還能利用當時剛興起的古文字學材料，開創出以出
土文獻證傳世文獻的訓詁新方法。當然，朱熹難免也有強經就我、空
衍義理的毛病，甚至也有缺乏證據的輕率懷疑和隨意篡改經文的行爲，
這些都是朱熹的局限性。

　　我們搜集到朱熹《四書集注》和《楚辭集注》中的"古今字"材
料共 49 條。朱熹采用的訓釋方式主要"今作""古某字""古字""古
作""今作"，例如：

　　（1）【其帶伊絲，其弁伊騏】帶，大帶也。大帶用素絲有雜
色飾焉。弁，皮弁也。騏馬青黑色者，弁之色亦如此也。《書》
云"四人騏弁"。**今作**綦。（《詩集傳》卷七）

　　（2）【二子乘舟，汎汎其景】景，**古影字**。（《詩集傳》卷三）

　　（3）【菊芳椒兮成堂】菊，**古播字**，本作囷，一作播。成，
一作盈。（《楚辭集注》卷二）

---

① （宋）黎靖德輯《朱子語類》卷四十七，明成化九年陳煒刻本。

（4）【載營魄而登霞兮】霞與遐同。**古字**借用。（《楚辭集注》卷五）

（5）【經堂入奧，朱塵筵些】奧，烏到反，**古作**隩。（《楚辭集注》卷七）

（6）【居處愁以隱約兮】居一作凥，以一作㠯，並**古字**。（《楚辭集注》卷八）

（7）【悼芳草之先蘦】蘦**今作**零。（《楚辭集注》卷五）

例（1）中朱熹注釋"騏"和"綦"爲古今字關係。《説文》："騏，馬青驪，文如博棊也。从馬其聲。"可知，"騏"的本義是"青黑紋如棋盤的馬"。《説文》："綥，帛蒼艾色。从糸畁聲。《詩》：'縞衣綥巾。'未嫁女所服。一曰不借綥。𦃃，綥或从其。"可知，"綦"的本義是"帛艾蒼色"。朱熹在注釋中的意思是二字在表示"皮弁上的玉飾"義時爲古今字關係。《詩·曹風·鳲鳩》："其帶伊絲，其弁伊騏。"鄭玄箋："騏，當作璂，以玉爲之。"按：《周禮·夏官·弁師》："王之皮弁，會五采玉璂。"鄭玄注："璂，讀如'薄借綦'之綦。綦，結也。皮弁之縫中每貫結五采玉十二以爲飾，謂之綦。《詩》云'會弁如星'，又曰'其弁伊綦'，是也。"根據鄭玄的解釋可以知道，"騏"和"綦"都被假借來表示"皮弁上的玉飾"一義。清朱駿聲《説文通訓定聲·頤部》："綦，假借爲璂。"《逸周書·王會》："陳幣當外臺，天玄�宗馬十二，王玄繚璧綦十二。"孔晁注："綦，玉名。"根據朱駿聲和孔晁的注釋也可以知道，在表示"玉名"的時候，假借"綦"來表示。由此可以知道，在表示和玉有關的意思時，本字應該是"璂"，有時借"騏"和"綦"來表示。朱熹認爲在表示該義時，古用"騏"字，後用"綦"字。

例（2）中朱熹指出"景"和"影"爲古今字關係。《説文》："景，光也。从日京聲。"段玉裁注："光所在處，物皆有陰。後人名陽曰光，名光中之陰曰影，別製一字，異音異義。"《類篇·彡部》："影，物之陰影也。"《顏氏家訓·書證》:"凡陰景者,因光而生,故即謂爲景。《淮南子》呼爲景柱,《廣雅》云:'晷柱掛景。'並是也。至晋世葛洪《字苑》,傍始加彡,音於景反。"《集韻·梗韻》:"景,物之陰影也。葛洪始作影。"可見,二字在表示"陰影"義時,剛開始用"景"字,後來另造"影"字專表"陰影"義,二字在該義上形成了古今字。

例(3)中指出"菊"和"播"形成了古今字關係。《説文》:"菊,在手曰菊。从勹、米。""菊"的本義是"滿握,滿捧"。《説文》:"播,穜也。一曰布也。从手番聲。𢿳,古文播。""播"的本義是"播種"。"菊芳椒兮成堂",該句中"菊"爲"播散"義,朱熹的意思是在表示"播散"義時,本用"菊"字,後來用"播"字。

例(4)中指出"霞"與"遐"爲古字借用關係。《説文新附》:"霞,赤雲气也。从雨,叚聲。"可知,"霞"的本義是"日出、日落前後天空及雲層上因日光斜照而出現的彩色光象或彩色的雲"。《説文新附》:"遐,遠也。从辵,叚聲。""遐"的本義是"遠"。徐鉉等注:"遐,或通用叚字。"《字彙補·雨部》:"霞,與遐同。""霞""遐"都爲匣母魚部字,朱熹在注釋《楚辭·遠遊》"載營魄而登霞兮,掩浮雲而上征"這一句時指出:"霞,與遐同,古字借用。"可見,在表示"遠"義時,可以借用同音的"霞"字來表示,借字爲古,本字爲今。

例(5)中指出"隩"和"奥"在"堂奥"義上形成了古今字關係。《説文》:"奥,宛也。室之西南隅。从宀釆聲。""奥"的本義是"室內西南隅"。《説文》:"隩,水隈,崖也。从𨸏奥聲。""隩"的本義是"水涯深曲處"。《太平御覽》卷一百八十引《風俗通》:"《爾雅》曰:'西南隅謂之隩。'尊長之處也。"按:《爾雅·釋宫》作"奥",郭璞注:"室中隱奥之處。"清朱駿聲《説文通訓定聲·孚部》:"隩,假借爲奥。"根據郭璞和朱駿聲的注釋,我們可以知道,在表示"室內西南角"義時,假借"隩"來表示,而不用其本字"奥"。

例(6)中分別指出了"尻"和"居"、"㠯"和"以"爲古今字關係。《説文》："尻，處也。从尸得几而止。《孝經》曰：'仲尼尻。'尻，謂閒居如此。"可見，"尻"的本義是"居處"。《玉篇·几部》："尻，與居同。"《楚辭·天問》："崑崙縣圃，其尻安在？"洪興祖補注："尻，與居同。"清段玉裁注："凡尸得几謂之尻。尸，即人也。引申之爲凡尻処之字。既又以蹲居之字代尻，別製踞爲蹲居字，乃致居行而尻廢矣。"《説文》："居，蹲也。从尸古者，居从古。𡰰，俗居从足。"可知，"居"的本義是"蹲"，"居處"義的本字是"尻"，後來用本義爲"蹲"的"居"來表示，而表"蹲"義又另造新字"踞"字。可見在表示"居處"義時，"尻"和"居"確爲古今字關係。

《説文》："㠯，用也。从反巳。賈侍中説：巳，意巳實也。象形。"邵瑛《説文群經正字》："《詩·何人斯》釋文：㠯，古以字。《漢書》以皆作㠯。張謙中曰：㠯，秦刻作以。《説文》不加人子。"可見，"㠯"和"以"確爲古今字關係。

例（7）中指出了"蘦"和"零"爲古今字關係。《説文》："蘦，大苦也。从艸霝聲。""蘦"的本義是"藥草名"。《説文》："零，餘雨也。从雨令聲。""零"的本義是"徐徐而下的雨"，後來表示"零落"義。《爾雅·釋詁上》："蘦，落也。"郝懿行《爾雅義疏》："蘦者，亦假音也。《説文》云：'零，餘雨也。'按：零落宜用此字。"《楚辭·遠遊》："微霜降而下淪兮，悼芳草之先零。"舊注："古本零作蘦。"可見在表示"零落"義時，有時可借用"蘦"字，二字都爲來母耕部字，所以可以假借。

2. 章樵對"古今字"的注釋

《古文苑》，古詩文總集，編者不詳。相傳爲唐人舊藏本，北宋孫洙（1032~1080）得於佛寺經龕中。所録詩文，均爲史傳與《文選》所不載。南宋淳熙六年（1179）韓元吉（1118~1190）加以整理，分爲9卷。紹定五年（1232），章樵又加增訂，并爲注釋，重分爲21卷。録周代至南朝齊代詩文260餘篇，分爲20類。雖編録未爲精核，然而唐以前散佚之文，間或賴此書流傳。現行刻本分兩個系統：宋淳熙本9

卷,有清嘉慶十四年(1809)孫氏仿刻本等;章樵本21卷,有明成化十八年(1482)張世用刻本。本書中的"古今字"材料來源於文淵閣《四庫全書》本。在所搜集到的《古文苑》83條"古今字"材料中,章樵所指有55條,占66.3%;鄭樵所指有23條,占27.7%,這23條均轉引自章樵;其餘指論者不詳的有5條,占6%。以下論述以章樵和鄭樵所指爲主。

章樵,南宋寧宗時期一位較有名望的人物,出生於閩中世族建安章氏,係北宋丞相章得象之六世孫。章樵嘉定元年(1208)進士及第,約於嘉定八年(1215)十月任朝散郎,寶慶三年(1227)前後知漣海軍,紹定三年(1230)八月以後知吳縣,紹定五年(1232)前後通判常州,端平元年(1234)十一月監登聞鼓院,卒於端平二年(1235)六月。章樵集有《曾子》十八篇,補注董仲舒《春秋繁露》十八卷,撰寫《章氏家訓》七卷,注釋《古文苑》二十一卷。現除《古文苑》校注本外,其餘皆散佚。章樵學宗伊洛,議論通暢,識達時務,是南宋理學思想的積極追隨者。

章樵所論"古今字"以"古某字""古文""古字某""今作"爲主要訓釋形式,例如:

(1)【苦弖兹吕寺】吕,古以字。(《古文苑》卷一)

(2)【湅魚鱳鱳,其蓋氏鮮】湅,从帛从水,古文泊字。(《古文苑》卷一)

(3)【蜂豚應雁,被鶏晨凫】蜂,封,古字通用。(《古文苑》卷四)

(4)【衆獻儲斯,盛冬育筍,舊菜增伽】筍,今作笋,竹萌也。伽,今作茄。(《古文苑》卷四)

(5)【昨夜見軍帖,可汗大點兵,軍書十二卷,卷卷有耶名】耶,以遮切,今作爺。俗呼父爲爺。(《古文苑》卷九)

例（1）中原文應爲"彎彎卤弓，弓兹目時"，《古文苑》所載石鼓文，意思是"把弓弦調整得有力一些，調好弓等着叫它把命喪"，屬於先秦歌謠。根據所查石鼓文，"目"的形體爲" 乙 "，最早在繹山碑中出現了" 钌 "形體字，即後來的"以"字。章樵認爲在表示"按照"義時，"目"和"以"形成了古今字關係，在先秦時使用"目"字，後代則用"以"字。

例（2）"淊魚鱳鱳，其蘊氏鮮"也出自石鼓文中第一篇詩——《汧殹》，該句的意思是"帛布的漁網裏魚鱗閃爍，竹編的魚罶裏鮮魚交錯其間"。該句中的"淊魚"有的版本作"帛魚"，是假借"淊"字來表示"帛布"義的"帛"，章樵注釋"淊"與"泊"在表示該義時構成了古今字關係。《字彙補·水部》："淊，古文泊字。《石鼓文注》：以帛從水爲古泊字。"

例（3）出自西漢揚雄的《蜀都賦》，該句中"蜂"假借爲"封"，表示"大"義，"被"假借爲"罷"，爲"疲勞"的意思，該句的意思是"大豬和應時飛來之雁，向晚疲憊之鵪和晨飛的野鴨"。《廣雅·釋詁一》："封，大也。"根據章樵的注釋可知，在表示"大"義時，假借本義爲"昆蟲"的"蜂"字來表示，"蜂""封"二字在"大"義上形成了古今字關係。

例（4）也出自西漢揚雄的《蜀都賦》。根據章樵的注釋可知，在表示"竹的嫩芽，可以做菜的竹子"的意思時，在西漢時用"荀"，到了後代則用"筍"；在表示"茄子"義時，西漢時用"伽"，後世則用"茄"字。"荀"與"筍"在"竹筍"義上形成了古今字關係，"伽"與"茄"在"茄子"義上形成了古今字關係。

例（5）出自北朝樂府民歌《木蘭詩》，該句的意思是"昨天晚上看見徵兵文書，知道統治者在大規模徵兵，那麼多卷徵兵文册，每一卷上都有父親的名字"。根據章樵的注釋，在表示"父親"義時，"耶"

和"爺"形成了古今字關係。《玉篇·父部》："爺，俗爲父爺字。"《篇海類編·人物類·父部》："爺，俗呼父爲爺。通作耶。"

3. 鄭樵對"古今字"的注釋

鄭樵是宋代史學家、目録學家，字漁仲，南宋興化軍莆田（福建莆田）人，世稱夾漈先生，生於北宋崇寧三年（1104），卒於南宋紹興三十二年（1162）。鄭樵的著述有 80 餘種，但流傳下來的僅有《夾漈遺稿》、《爾雅注》、《詩辨妄》、《六經奧論》和《通志》等。鄭樵一生不應科舉，刻苦力學 30 年。鄭樵立志讀遍古今書，他和從兄鄭厚到處借書求讀，畢生從事學術研究，在史學、文獻學、語言學等方面都取得了成就。

鄭樵以"今作""今省作""今省文作"爲主要訓釋形式，例如：

（1）【即避即時，麀鹿趍趍】鄭云"避，**今作敔**"。（《古文苑》卷一）

（2）【洍洍淒淒○○舫舟西遄】淒，石本作**濝**，鄭云"**今省作**淒，亦作𦲝"。（《古文苑》卷一）

（3）【茻】薛作**𦵢**，音莽。郭云"恐是茻茻草之相糾者，居蚪反"。鄭本作**𦵢**，云"**今省文**作莫，或作草，未審孰是"。（《古文苑》卷一）

例（1）出自周宣王石鼓文，該句意思是"（它）撲向車夫又撲向我的侍衛兒郎，母鹿公鹿嚇得小步倒轉"。根據鄭樵的注釋可知，在表示"抵禦、抵擋"義時，先秦使用"避"字，後代使用"敔"字，二字在該義上形成了古今字關係。《説文》："敔，禁也。"段玉裁注："敔爲禁禦本字，禦行而敔廢矣。"《字彙補·辵部》："避，與禦同。"根據上文我們可以知道，在表示"抵禦、抵擋"義時，古用"避"字，後用"敔"字，然後用"禦"字。

例（2）出自石鼓文，原文爲"汧殹洍洍，**濝濝**崇土。舫舟西遄"。

該句的意思是"汧河水浸潤蕩漾，秦王之師軍馬過河，不畏寒涼，經歷了淒風苦雨，相並的兩船往西開到這裏"。"㳠"字無所查，但是在石鼓文中有該形體字"㵎"，該形體字收在"萋"字的石鼓文形體之下，可見該字後代是"萋"字。"淒"字《正字通·水部》解釋爲"淒，寒涼也"。鄭樵所注"淒、萋"和"㳠"字在"寒涼"義上形成了古今字關係。

例（3）中的"茻"字，根據鄭樵注釋可知，其和"莫"字形成了古今字，但意義不明。《玉篇·茻部》："茻，無也。今作莫。"同樣指出了二字在表示"無"義時形成了古今字關係。

4. 司馬光對"古今字"的注釋

司馬光（1019~1086），字君實，號迂叟，陝州夏縣（今山西夏縣）涑水鄉人，世稱涑水先生，北宋政治家、史學家、文學家。主持編纂了中國歷史上第一部編年體通史《資治通鑒》。生平著作甚多，主要有史學巨著《資治通鑒》，以及《溫國文正司馬公文集》《稽古録》《涑水記聞》等。我們搜集到司馬光對"古今字"的注釋集中在《集注太玄經》《古文孝經指解》這兩部書中，共38條，訓釋方式主要有"古文""古某字"，例如：

（1）【鳥托巢于蕨，人寄命于公。】蕨，**古**叢字。（《集注太玄經》卷四）

（2）【次二，心惕惕，足金舃，不志溝壑】王本作愒，云**古**惕字。（《集注太玄經》卷四）

（3）【虛羸踦踦，僵無已也】僵，**古**禪字，時戰切。陸曰：陰極陽生，更相僵代，無窮已也。（《集注太玄經》卷六）

（4）【禍亂不作】司馬光曰"人理平"。**古文**"亂"作"𤔔"，舊讀作變，非。（《古文孝經指解》正文）

例（1）中指出"菆"和"叢"在表示"草叢"義時爲古今字關係。《説文》："菆，麻蒸也。从艸取聲。一曰蓐也。"可見"菆"的本義是"麻秆"。羅振玉《讀碑小箋》："漢《開母闕銘》有菆字，即叢之別體。與《説文》訓麻蒸之菆不同，叢从丵从取，兹省丵爲 **业**，又訛 **业** 爲艸，於是遂與訓麻蒸之菆不別，其實非一字也。《春秋·僖三十三年經》'取叢'，《釋文》：'一作菆。'與碑同。"《説文》："叢，聚也。从丵取聲。"根據羅振玉的解釋，我們可以知道表"麻蒸"義的"菆"字和表示"草叢"義的"菆"字不是一個字，"菆"和"叢"爲古今字關係還是可以成立的。

例（2）中指出"愓"和"惕"爲古今字關係。《説文》："惕，敬也。从心易聲。**㥿**，或从狄。"《集韻·錫韻》："惕，亦作愓。"《太玄·逃》："心愓愓。"司馬光所注釋的該例也爲"心惕惕"，意思爲"恭敬"。二字在該義上形成了古今字關係。

例（3）中指出"僤"和"禪"在表示"禪讓、讓位"義時形成了古今字關係。《説文》："僤，僤何也。从人亶聲。""僤"的本義是"徘徊"。《説文》："禪，祭天也。从示單聲。""禪"的本義爲"祭天"，後引申出"禪位、受禪"之義。司馬光指出"僤"和"禪"在"禪讓"義上爲古今字。在其他小學專書中也有解釋，例如《集韻·綫韻》："僤，讓也。通作禪。"《正字通·人部》："僤，傳與也，與禪同。"除了司馬光所注釋該例外，還有其他用例可以説明二字關係，《法言·問明》："允喆堯僤舜之重，則不輕於由矣。"

例（4）中指出"亂"和" **𤔔** "爲古今字關係。《説文》："亂，治也。从乙，乙，治之也；从𤔔。"在楚帛書中有該古文形體字" **𤔔** "，二字是因形體演變形成的古今字關係。

5. 毛晃、毛居正對"古今字"的注釋

毛晃（生卒年未詳），字明權，官至户部尚書。精文字音韻。南宋紹興二十一年（1151）進士。後即閉門著書，爲修訂、補充《禮部韻韻》，夜以繼日，磨穿案硯，學界尊稱爲"鐵硯先生"。紹興三十二年（1162），編就《增修互注禮部韻略》5卷，較《禮部監韻》增收2655字，增注別音、別體字1961個，訂正485個注音、解釋。此外編纂《禹貢指南》4卷。

毛居正，毛晃子，字誼父，或曰義甫，號柯山，衢州江山人，承家學，研究六書。南宋紹興二十一年（1151）父子同榜進士。嘉定十六年（1223）受國子監聘校正經籍。著《六經正誤》6卷，並爲《資治通鑒》作注解。毛氏父子所著字典，海内奉爲正宗，南宋後期刊行全國，直至明初大學士宋濂奉旨編著《洪武正韻》，采字注釋，猶作爲主要依據。我們搜集到二人對"古今字"的注釋集中在《增修互注禮部韻略》一書中，其注釋方式主要有"古某字""古作""今作""古文""古字""今文"，例如：

（1）【封】方容切。大也，厚也。又姓。又聚土也，坣也，培也，封建也。國名。**古作坒**。（《增修互注禮部韻略》卷一）

（2）【向】古響字。《左傳》晋大夫羊舌肸字叔向。音香兩反。《漢書·刑法志》作叔嚮。顏師古音許兩反。蓋**古字作向**，後有響字。（《增修互注禮部韻略》卷三）

（3）【凥】古居字。《晋書·胡母謙傳》"凥背東壁"。从几案之几。與尻字不同。增入。（《增修互注禮部韻略》卷一）

（4）【晨】《説文》"早，昧爽也"。**古作旦**。篆作晨。今作晨。（《增修互注禮部韻略》卷一）

（5）【肆】陳也，次也，緩也，放也，列也，遂也，恣也，踞也，量也。……又有罪既刑陳其尸曰肆。《論語》"肆諸市朝"。**古作隸，今作肆**。（《增修互注禮部韻略》卷四）

（6）【冰】同上。**古文冰作仌**，凝作冰。後人以冰代仌，以凝代冰，增入。（《增修互注禮部韻略》卷二）

（7）【麾】籲爲切。《說文》依篆作摩。旌旗所以指摩也。**今文作麾**。（《增修互注禮部韻略》卷一）

例（1）中“㞷”和“封”爲古今字關係。《說文》：“封，爵諸侯之土也。从之从土从寸，守其制度也。公侯，百里；伯，七十里；子男，五十里。㞷，古文封省。[illegible]，籀文从丯。”根據《說文》可知，“㞷”爲“封”的古文形體字，二字屬於字體演變形成的古今字。

例（2）中“向”和“嚮”在表示人名“叔向”時爲古今字。《說文》：“向，北出牖也。从宀从口。《詩》曰：‘塞向墐户。’”可知“向”的本義爲“朝北的窗户”。《說文》：“嚮，聲也。从音鄉聲。”“嚮”的本義是“回聲，嚮應”。根據《說文》的解釋，二字本義都和人名無關，衹是借用來表示人名，且在《左傳》中作“叔向”，在《漢書·刑法志》作“叔嚮”，因此爲古今字。

例（3）中“凥”和“居”爲古今字。《說文》：“凥，處也。从尸得几而止。《孝經》曰：‘仲尼凥。’凥，謂閒居如此。”《說文》：“居，蹲也。从尸古者，居从古。踞，俗居从足。”根據《說文》可知，“凥”爲表示“居處”義的本字，而“居”本義爲“蹲”，後來借“居”表示“居處”義，另造“踞”字表示“蹲”義。段玉裁《說文解字注》云：“凡尸得几謂之凥。尸即人也。引申之爲凡凥處之字。既又以蹲居之字代凥，别製踞爲蹲居字，乃致居行而凥廢矣。”可見，“凥”和“居”在表示“居處”義時爲古今字。

例（4）中“旦”和“晨”在表示“早晨”義時爲古今字。《說文》：“旦，明也。从日見一上。一，地也。凡旦之屬皆从旦。”《說文》：“曟，房星；爲民田時者。从晶辰聲。晨，曟或省。”根據《說文》可知，“旦”的本義是“天明，早晨”，“晨”的本義是指“二十八星宿之一的房星”，但是後來表示“早晨”義。毛晃、毛居正指出在表示"早晨"義時,二字形成了古今字。

例(5)中指出"肆"和"肆"爲古今字。《説文》:"肆,極陳也。从長,隶聲。𨽾或从髟。"毛晃、毛居正指出在《論語》"肆諸市朝"該句中的"肆"字古作"肆"。邵瑛《説文群經正字》:"今經典作肆,變隶爲聿,非聲矣。始於隸石經《尚書》殘碑:'肆上口。'《曹全碑》'市肆列陳'如此作。後遂因之。"邵瑛也指出了二字的關係。

例(6)中指出"仌"和"冰"爲古今字關係。《説文》:"仌,凍也。象水凝之形。凡仌之屬皆从仌。"《説文》:"冰,水堅也。从仌从水。𣲽,俗冰从疑。"根據《説文》可知,"仌"爲"水凝結成的固體"義的本字,"冰"是表示"凝結"義的本字。後來都用"冰"表示"仌"的本義,"凝"表示"冰"的本義。

例(7)中指出"麾"和"麾"爲古今字關係。《説文》:"麾,旌旗,所以指麾也。从手,靡聲。"段玉裁注:"俗作麾。"根據毛晃、毛居正的解釋,可知在表示"旌旗"義時,二字爲古今字。

6.吳秘對"古今字"的注釋

吳秘(生卒年月不詳),字君謨,北宋建安人。吳秘好學,以鑽研經典聞名。他所注《揚子箋》和所著《周易通解》五卷,爲宋廷所重視,經太玄參政孫忭的推薦,上書奏明皇室,曾令收入内庫,列爲珍貴藏書。吳秘研究《春秋》,把公羊、穀梁、左氏三家的著述作縱橫對比,發掘其異同,著成《春秋三傳集解》流行世間。我們搜集到的其對"古今字"的注釋主要在《集注太玄經》中,注釋方式主要爲"古某字",例如:

(1)【黄菌不誕,矦速耦也】王本作"矦秇偶也"。吳曰"秇,**古仇字**"。(《集注太玄經》卷二)

(2)【次五,雕鷹高翔,沈其腹,好媵惡粥】吳曰"媵,**古孕字**"。(《集注太玄經》卷五)

例（1）中指出"抔"和"仇"爲古今字關係。《説文》："仇，讎也。从人九聲。""仇"的本義是"配偶"。《集韻·尤韻》："仇，或作抔。"《太玄·内》："謹於嬰抔。"司馬光集注："嬰抔，古妃仇字。"司馬光同樣指出了二字的古今關係。

例（2）中指出"媵"和"孕"爲古今字關係。《説文》："孕，裹子也。从子从几。"《集韻·證韻》："孕，古作媵。"吳秘所注和《集韻》是一致的。

7. 陳漸對"古今字"的注釋

　　【次三，兢其股，鞭其馬，寇望其户，逃利。】范本望作𦣞。……陳曰"𦣞，古望字"。（《集注太玄經》卷四）

該例中指出"𦣞"和"望"爲古今字關係。《説文》："望，出亡在外，望其還也。从亡，朢省聲。""望"的本義是"盼望、期待"，後來引申出"向遠處看"之義。"𦣞"實爲表示"月滿與日相朢"義的"朢"字，後來該義也用"望"字來表示，二字形成了古今字關係。

8. 魏了翁對"古今字"的注釋

　　（1）【振民，象山下有風；育德，象山在上也。】育，王肅作毓。古育字。（《周易要義》卷二）
　　（2）【賁：亨，小利，有攸往】傅氏云"賁，古斑字，文章貌"。鄭云"變也，文飾之貌"。（《周易要義》卷三）

例（1）中指出"毓"和"育"爲古今字關係。《説文》："育，養子使作善也。从㐬肉聲。《虞書》曰：'教育子。'𣫬，育或从每。"根據《説文》可知，"毓"爲"育"的或體字，都表示"生養，養育"義。在《周易要義》中，魏了翁指出在表示"生養，養育"義時，"毓"爲古字，"育"爲今字。

例（2）中指出"賁"和"斑"爲古今字關係。《説文》："賁，飾也。从貝卉聲。"根據《説文》可知，"賁"的本義爲"文飾"。《集韻·删韻》："辬，《説文》：'駮文也。'或作斑，古作賁。"《易·賁》唐陸德明釋文："傅氏云：賁，古斑字，文章貌。"魏了翁的注釋和陸德明的注釋是一樣的，在表示"雜色花紋或斑點"義時，古假借本義爲"文飾"的"賁"字來表示。

9. 孫奭對"古今字"的注釋

孫奭（962~1033），北宋經學家、教育家，字宗古，博州博平（今山東茌平博平鎮）人。他自幼讀經書，篤學成才，九經及第，宋太宗時入國子監爲直講。真宗時，爲諸王侍讀，累官至龍圖閣待制。仁宗即位，他以名儒被召爲翰林侍講學士，判國子監，後遷兵部侍郎、龍圖閣學士、禮部尚書。晚年以太子少傅致仕，卒於家。他以經學成名，一生堅守儒家之道。孫奭在長期從事教學和參政的同時，還認真選録了五經中的治政之言，輯成《經典徽言》50卷，另撰《崇祀録》《樂記圖》《五經集解》《五服制度》等，參與校定《莊子》《爾雅》釋文。他也是《十三經注疏》之《孟子注疏》的完成者，堪稱中華古代經學的功勛人物之一。我們收集到的孫奭對"古今字"的注釋集中於《孟子注疏》和《孟子音義》中，其注釋方式主要爲"古某字"，例如：

（1）【注："鄉原之徒"】正義曰：《語》云：鄉原，德之賊也。周氏注曰：所至之鄉，輒原其人情而爲意以待之，是賊亂德也。何晏云：一曰鄉，向也，**古字**同（《孟子注疏》卷二下）

（2）【由水】由與猶同，**古字**通用。（《孟子音義》卷上）

（3）【匪厥】丁云：義當作篚。篚，以盛贄幣，此作匪，**古字**借用。（《孟子音義》卷上）

（4）【奊翅】張云：翅與啻同，**古字**通用。（《孟子音義》卷下）

例（1）中孫奭引何晏指出"鄉"和"向"古字通用。《説文》："鄉，國離邑，民所封鄉也。嗇夫別治。封圻之内六鄉，六鄉治之。从晶皀聲。"《説文》："向，北出牖也。从宀从口。《詩》曰：'塞向墐户。'"可見，在"鄉原德之賊也"中表示"鄉里"義時，可借用表示"朝北的窗户"義的"向"字。

例（2）中指出"由"和"猶"在表示"如同，好像"義時古字通用。《説文》："猶，玃屬。从犬酋聲。一曰隴西謂犬子爲猷。""猶"的本義是"獸名，猴屬"，後用來表示"如同，好像"義。《集韻·尤韻》："由，因也。""由"的常用義爲"原因，緣由"。在此句"由水"中，其上下文爲"民歸之，由水之就下"。可知，該句中"由"爲"如同，好像"義，孫奭指出在表示該義時，假借"由"來表示。

例（3）中"匪"和"筐"在表示"盛物的圓形竹器"義時古字借用。《説文》："匪，器，似竹筐。从匚非聲。《逸周書》曰：'實玄黄于匪。'"《説文》："筐，車笭也。从竹匡聲。"根據《説文》可知，"匪"的本義是"古代筐類竹器名"，"筐"的本義是"車箱"。在表示"竹器"義時，假借"筐"字表示，後用"筐"字來表示"竹器"義。王筠《説文解字句讀》："匪，經典皆借筐。"可知在表示"盛物的圓形竹器"義時，"匪"和"筐"形成了古本字與後造本字的關係。可以證明孫奭注釋的合理性。

例（4）中指出"翅"和"啻"古字通用。《説文》："啻，語時不啻也。从口帝聲。一曰啻，諟也。讀若鞮。""翅"字常用義是"翅膀"。孫奭注釋該句原文爲"取食之重者與禮之輕者而比之，奚翅食重？""翅"在句中爲"副詞，衹，僅"義，應該爲"啻"字，該處用了假借字"翅"。趙岐注："翅，辭也。"可知"翅"在此處是一個虛詞。

（三）史料筆記中的“古今字”研究

1. 洪邁的《容齋隨筆》

（1）【字省文】今人作字省文，以禮爲礼，以處爲処，以與爲与，凡章奏及程文書册之類不敢用，然其實皆《説文》本字也。許叔重釋“礼”字云“古文”，“処”字云“止也，得几而止，或從處”，“与”字云“賜予也，与、與同”。然則當以省文者爲正。（《容齋隨筆》卷五）

（2）説讀曰悦，繇讀曰徭，鄉讀曰嚮，解讀曰懈，與讀曰豫，又讀曰歟，雍讀曰壅，道讀曰導，畜讀曰蓄，視讀曰示，艾讀曰乂，竟讀曰境，飭與勅同，繇與由同，歐與驅同，晻與暗同。婁古屢字，墜古地字，饢古餉字，犇古奔字之類。（《容齋隨筆》卷十二）

例（1）中洪邁指出了三組“古今字”：“禮”和“礼”，“處”和“処”，“與”和“与”。洪邁指出這些今字都是在古字基礎上“省文”而來。《説文》：“禮，履也，所以事神致福也。从示、从豐，豐亦聲。礼，古文禮。”《説文》：“処，止也。得几而止。从几从夂。處，処或从虍聲。”《説文》：“與，黨與也。从舁从与。𢎥，古文與。”《説文》：“与，賜予也。一勺爲与。此与與同。”根據《説文》可知，這些字在《説文》中都有，“礼”爲“禮”的古文形體字，“処”爲“處”的或體字，“與”和“与”爲不同義的字，但是洪邁認爲今人所用的字皆是在原字形基礎上省文而來。

例（2）中指出四組：“婁”和“屢”，“墜”和“地”，“饢”和“餉”，“犇”和“奔”。《説文》：“婁，空也。从母、中、女，空之意也。一曰婁，務也。𡚼，古文。”《説文新附》：“屢，數也。案：今之婁字本是屢空字，此字後人所加。从尸，未詳。”可知“婁”是表“婁

109

空"義的本字，後假借表示"多次"義的"屢"字來表示。《説文》："地，元气初分，輕清陽爲天，重濁陰爲地。萬物所陳列也。从土也聲。隍，籀文地从隊。"可知"隍"是"地"的籀文形體字。《説文》："饢，周人謂餉曰饢。从食襄聲。"《説文》："餉，饢也。从食向聲。"根據《説文》可知，周時用"饢"表示"食物"，後來皆用"餉"字來表示。《説文》："奔，走也。从夭，賁省聲。與走同意，俱从夭。"在《漢語大字典》中收録的"奔"的古文形體字在居延簡甲一八六二A中爲"𣥠"①，"犇"所收録的形體同樣是居延簡甲一八六二A中爲"𣥠"②，可見"犇"爲"奔"的古時形體字。

2. 陳師道的《後山談叢》

　　《爾雅》："哉，始也。"注云：《尚書》"三月哉生魄。"《釋文》云："亦作裁。"疏云："**古文**作才，以聲近借爲哉始之哉也。"余按《説文》："才，草木之初生也"，"哉，言之間也"，當作才，非借也。又按《集韻》云："繒一入色曰纔"，借作才，非是。(《後山談叢》)

　　該例中指出"才"和"哉"在表示"時間，相當於才"義時形成了古今字關係。《説文》："哉，言之閒也。从口𢦏聲。""哉"本義是虚詞。《説文》："才，艸木之初也。从丨上貫一，將生枝葉。一，地也。凡才之屬皆从才。"段玉裁注："才，引申爲凡始之稱。"王筠《説文解字句讀》："凡始義，《説文》作才，亦借材、財、裁，今人借纔。"可見"才"的本義是"草木之初"，後引申爲"始"義。《書·康誥》：

---

① 漢語大字典編輯委員會編《漢語大字典》(第二版)，崇文書局、四川辭書出版社，2010，第533頁。

② 漢語大字典編輯委員會編《漢語大字典》(第二版)，崇文書局、四川辭書出版社，2010，第1813頁。

“惟三月哉生魄。”孔傳：“周公攝政七年三月始生魄，月十六日明消而魄生。”根據孔安國的注釋可知，在該句中，“哉生魄”即爲“始生魄”，“哉”的意思爲“始”，假借“才”字來表示。所以在表示“始”義時，古用“才”，後用借字“哉”。

3. 陸游的《老學庵筆記》

今人書某爲厶，皆以爲俗從簡便，其實**古某字**也。《穀梁》桓二年蔡侯鄭伯會於鄧，范甯注：曰鄧厶地。陸德明釋文曰：不知其國，故云厶地，本又作某。（《老學庵筆記》卷六）

該例中指出“某”和“厶”爲古今字。《説文》：“某，酸果也。从木从甘。闕。槑，古文某从口。”徐灝《注箋》：“‘某’即今酸果‘梅’字。因假借爲‘誰某’，而爲借義所專，遂假‘梅’爲之。”《説文》：“厶，姦衺也。韓非曰：‘蒼頡作字，自營爲厶。’凡厶之屬皆从厶。”可見二字本義都和今天的“某某”義無關，“某”本義是“酸果”，後被假借來表示“某某”義，其本義不用；“厶”本義爲“個人的，自己的”，後來也假借來表示“某某”義。《穀梁傳·桓公二年》：“蔡侯、鄭伯會于鄧。”晋范甯注：“鄧，厶地。”陸德明釋文：“本又作某。不知其國，故云厶地。”陸德明也指出了“厶”又作“某”，祇是没有説明二字爲古今字。

4. 吴曾的《能改齋漫録》

（1）於鐙下乃作此鐙字。今《廣韻》以鐙爲鞍鐙之鐙，豈**古**多借字耶，覺《廣韻》云出《字林》，殆後人所撰耳。《廣韻》别出一橙字，注云“几橙”，其義亦通。（《能改齋漫録》卷二）

（2）婦女以姐爲稱。《説文》曰嫭字或作姐，**古字**假借也，子也切。近世多以女兄爲姐，蓋尊之也。（《能改齋漫録》卷二）

（3）魋髻而左言或鏤膚而鑽髮，**古**多借字，以魋爲椎，以結爲髻。（《能改齋漫録》卷五）

（4）鹽池字，從鹽省古聲，然則鹽是鹽之名。鹽雖是鹽，唯此池之鹽，獨名爲鹽，餘鹽不名鹽也。陸德明釋音云：音古鹽也，予按**古今**文士用鹽字，無鹽鹽之別。雖《魏都賦》墨井鹽池，元滋素液，政用鹽池事，亦作鹽字。（《能改齋漫録》卷五）

（5）干櫓字，《復古編》以櫓字或作樐。賈誼《過秦論》"伏屍百萬，流血漂鹵"。乃知**古**樐字無木，後人增之耳。故《文選》孔璋《檄吳將校部曲文》引"伏屍千萬，流血漂樐"止作從木，與《史記》、前漢《過秦論》鹵字不同。（《能改齋漫録》卷七）

例（1）中指出在表示"馬鐙"義時古假借"凳子"的"凳"來表示。《説文》："鐙，錠也。从金登聲。"其本義是"古代照明的器具"，後用來表示"鞍鐙"，"凳"本義是一種坐具，也被假借來表示"馬鐙"義。吳曾認爲，在表示"馬鐙"義時，"凳"和"鐙"形成了古今字關係。

例（2）中指出"嬭"和"姐"古字假借。《説文》："嬭，嬌也。从女虘聲。"《説文》："姐，蜀謂母曰姐，淮南謂之社。从女且聲。"根據《説文》可知，"嬭"本義爲"驕"，"姐"本義爲"母親的別稱"，後假借來表示"婦女的通稱"，後專指"同父母且比自己年齡大的女子"。根據吳曾的注釋，在表示"婦女通稱"義時，假借"嬭"字來表示，"嬭"和"姐"爲古今字關係。

例（3）中指出古多借"魋"表示"椎"，借"結"表示"髻"。《説文》："魋，神獸也。从鬼隹聲。"《説文》："椎，擊也。齊謂之終葵。从木隹聲。""魋"的本義是一種"神獸"，"椎"的本義是"錘擊的器具"。該例中吳曾指出在表示"椎形的髮髻"義時，假借"魋"字來表示。清朱駿聲《説文通訓定聲·履部》"魋，假借爲椎"也指出了二字關係。《説文》："結，締也。从糸吉聲。"《説文新附》："髻，總髮也。從髟吉聲。古通用結。""結"的本義就是"打結","髻"的本義是"髮結",吳曾認爲在表示"髮結"義時,假借"結"表示"髻"義。李楨《說文逸字辨證》:"髻,古作結。西漢以前無作髻者。"李楨也指出了二字的古今關係。

例（4）中指出"鹽"和"鹽"爲古今字。《説文》:"鹽,河東鹽池。袤五十一里,廣七里,周百十六里。從鹽省,古聲。"《説文》:"鹽,鹹也。從鹵監聲。古者,宿沙初作煑海鹽。凡鹽之屬皆從鹽。""鹽"的本義是"古代鹽池名","鹽"的本義是"食鹽"。吳曾認爲在表示"鹽池"義時本用"鹽",後用"鹽"字來表示。

例（5）中指出"鹵"和"櫓"在表示"漂櫓"義時爲古今字。《説文》:"鹵,西方鹹地也。從西省,象鹽形。安定有鹵縣。東方謂之庳,西方謂之鹵。凡鹵之屬皆從鹵。"《説文》:"櫓,大盾也。從木魯聲。樐,或從鹵。""鹵"本義是"鹽鹹地",後假借來表示"大盾、盾牌"義。二字都是來母魚部字,所以"鹵"和"櫓"因假借形成了古今字。

5.周密的《齊東野語》

古字禄與角字通用,故《樂書》作觼,鄭康成於禮書角皆作禄。
（《齊東野語》卷五）

該例中指出"禄"和"角"在表示"姓"義時古字通用。《説文》:"禄,福也。從示,録聲。""禄"字本義爲"福禄"義,假借來表示"複姓"。《通志·氏族略三》:"角氏,亦作角里氏。"《史記·留侯世家》司馬貞《索隱》引《陳留志》作"角里先生",又引孔安國《秘記》作"禄里"。

6.姚寬的《西溪叢語》

（1）《周易》遯卦:"肥遯,無不利。"肥字古作𦘔,與古蜚字

相似，即**今**之飛字，後世遂改爲肥字。(《西溪叢語》卷上)

（2）康回無道，淫失佚甚音耽亂，宣夆古侈字竟從縱，變輸渝盟刺。(《西溪叢語》卷上)

（3）按：《玉篇》食字部有餂字，注"音達兼反，**古**甜字。"(《西溪叢語》卷上)

例（1）中指出"飛"和"肥"古字通用，"邔"和"肥"古字通用。《説文》："肥，多肉也。从肉从卩。"《説文》："飛，鳥翥也。象形。凡飛之屬皆从飛。""肥"的本義是"肉多"，後假借來表示"飛"義。在《國語·吳語》中有"建肥胡，奉文犀之渠"。汪遠孫發正："肥，古與飛通。"《法言·重黎》："至蠡策種而遁，肥矣哉！"劉師培補釋："此肥字亦與飛同。"有用例可以説明二字的關係。

例（2）中指出"夆"和"侈"字爲古今字。《説文》："侈，掩脅也。从人多聲。一曰奢也。"《説文》："奢，張也。从大者聲。凡奢之屬皆从奢。夛，籒文。""夆"爲"奢"的籒文形體字。姚寬指出"夆"爲"侈"的古字。《文選·張衡〈西京賦〉》："有馮虛公子者，心夆體忕，雅好博古。"李善注："《聲類》曰：夆，'侈'字也。"李善也指出"夆"爲"侈"字，但没説明二字的古今關係。

例（3）中指出"餂"和"甜"爲古今字關係。《説文》："甛，美也。从甘从舌。舌，知甘者。"姚寬的意思是"餂"爲表示"甘甜"義的古字。《玉篇·食部》："餂，《字書》：'古文甛字也。'甛，美也；甘也。"

7. 趙彦衛的《雲麓漫鈔》

《漢郎中鄭固碑》有云"逡遁退讓。"遁即循字，蓋**古字**少，借用，非獨此一碑也。(《雲麓漫鈔》卷九)

該例中指出古借用“循”字表示“遁”字的“退讓”義。《説文》：“循，行順也。从彳盾聲。”《説文》：“遁，遷也。一曰逃也。从辵盾聲。”可知，“循”的本義是“順着，沿着”，“遁”的本義是“遷移，逃跑”。“逡遁”有“退讓”義，所以“遁”也表示“退讓”，後又假借“循”表示“退讓”。

本節我們分類考察了宋代的“古今字”研究，其材料多見於小學專書中，包括多部韻書和字書，少數散布於隨文注釋和史料筆記中。該時期的“古今字”研究比較活躍，在不同材料的注釋中都有廣泛運用：小學專書如《集韻》《廣韻》《類篇》《重修玉篇》《班馬字類》等，傳注類注疏如朱熹《四書集注》《楚辭集注》，義疏類訓詁如孫奭《孟子注疏》，音義類訓詁如孫奭《孟子音義》等，還有史料筆記中少量對某個漢字使用情況的歸納與總結。從數量上看，該時期訓注數量相當可觀，達到了宋元明之最。從訓釋方式來看，也較前代繁多。從總體上看，宋代是“古今字”學術史中繼承與發展的時代，既沿襲了前代的研究傳統，又有了該時期獨特的研究載體，更重要的是有了一些敢於打破傳統的注釋家。所以，總的來看，宋代是宋元明時段内“古今字”研究最爲繁榮的時期。

五 金代的“古今字”研究

金代（1115~1234）是中國歷史上由女真族建立的北方政權。女真原爲遼朝臣屬，天慶四年（1114），金太祖完顔旻統一女真諸部後起兵反遼，於翌年在上京會寧府建都立國，國號“大金”，建元收國。於1125年滅遼朝，兩年後再滅北宋。貞元元年（1153），海陵王完顔亮遷都中都大興府。金世宗、金章宗統治時期，金國政治文化達到巔峰，金章宗在位後期由盛轉衰。金章宗即位後，内部政治腐敗、民不聊生，外受大蒙古國南侵，被迫遷都汴京。1234 年，金朝在南宋和蒙古南北夾擊下覆亡。

《五音集韻》是金韓道昭所作的一部韻書。韓道昭字伯暉，真定松水人。據《至元庚寅重刊改併五音集韻》的第一篇序，作序的時間是金衛紹王崇慶元年（1212），較劉淵《壬子新刊禮部韻略》的成書刊行還早 40 年。全書分 160 韻，比《廣韻》少 46 韻，比《壬子新刊禮部韻略》多 53 韻。平聲共 44 韻，上聲 43 韻，去聲 47 韻，入聲 26 韻。我們收集到該書中的"古今字"材料共有 2079 條，注釋術語主要有"古作""古文""今文""今作"。

（1）【忽】倉紅切，遠也。**古作**悤。俗作悤。（《五音集韻》卷一）

（2）【豐】敷弓切。大也。多也。茂也。盛也。又酒器豆屬。又姓，鄭公子豐之後。**古作**豐。（《五音集韻》卷一）

（3）【隨】旬爲切。從也。順也。又姓，《風俗通》云"隨侯之後，漢有博士隨何，漢有扶風隨蕃"。**古作**隨、遀、追。（《五音集韻》卷一）

（4）【嗟嘆】《易》"大耋之嗟"，王肅讀，**古作**嘆字。（《五音集韻》卷四）

（5）【公】古紅切。通也。父也。正也。共也。官也。【谷】**古文**。（《五音集韻》卷一）

（6）【農䢉】奴冬切。田農也。【𦰰晨𦦕】**並古文**。（《五音集韻》卷一）

（7）【戲】**古文**呼字。（《五音集韻》卷二）

（8）【奔】博昆切。奔走也。《説文》作"奔"。堂上謂之步，

門外謂之趨,中庭謂之走,大路謂之奔。**今文省作奔**。(《五音集韻》卷三)

(9)【聿】餘律切。循也。遂也。述也。《説文》曰“所以書也。楚謂之聿,吳謂之不律,燕謂之弗,秦謂之筆”。又《説文》“詮詞也”。本作欥,从欠曰,曰亦聲。徐曰“詮理也”。理其事之詞也。一曰發聲,引詩欥求厥寧。**今文作聿**。(《五音集韻》卷十四)

(10)【粦燐】力珍切。鬼火。《説文》曰“兵死及牛馬之血爲粦”。**今作粦**。(《五音集韻》卷三)

(11)【熛熛熛】撫招切。《説文》曰“火飛也”……**今作票**。(《五音集韻》卷四)

例(1)中指出“悤”和“怱”爲古今字。《説文》:“悤,多遽悤悤也。从心、囱,囱亦聲。”《正字通·心部》:“悤,隸作怱。”《史記·龜策列傳》:“陰陽相錯,悤悤疾疾。”由此可知,“悤”的本義是“急遽;急速”。《集韻·東韻》:“怱,古作悤。”《字彙·心部》:“怱,與悤同。”可見,在表示“急遽;急速”義時,古用“悤”字,後作“怱”字。

例(2)中指出“豐”和“豐”爲古今字。《説文》:“豐,豆之豐滿者也。从豆,象形。一曰《鄉飲酒》有豐侯者。凡豐之屬皆从豐。豐,古文豐。”根據《説文》可知“豐”爲“豐”的古文形體字,具體在哪個義項上形成古今字不得而知,有多個義項:“大也;多也;茂也;盛也;又酒器豆屬;又姓,鄭公子豐之後。”

例(3)中指出“隋、遀、追”和“隨”爲古今字。《説文》:“隨,从也。从辵,墮省聲。”《説文》:“追,逐也。从辵自聲。”《集韻·支韻》:“隨,《説文》:‘从也。’古作隋、遀、追。”《集韻》的意思是在表示“順從”義時,“隨”古作“隋、遀、追”。《五音集韻》中沒有説明在哪個義項上這幾個字爲古今字,《五音集韻》很有可能承襲了《集韻》的注釋。

例（4）中指出"墅"和"嗟"爲古今字。《字彙補·長部》："墅，《易》：'大聲之墅。'見王肅本，又見《集韻》。今時本作嗟。"《五音集韻》和《集韻》《字彙補》一致。

例（5）中指出"谷"是"公"的古文形體字。《説文》："公，平分也。从八从厶。（音司。）八猶背也。韓非曰：背厶爲公。"《集韻·東韻》："公，古作谷。"《五音集韻》和《集韻》一致。

例（6）中指出"蓐農曲"皆爲"農農"的古文形體字。《説文》："農，耕也。从晨囟聲。蓐，籀文農从林。爾，古文農。蓐，亦古文農。"根據《説文》可知，"蓐農"爲"農"的古文形體字。《集韻·冬韻》："農，古作曲。"《五音集韻》結合了《説文》和《集韻》的説法。

例（7）中指出"戲"爲"呼"的古文形體字。《説文》："戲，三軍之偏也。一曰兵也。从戈虍聲。"《説文》："呼，外息也。从口乎聲。"《廣韻·模韻》："戲，古文呼字。"又《支韻》："戲，於戲，歎辭。"唐顔師古《匡謬正俗·烏呼》："烏呼，嘆辭也。或嘉其美，或傷其悲，其語備在《詩》《書》，不可具載。但古文《尚書》悉爲'於戲'字，今文《尚書》悉爲'嗚呼'字，而《詩》皆云'於乎'字。中古以來，文籍皆爲'嗚呼'字。"《禮記·大學》：《詩》云：'於戲，前王不忘'。"孔穎達疏："於戲，猶言嗚呼。""戲"的本義是"偏師，中軍的側翼"。"呼"的本義是"呼吸"。根據《尚書》《禮記》的這些注釋可知，在表示"嗚呼"義時，假借"於戲"字來表示，是作爲聯綿詞整體借用的，和原來兩個字的本義没有一點關係。

例（8）中指出"奔"爲"犇"的省形字。《説文》："奔，走也。从夭，賁省聲。與走同意，俱从夭。""犇"爲"奔"的小篆形體字，"犇"的隸定字。"奔"確爲"犇"的省形字。

例（9）中指出"欥"和"聿"爲古今字。《説文》："聿，所以書也。楚謂之聿，吳謂之不律，燕謂之弗。从聿一聲。凡聿之屬皆从聿。”《説文》：“欥，詮詞也。从欠从曰，曰亦聲。《詩》曰：‘欥求厥寧。’”“聿”的本義是“筆”，“欥”的本義是“語氣詞”。《玉篇·聿部》：“聿，辭也。”《書·湯誥》：“聿求元聖，與之勠力。”《詩·唐風·蟋蟀》：“蟋蟀在堂，歲聿其莫。”《後漢書·文苑傳·傅毅》：“二志靡成，聿勞我心。”李賢注：“聿，辭也。”根據《玉篇》《尚書》《詩經》等書的注釋，可以知道《五音集韻》的意思是在表示“助詞”義時，用“聿”字，不用“欥”字。

例（10）中指出“㷠燐”和“粦”爲古今字關係。《説文》：“㷠，兵死及牛馬之血爲粦。粦，鬼火也。从炎、舛。”邵瑛《説文群經正字》：“今經典作燐。㷠既从炎旁，又加火，贅。後人以炎變作米，故又加火也。”《五音集韻》的意思是在表示“鬼火”義時，“㷠燐”今作“粦”。《廣韻·真韻》“㷠，今作粦”也説明了“㷠”和“粦”的關係。

例（11）中指出“熛票熛”三字今都作“票”。《説文》：“熛，火飛也。从火，納與舉同意。”邵瑛《説文群經正字》：“熛，隸變作‘票’，而‘火飛’之‘熛’，俗又加火旁作‘熛’。”《字彙·火部》：“票，火飛也。”《正字通·火部》：“票，同熛，俗省。”《説文》：“熛，火飛也。从火票聲。讀若摽。”四字都表示“火飛”義，“票”爲“熛”的隸定字，在《漢印》中就有“熛”和“票”的形體，分別爲“㸙”“票”。《説文》中同時有“熛”和“熛”字，可見四字都表示“火飛”義，後來用一個“票”字來表示。

以上我們主要介紹了金代的一部韻書《五音集韻》，該書性質類似於遼代的《龍龕手鑑》，在古今字研究方面，主要搜集某字的不同古今字形，至於在哪個義項上形成古今字，並不具體去闡釋。有的我們可以根據具體用例去判斷其義項，沒有用例的我們就很難判斷到底在哪個義項上形成了古今字。

六 元代的"古今字"研究

元朝（1271~1368）是由蒙古族建立的王朝，定都大都（今北京），傳五世十一帝，歷時九十八年。成吉思汗統一漠北後，大蒙古國開始對外擴張，先後攻滅西遼、西夏、花剌子模、東夏、金國等國。蒙哥汗去世後，引發了阿里不哥與忽必烈的汗位之争，1260年忽必烈即汗位，建元"中統"。1271年，忽必烈取《易經》"大哉乾元"之意改國號爲"大元"，次年遷都燕京，稱大都。1279年，元軍在崖山海戰滅南宋統一中國，結束了自五代十國以來的分裂局面。元朝統一中國後持續對外擴張，但在出海征戰日本和東南亞諸國時屢遭失利。元中期皇位更迭頻繁，政治始終未上正軌。後期政治腐敗，權臣干政，民族矛盾與階級矛盾日益加劇，導致元末農民起義。1368年，朱元璋稱帝，建立明朝，隨後北伐驅逐元廷，攻占大都，元朝滅亡。

（一）小學專書中的"古今字"研究

1. 周伯琦《説文字原》

《説文字原》爲元代周伯琦所著。周伯琦（1298~1369），字伯温，號玉雪坡真逸，元初饒州（今江西鄱陽）人。該書是一部專門研究《説文解字》部首的書，周伯琦在《説文解字》部首的設立、排列及形義分析上提出了自己的一些新見解和新認識。周伯琦對《説文》部首本義以及引申義的探究，更多是爲了探究文字的本原，追溯文字産生、發展、變化的源流。我們收集到該書的"古今字"材料有105條，其注釋術語主要有“古某字”“古文”，例如：

（1）【皀】穀之馨香也。**古**香字，象嘉穀在裹中之形，虚良切，鄉字中从此古款識皆以爲香字，舊音皮，及非切。

（2）【勹】胎衣也。象形，**古文**胞字，布交切，隸作包。

（3）【屮】艸木初生也。象形，**古**艸字，采早切，《史記》《漢書》皆用作艸字，蓋古文屮、艸通用，後人音丑列切，隸作徹。

例（1）中指出“皀”和“香”爲古今字。《説文》：“香，芳也。从黍，从甘。《春秋傳》曰：‘黍稷馨香。’凡香之屬皆从香。”《説文》：“皀，穀之馨香也。象嘉穀在裹中之形。匕，所以扱之。或説皀，一粒也。凡皀之屬皆从皀。又讀若香。”根據《説文》可知，“皀”專指“稻穀的香氣”，“香”指“氣味芬芳”，所以《説文字原》中説“皀”和“香”在表示“穀之馨香”義時爲古今字關係。

例（2）中指出“勹”和“胞”爲古今字。《説文》：“勹，裹也。象人曲形，有所包裹。凡勹之屬皆从勹。”《説文》：“胞，兒生裹也。从肉从包。”周伯琦指出，在表示“胎衣”義時，“勹”是“胞”的古文形體字，後來都作“包”。

例（3）中指出“屮”和“艸”爲古今字。《説文》：“屮，艸木初生也。象丨出形，有枝莖也。古文或以爲艸字。讀若徹。凡屮之屬皆从屮。尹彤説。”《説文》：“艸，百芔也。从二屮。凡艸之屬皆从艸。”《廣韻·晧韻》：“草，《説文》作艸，百卉也。經典相承作草。”根據《説文》可知，在表示“草木初生”義時，“屮”爲“艸”的古文形體字。《荀子·富國》：“刺屮殖穀，多糞肥田，是農夫衆庶之事也。”楊倞注：“屮，古草字。”該用例説明了二字的古今關係。

2. 熊忠的《古今韻會舉要》

黄公紹於元世祖至元二十九年（1292）前後編過一部《古今韻

會》。這是一部徵引典故很多，很注重訓詁的書。但其未能刊行，今已不傳。黄公紹的同鄉熊忠嫌《古今韻會》注釋太繁，在元成宗大德元年丁酉（1297）編成《古今韻會舉要》。參照劉淵的《壬子新刊禮部韻略》，共分107韻，和106韻相比，多了一個“拯”韻。熊忠字子中，昭武人。該書處在《切韻》音系韻書和《中原音韻》之間，具有承上啓下的作用，在語音史上具有重要的地位。我們搜集到的該書中的注釋者有晁補之、熊忠、丁度、丘雍、陳彭年，各家注釋術語有所不同：晁補之以“古文”“古某字”爲主，丁度以“古作”“古文”爲主，熊忠以“古文”“今文”“今某字”“古作”“今作”“古某字”“今借”“今俗作”“今書作”“今通作”爲主，丘雍、陳彭年以“古作”爲主，例如：

（1）【哉】將來切。商清音。《説文》“哉，言之間也。从口𢦧聲。本作𢦦。隸省作哉”。徐案：孔子：“君子哉若人”，是爲間隔之詞也。柳宗元曰：“疑辭也。”《論語》：“有是哉？”《增韻》：“又嘆辭也。”“大哉！堯之爲君也。”“洋洋乎盈耳哉！”一曰始也，《爾雅》“初、哉、首、基，皆訓始也”。《集韻》**古作才**。《尚書》“往哉汝諧”古文作“往才汝諧”。（《古今韻會舉要》卷四）

（2）【肱】昆弘切。音與東韻公同，《説文》肱臂上也，本作厷，从又从厶。徐曰“臂上一節也。指事。古文厶字。象形”。徐曰“此云象也。直學人曲肱而枕之”。**今文**从月。作肱。（《古今韻會舉要》卷九）

（3）【擒】《説文》本作捦。急持衣衿也。从手金聲。**今作**擒。《集韻》或作撳扲。通作禽。《左傳》“不禽二毛”。《易》“田有禽”，注本作擒。晁曰“禽古文作擒”。（《古今韻會舉要》卷十）

（4）【退】吐内切。音與泰韻娧同，却也。本作復。从彳日夊。**古文**从辵。作逯。徐曰。日夕乞出是退也。《史記》“君子以嘛逯爲禮”，

隸从古作退。一曰行遲。《説文》或作逊。《集韻》亦作衲。(《古今韻會舉要》卷二十)

(5)【冬】都宗切。音與東同。《説文》𠔣四時盡也。本作𠔣从仌、夂。夂，**古終字**。仌，**古冰字**。《白虎通》曰仌，霜冬之候也。隸作冬。《記·樂記》冬藏也。又姓。前燕有司馬冬壽。《説文》古作㚏。(《古今韻會舉要》卷一)

(6)【移】余支切。羽次濁音。《説文》遷徙也。本作迻。从辵多聲。**今借作**移。《廣韻》又易也。延也。又官曹公府不相臨敬，則爲移箋表之類也。韓愈詩“拜疏移閤門”，注謂：“移狀請對，如張安世移病劉歆移書太常，通作施。”《衛綰傳》劒，人之所施易。如淳曰：施讀曰移，《荀子》“充虛之相施易也”，注讀曰移。《集韻》古作栘。或作袲敾。(《古今韻會舉要》卷二)

(7)【星】桑經切。商次清音。《説文》“萬物之精上列爲星。本作曐。从晶生聲”。徐曰“古作曐”。品象星形，點注其中，偶與晶同。**今省作星**。《春秋説題》云：星之爲言精也。陽之榮也。陽爲日，日分爲星，故其字曰生爲星。《釋名》云：散也，言列位布散也。《前天文志》星者金之散氣，其本曰人。孟康曰：星石也。金石相生，人與星氣相應，又南方宿名，二十八宿皆星，惟謂南方中星爲星者。以星爲陽精，南方之中得陽之正，又壽星次名。又《爾雅》祭星曰：布散食地上，取其象之布。又姓。唐武后作〇。(《古今韻會舉要》卷九)

(8)【備】平秘切。音與髮同。《説文》具也。本作葡。从用，苟省。苟音亟。急則葡也。隸作葙。**今文通作**備。《廣韻》防也。成也。皆也。副也。成也。《增韻》預辦也。《説文》**古作**俻。慎也。毛氏曰**今俗作**偹。(《古今韻會舉要》卷十七)

(9)【晨】《説文》早昧爽也。本作晨。从臼从辰。辰亦聲。㚇夕爲㶣。臼辰爲晨。徐曰：雞鳴而起，孜孜爲善。臼自，臼持也。《漢律曆志》晨星始見。注古晨字。今通作晨。《釋名》晨伸也。清旦日光復伸見也。《集韻》籀作曟，案《說文》晨房星也。从曟省，晨，早也。从臼自持也。**今**房星之晨**通作**辰。而早朝之晨又通作晨矣。(《古今韻會舉要》卷四)

（10）【剪】《說文》㔡齊斷也。从刀歬聲。本作剪。歬即前字。**今書作**剪。又刀名。杜詩“焉得并州快剪刀，剪取吴松半江水”。《爾雅》郭璞曰：南方人呼劗刀或作鬋。《前嚴助傳》“鬋髮文身之民”。通作翦。亦通作揃。《史記·蒙恬傳》周公自揃其爪沈於河，亦通鬋。《禮記》不蚤鬋，劉向《列子序》作棧，注與翦同。(《古今韻會舉要》卷十四)

（11）【烏】汪胡切。羽清音。《說文》孝烏也。象形。……又俗謂黑色曰烏。又姓。齊大夫烏枝鳴。《集韻》古作㫓，或作於。案：古文𦐄乃**今於字**。本象烏形。今但以爲歎辭及語辭字。遂無以於爲鴉烏字者矣。(《古今韻會舉要》卷三)

例（1）摘録《集韻》中所述，認爲“哉”古作“才”。《說文》：“哉，言之閒也。从口𢦏聲。”《說文》：“才，艸木之初也。从丨上貫一，將生枝葉。一，地也。凡才之屬皆从才。”可見“才”的本義是“草木之初”。“哉”的本義是虛詞，在表示虛詞義時，假借“才”字來表示。在《集韻·咍韻》中也説明了“哉”字在表示“言之閒”義時，古作“才”。

例（2）中指出“厷”和“肱”爲古今字。《說文》：“厷，臂上也。从又，从古文。𠃋，古文厷，象形。肱，厷或从肉。”《漢書·王莽傳》：“日德元厷右，司徒典致文瑞，考圜合規。”顏師古注：“厷，古肱字。”根據《說文》可知，“𠃋”爲“厷”的古文形體字，“肱”爲“厷”的或體字，三字爲古今字體演變形成的“古今字”，都可以用來表示“臂”。

例（3）中指出“捦”字今作“擒”。《説文》：“捦，急持衣裣也。从手金聲。𢲢，捦或从禁。”《古今韻會舉要》意思是在表示“急持；捉”義時，本字爲“捦”，後來用“擒”字。王筠《説文解字句讀》中解釋道：“捦，經典皆借用禽，故俗作擒。”唐玄應《一切經音義》卷十一：《三蒼》云：‘捦，手捉物也。’《埤蒼》云：‘捦，捉也，今皆作擒也。’”《埤蒼》中指出了二字的古今關係。

例（4）中指出“遟”和“復”爲古今字，《説文》：“卻也。一曰行遲也。从彳从日从夊。𢕨復或从内。𢔟古文从辵。”根據《説文》可知“遟”爲“復”的古文形體字，二字由於字體演變形成了古今字關係。

例（5）中“夂”和“終”、“仌”和“冰”爲古今字。《説文》：“終，絿絲也。从糸冬聲。𠂹古文終。”《説文》“冬”“𩆜”“汝”“螽”字下都指出了“夂，古文終字”。《説文》：“仌，凍也。象水凝之形。凡仌之屬皆从仌。”《説文》：“冰，水堅也。从仌从水。𩆋俗冰从疑。”根據《説文》可知，“仌”爲“水在0℃及以下凝結成的固體”義的本字，“冰”是表示“凝結”義的本字。而後來都用“冰”表示“仌”的本義，用“凝”表示“冰”的本義。

例（6）中“迻”和“移”爲古今字。《説文》：“迻，遷徙也。从辵多聲。”《説文》：“移，禾相倚移也。从禾多聲。一曰禾名。”可見“迻”的本義是“遷徙；移動”，“移”的本義是“禾柔弱貌”。後假借“移”字表示“遷徙；移動”義，不用其本字“迻”。二字都是以母歌部，因假借形成了古今字關係。

例（7）中指出“曑”字今省作“星”。《説文》：“曑，萬物之精，上爲列星。从晶生聲。一曰象形。从口，古口復注中，故與日同。曐，古文星。星，曑或省。”《説文》中已經説明了“曑”爲“曑”的古文形體字，“星”爲“曑”的省形字，也是“曑”的省形字。

例（8）指出“𦾶”今通作“備”；“備”的古文“俻”字，今俗作"俻"字。《説文》:"葡,具也。从用,苟省。"段玉裁注:"具,供置也。《人部》曰:'俻,慎也。'然則防備字當作'備',全具字當作'葡',義同而略有區別,今則專用'備',而'葡'廢矣。"《説文》:"備,慎也。从人葡聲。俻,古文備。"段玉裁指出了"葡"的本義是"全具","備"字的本義是"慎",後皆用"備"字表示。《説文》中指出了"俻"爲"備"字的古文形體字。《玉篇·人部》:"俻,同'備'。"《古今韻會舉要》梳理了這三個字的古今關係。

例(9)中指出在表示"早晨"義時,"晨"和"晨"爲古今字;在表示"房星"義時,"晨"和"辰"爲古今字。《説文》:"晨,早昧爽也。从臼从辰。辰,時也。辰亦聲。丮夕爲夗,臼辰爲晨,皆同意。凡晨之屬皆从晨。"《説文》:"晨,房星;爲民田時者。从晶辰聲。晨,晨或省。"《説文》:"辰,震也。三月,陽气動,靁電振,民農時也。物皆生,从乙、匕,象芒達;厂,聲也。辰,房星,天時也。从二,二,古文上字。凡辰之屬皆从辰。"根據《説文》可知,"晨"本義是"早晨","晨"是"晨"的或體字,本義是"房星"。"辰"的本義是"震動",也表"房星,天時"義。但是,現在"早晨"義用"晨"字表示,"房星;天時"義用"辰"字表示,《古今韻會舉要》説明了這幾個字之間的古今關係。

例(10)中指出"劋"和"剪"爲古今字。《説文》:"剪,齊斷也。从刀歬聲。""歬"爲"剪"的《説文》小篆形體字,"劋"爲小篆形體字的隸定字,所以"劋"今作"剪",是古今字體演變而成的。

例(11)中指出"於"和"烏"、"烋"和"於"爲古今字。《説文》:"烏,孝鳥也。象形。孔子曰:'烏,盱呼也。'取其助气,故以爲烏呼。凡烏之屬皆从烏。於,古文烏,象形。烋,象古文烏省。"根據《説文》和《漢語大字典》①的解釋可知,"烋"爲"烏"的古文形體字,

---

① 漢語大字典編輯委員會編《漢語大字典》(第二版),崇文書局、四川辭書出版社,2010,第2202頁。

"於"爲"烏"的古文省形字，這兩個字都是"烏"的古文形體字。《集韻·模韻》："烏，古作紵。"《集韻》中指出了"紵"爲"烏"的古字。《穆天子傳》卷三："比徂西土，爰居其野。虎豹爲群，於鵲與處。"郭璞注："於，讀曰烏。"《山海經·西山經》注引作"烏"。綜上，"紵、鍌、於"三字都爲"烏"的古字。

3. 李文仲的《字鑑》

《字鑑》是元代一部重要的字書，也是元代實用型字書中成就較高的。作者李文仲，元長州人，生卒年月不詳，自稱"吳郡學生"。該書不同於以往的正字書，它分別從音、形、義三方面，從誤用、俗用、慣用等多個角度去分析每一個字。收錄字頭數1090個，涉及的字遠不止這些，拓展了正字學的領域，進一步推進了元代漢字的規範化。我們搜集到該書的"古今字"材料147條，其訓釋術語主要有"古作""古某字""古文""今作""今通作""今從""今文作""今文"，例如：

（1）【窗】楚江切。《説文》"通，孔也。从穴，悤聲"。**古作囪**，象形。（《字鑑》卷一）

（2）【庶】商豫切。衆也。《説文》"从广从炗"。炗，**古光字**。（《字鑑》卷四）

（3）【申】升人切。辰名。《説文》作申。从臼，音搰。**今文作申**。凡神、坤、電、奄、曳之類從申。唯陳、史二字從古申字。（《字鑑》卷一）

（4）【淵】幺玄切。《説文》"回水也。从水。開，象形，左右岸也，中象水也"。會意。**古文作開**。（《字鑑》卷二）

（5）【自】疾二切。從也。凡邊泉皋鼻之類從自。**古省作白**。（《字鑑》卷四）

（6）【無】微夫切。《説文》作" 𣓀 ，亡也。从亡（匕），

犇聲”。**今作**無。（《字鑑》卷一）

（7）【从】疾容切。《説文》“相聽也。从二人”。**今通作**從。
（《字鑑》卷一）

（8）【隸】郎計切。僕隸。《説文》作隷，“从隶，柰聲”。篆
文作隸，**今从篆省**，俗作隸、隸。（《字鑑》卷四）

（9）【墮】徒果切。《説文》作“陊”，“落也。从阜，多聲”。
墮本篆文隓敗字，音許規切。**今文**以隓代陊，而以墮代陊，本非
其正，然相承已久，遽難改也。（《字鑑》卷三）

例（1）中指出“囱”爲“窗”的古字。《説文》：“囱，在墻曰牖，
在屋曰囱。象形。凡囱之屬皆从囱。⑩古文。窗或从穴。”《説文》：
“窗，通孔也。从穴悤聲。”《正字通·穴部》：“窗，別作窗。”《説文》
中二字都收了，《字鑑》中也沒説二字在何義上爲古今字。根據以上可
以推測：“囱”爲表示“窗户”義的本字，“窗”爲“囱”的或體字，也
是後來表示“窗户”義的常用字；“窗”又爲“窗”的別字。所以，在
表示“窗户”義時，二字爲古今字。

例（2）中“炗”和“光”爲“古今字”。《説文》：“光，明也。从
火在人上，光明意也。炎古文。灮古文。”根據《説文》可知，“炗”
爲“光”的古文形體字，《字鑑》中用“古某字”來溝通。

例（3）中“申”和“申”爲古今字。《説文》：“申，神也。七月，
陰气成，體自申束。从臼，自持也。吏臣餔時聽事，申旦政也。凡申
之屬皆从申。昌古文申。昌籀文申。”“申”的小篆形體字爲“申”，“申”
爲“申”的隸定字。《字鑑》中用“今文”來溝通。

例（4）中“𣶒”和“淵”爲“古今字”。《説文》：“淵，回水也。
从水，象形。左右，岸也。中象水皃。⑩，古文从口、水。𣶒，淵或
省水。”根據《説文》可知，“𣶒”爲“淵”的古文省形字。

例（5）中“白”爲“自”的古文省形字。《説文》：“自，鼻也。象

鼻形。凡自之屬皆从自。𦣹，古文自。"《説文》："白，西方色也。陰用事，物色白。从入合二。二，陰數。凡白之屬皆从白。𦥔，古文白。"二字的本義是毫無聯繫的，《字鑑》"凡邊泉皋鼻之類从自。古省作白"的意思是偏旁中含有"自"的一類字，"自"古省作"白"這個偏旁。

例（6）中指出"𣴦"和"無"爲古今字。《説文》："無，亡也。从亡無聲。�，奇字无，通於元者。王育説：天屈西北爲无。"《説文》"無"的小篆形體字爲"𣴦"，二字爲古今字形演變而形成的古今字。

例（7）中指出"从"和"從"爲古今字。《説文》："从，相聽也。从二人。凡从之屬皆从从。"《説文》："從，隨行也。从辵、从，从亦聲。"二字都表示"跟從；隨行"義，祇是今都用"從"字表示。段玉裁注："从者，今之從字，從行而从廢矣。"

例（8）中指出"隸、隷"爲"隸"的省形字。《説文》："隸，附箸也。从隶柰聲。𨽿，篆文隸从古文之體。"根據《説文》可知，"隸"爲"隸"的籀文形體字。《玉篇·隶部》："隷"，同"隸"。《洪武正韻·霽韻》："隸，附屬也。亦作隷。又仆隸也。俗作隷。"《字鑑》的意思也是在表示"奴僕"義時，本作"隷"，籀文爲"隸"，現俗作"隸、隷"二字。

例（9）中指出"陊"和"隓"、"陊"和"墮"爲古今字。《説文》："陊，敗城自曰陊。从自㢟聲。𨼐，篆文。"《廣韻·支韻》："陊，《説文》：'敗城自曰陊。'隓，俗。"根據《廣韻》的注釋，"隓"爲"陊"的今俗字。《説文》："陊，落也。从自多聲。"段玉裁注："今字假墮爲陊。"可見"陊"字爲表示"墜落"義的本字，今用"墮"字來表示，二字都屬於定母歌部字，因假借形成古今字。

（二）隨文注釋中的"古今字"研究

吳師道（1283~1344），字正傳，元婺州蘭溪（今屬浙江）人。至治元年進士，授高郵縣丞，再調寧國路録事。遷池州建德縣尹。召爲國子助教，尋升博士。其爲教一本朱熹之旨，而遵許衡之成法。後因丁内憂而歸，以奉議大夫、禮部郎中致仕，終於家。師道弱冠，因讀宋儒真德秀遺書，乃幡然有志於爲己之學。嘗以持敬致和之説質於同郡許謙，謙答以理一分殊之旨，由此造履益深。其學大抵務在發揮義理，而以辟異端爲先務。所著有《易詩書雜説》《春秋胡傳附辨》《戰國策校注》《敬鄉録》及文集二十卷。我們收集到的材料主要是《戰國策校注》中吴師道對"古今字"的注釋，共13條，注釋術語主要是"古某字""古本字""古字某"，例如：

（1）【齊人戎郭、宋突謂仇郝曰：不如盡歸中山之新地】元作坓，武后時字耳。今並從古，此謂扶柳。正曰：姚云實萆《唐史釋音》：坓，**古地字**，見《戰國策》。今策中間作坓，安知非自武后時傳寫相承，如臣作㤽之類。然古文乃作垔。又《鶡冠子》《亢倉子》皆有坓字，恐有自來。愚按：鄭氏書暑籀文地作垔，武后蓋有所本，意本書垔，而後轉從坓歟？後多此字，以義通不復出。（《戰國策校注》趙卷第六）

（2）【周君大悦，曰：子苟能，寡人請以國聽。蘇代遂往見韓相國公仲】中，正曰：**古仲字**省。補曰：《索隱》云公仲侈，裴駰云相國秦官韓。（《戰國策校注》西周卷一）

（3）【柏】〔元作伯〕正曰：古字通古今人表栢虎、栢益、柏樂之類。（《戰國策校注》燕卷第九）

（4）【周烈王崩，諸侯皆弔。齊後往，周怒赴於齊曰：天崩地拆，天子下席】……補曰：正義云：赴，告也。今文作訃。（《戰國策校注》趙卷第六）

例（1）中指出"坓"和"地"爲古今字。吴師道對《唐書音義》

中指出"埊，古地字"有所懷疑，他認爲"埊"字並不是唐武后時所製，因爲在《戰國策》中已見該字，武后時傳寫相承。他認爲"地"的籀文形體字應該是"坔"，祇是後來轉寫爲"埊"，多用"埊"字導致"坔"字不再使用。

例（2）中指出"中"爲古"仲"的省形字。《説文》："中，内也。从口。丨，上下通。ψ，古文中。ψ，籀文中。"《説文》："仲，中也。从人从中，中亦聲。"段玉裁注："古中、仲二字互通。"根據《説文》和段玉裁的注釋可知，"中""仲"二字本義相通。吳師道注釋中是認爲在表示人名義時，"中"爲"仲"的省形字，和二字本義無關。羅振玉《增訂殷虚書契考釋》："古伯仲但作白中，然與中正之中非一字。後人加人以示別。許書列之《人部》者，非初形矣。"羅振玉的解釋和吳師道是相一致的。

例（3）中指出"柏"和"栢"字古字通用。《説文》："柏，鞠也。从木白聲。""柏"的本義是一種木名。吳師道指出，二字在表示人名時，古字通用。《姓觽·陌韻》："柏，或作栢。《姓考》云：古帝柏皇氏之後，黄帝臣柏常，顓頊師，柏亮父。帝嚳師柏昭，周穆王臣柏天，或其後也。"

例（4）中指出"赴"和"訃"爲古今字。《説文》："赴，趨也。从走，仆省聲。""赴"的本義是"趨奔"，後引申出"告喪"義，"告喪"義後來派生了新詞，也分化出新的本字"訃"，專門表"訃告"義。吳師道的意思就是在表示"告喪"義時，"赴"爲古字，"訃"爲今字，兩者屬於源本字和分化本字的關係。

本節我們主要介紹了元代對古今字的研究，該時期訓詁注釋集中在小學專書如《古今韻會舉要》《説文字原》《字鑑》和吳師道的隨文注釋中。其中以《古今韻會舉要》爲重，該書雖是一部韻書，但其内容紛繁，既溝通文字源流，又説明經傳之假借，既厘正字體，又引經傳注古時善本，然後證今本之訛，其中涉及的古今字既有由於古今字體演變形成的，又有由於文字假借形成的，既有造字形成的，又有用字形成的，引證全面。

七　明代的"古今字"研究

　　明朝（1368~1644）是中國歷史上最後一個由漢族建立的大一統王朝。公元 1368 年，明太祖朱元璋在南京應天府稱帝，國號大明。因明朝的皇帝姓朱，故又稱朱明。明初定都於應天府，1421 年遷都至順天府，而在應天府設立南直隸。明初歷經洪武之治、永樂盛世、仁宣之治等治世，國力強盛，政治清明。中期經土木之變由盛轉衰，後經弘治中興、萬曆中興，國勢復振，後期因政治腐敗和天災外患導致國力衰退，爆發明末農民起義。1644 年，李自成攻入北京，明思宗於煤山自縊殉國，明朝滅亡。

　　明代手工業和商品經濟繁榮，出現商業集鎮和資本主義萌芽，文化藝術呈現世俗化趨勢。明朝是繼漢唐之後長治久安的大一統中原王朝。明代無漢之外戚、唐之藩鎮、宋之歲幣，天子守國門，君王死社稷。清朝官方評價明朝爲"治隆唐宋""遠邁漢唐"。

　　明末文字、音韻、訓詁之小學在朱熹等人的崇古與創新相結合的治學態度影響下大有進展，如梅膺祚的《字彙》、張自烈的《正字通》等，它們既繼承了《説文》系列字書的傳統，又在編排和解釋方面都有較大的改進和創新。朱謀瑋《駢雅》和方以智《通雅》等，雖屬雅書系統，但《駢雅》將《爾雅》《廣雅》之釋訓擴爲專書，開創了以偶釋偶的複合詞專書體例。《通雅》則突破了《爾雅》的範圍，以經史爲主，兼含文字音韻訓詁之學，廣博近乎類書的大型詞典。陳士言《俚言解》、張存紳《雅俗稽言》及李實《蜀語》，都是對方言俗語的研究。黃生的《字詁》和《義府》，更是綜合性的訓詁成果。該書無論是解字，還是注釋經史子集等文獻詞句，都能引證精詳、立意新奇而多發明，這是他繼承了漢學無徵不信的樸實學風，又發明了宋明時代疑古創新的結果，對清考據實學産生了直接影響。

（一）小學專書中的"古今字"研究

1. 張自烈的《正字通》

《正字通》是一部按漢字形體分部編排的字書，共12卷，明代崇禎末年國子監生張自烈撰。自烈字爾公，號芑山，江西宜春人。《正字通》所分部首與梅膺祚《字彙》相同，凡214部。部首次序和每部之内的字次都按筆畫多少來排，這也跟《字彙》一樣，但是《字彙》注釋比較簡單，而《正字通》繁博得多。以楷書爲字頭，大抵每字之下先注音，注音先以反切，再施之以直音。次釋義，釋義旁徵博引，資料甚詳。之後列出與該字頭相關的一系列字，并判明與字頭的關係，如俗、通、正、同、訛等。《正字通》是明代一部很重要的正字書，保存了大量俗字、異體，有助於瞭解當時社會的用字狀況。我們搜集到該書中的"古今字"材料共1056條，其訓釋術語主要有"古某字""古文某""古文"，例如：

（1）【丁】又庚韻，音争。《詩·周南》"肅肅兔罝，椓之丁丁"。注椓杙聲。《小雅》"伐木丁丁，鳥鳴嚶嚶"。注伐木聲相應。《韻會》八庚朾。伐木聲。《集韻》朾或作丁。合朾。丁爲一。並非。又秦符堅享群臣命賦詩，姜平子詩有丁字，直不曲。堅問故。對曰臣丁至剛，不可以曲。曲下不直之物未足獻。堅悦。焦竑曰《莊子》云丁子有尾，若直不曲，乃古下字。**古下作丅**。上作丄。按《莊子》古注丁子。科斗也。即蝦蟇子。（《正字通》卷一）

（2）【保】《説文》篆作𬾇。古作𠈃。𠈃與本部呆異，𤎯雖

古文不必泥。从保爲正。又古孟字，篆文从子从八，冐指仲季作
 涸，**古文保**。(《正字通》卷一)

（3）【洀】同瀊水回旋也。《列子》作瀋。《莊子》作審，別作
盤，義通。《管子‧小問篇》桓公問：今，寡人乘馬，虎望見寡人
不敢行，何也？對曰：意者君乘駮馬而洀桓，迎日而馳乎，駮食
虎豹，故虎疑。注：**洀古盤字**，取回旋之義，與盤桓同，盤當從般。
舊注音舟。汛云水文非古音餘。引洀桓誤以爲五行篇。亦非。(《正
字通》卷六)

（4）【逗】大候切。音豆。《説文》止也。又暫留也。住也。
軍法行而逗留畏懦者。析名曰：逗撓，撓音閙。《漢書音義》逗曲
行避敵也；撓，顧望也。史漢光武，詔邊吏力不足戰則守，追鹵
釋敵不拘以逗遛法。注**逗古住字**，逗留止也。(《正字通》卷十)

（5）【㘽】**古文邦**。(《正字通》卷七)

（6）【劓】**古文則字**。(《正字通》卷一)

例（1）中指出"古下作丁，上作上"。《説文》："丅，底也。指
事。㡀，篆文下。"《説文》："丄，高也。此古文上，指事也。凡丄之
屬皆从丄。𡲂，篆文上。"可知，"丄""丅"分別爲"上""下"的小
篆形體字。《正字通》遵從了《説文》的説法。

例（2）中指出"保"爲"保"的古文形體字。《説文》："保，養
也。从人，从呆省。呆，古文孚。㫶，古文保。㑋，古文保不省。"根
據《説文》，"保"確爲"保"的古文形體字。

例（3）中指出"洀"爲古"盤"字。《説文》："槃，承槃也。从
木般聲。鎜，古文从金。鑿，籀文从皿。"可知"盤"爲"槃"的籀文
形體字，本義是一種盛物的器皿。《正字通》的意思爲在表示"盤旋"
義時，"洀"爲古"盤"字。《字彙補‧水部》："洀，與盤同。"《管子‧
小問》："意者，君乘駮馬而洀桓，迎日而馳乎？"尹知章注："洀，古

盤字。"尹知章也做了同樣的註釋，認爲在該句中表示"盤桓"義時，"泮"爲古"盤"字。

例（4）中指出在表示"留止"義時，"逗"爲古"住"字。《説文》："逗，止也。从辵豆聲。"《方言》卷七："傺、眙，逗也。"郭璞注："逗，即今住字也。"《後漢書·光武帝紀下》："詔邊吏力不足戰則守，追虜料敵不拘以逗留法。"李賢注："逗，古住字。"郭璞和李賢也指出了"逗"和"住"的關係。

例（5）中指出"㞭"爲"邦"的古文形體字。《説文》："邦，國也。从邑丰聲。㞭，古文。"《説文》中已指出"㞭"爲"邦"的古文形體字，二字爲字體演變形成的古今字。

例（6）中指出"𠟼"爲"則"的古文形體字。《説文》："則，等畫物也。从刀从貝。貝，古之物貨也。𠟼，古文則。𠟼，亦古文則。𪔌，籕文則从鼎。"同樣在《説文》中指出了"𠟼"爲"則"的古文形體字。

2. 樂韶鳳等的《洪武正韻》

《洪武正韻》是明太祖洪武八年（1375）樂韶鳳、宋濂等 11 人奉詔編成的一部官方韻書，共 16 卷。明太祖朱元璋鑒於唐宋音韻在長江以北多失正，命廷臣參考中原雅音正之，參纂者有翰林侍講學士樂韶鳳、宋濂，待制王僎，修撰李淑允，編修朱右、趙塤，典簿瞿莊、鄒孟達，典籍孫蕡、答禄與權；預評定者爲左御史大夫汪廣洋、右御史大夫陳寧、御史中丞劉基、湖廣行省參知政事陶凱。《洪武正韻》於洪武八年（1375）成書，宋濂奉敕撰序。該書繼承了唐宋音韻體系，作爲明太祖興復華夏的重要舉措，在明朝影響廣泛。我們搜集到該書中"古今字"材料有 334 條，訓釋術語主要有"古作""古某字""古字""今作""古文""今文"，例如：

（1）【封】大也厚也。又姓又聚土也，垙也，培也，封建也，國名，**古作㞷**。《説文》“艸木妄生也”。《大戴禮》“五十里爲封”，又牛名。《漢·西域傳》罽賓國出封牛，大月氏國出一封橐駝。師古曰：脊上有一封也。封言其隆高，若封土也。今俗呼爲封牛，又緘也。又送豔二韻。(《洪武正韻·平聲》卷第一)

（2）【阯】同址，又交阯，郡名，《輿地志》云：“其夷足大指開折，兩足竝立，指則相交”。阯與趾同，**古字通**。應劭《漢官儀》“始開北方，遂交於南，以爲子孫基阯也”。(《洪武正韻·上聲》卷第七)

（3）【𡰥】《漢·高紀》司馬𡰥將兵定楚地。又陽𡰥，地名，又**古仁字**。(《洪武正韻·平聲》卷第一)

（4）【西】先齊切。《説文》鳥在巢上，日在西方，而鳥西故以爲**東西之西，篆作**𠧧**，象形今作西**，與襾字不同。襾音亞，《漢·律曆志》少陰者，西方。西，遷也，陰氣遷落物，於時爲秋。又先韻。(《洪武正韻·平聲》卷第一)

（5）【薛】莎也，六韜蓑薛簦笠，是以莎草爲雨衣也。又國名，又姓，篆文國名字作辥，名字作辥，**今文**與春秋多用薛字，却以國名辥字爲䜴辥字。《史記·孟嘗君傳》國名作薛。(《洪武正韻·入聲》卷第十五)

例（1）中指出“封”古作“㞷”。《説文》：“封，爵諸侯之土也。从之从土从寸，守其制度也。公侯，百里；伯，七十里；子男，五十里。㞷，古文封省。𡊄，籀文从丰。”《説文》中指出了“㞷”爲“封”的古文省形字。

例（2）中指出在表示“脚趾”義時，“阯”與“趾”古字通用。《説文》：“阯，基也。从𨸏止聲。址，阯或从土。”《爾雅·釋言》：“趾，足也。”《字彙·阜部》：“阯與趾古字通用。”清顧炎武《天下郡國利病書·雲南五》：“刻木爲蹬，狀如魚口，微容足阯。”在該句中，

"阯"表示"足趾"義，二字都是章母之部字，聲音相同，可以通假。

例（3）中指出"𡰥"爲古"仁"字。《説文》："仁，親也。從人從二。忎，古文仁從千、心。𡰥，古文仁或從尸。"《説文》中指出了"𡰥"爲"仁"的古文形體字。

例（4）中指出"㢰"今作"西"。《説文》："西，鳥在巢上。象形。日在西方而鳥棲，故因以爲東西之西。凡西之屬皆從西。㢨，古文西。㮼西或從木、妻。㢳籀文西。""㢰"爲"西"的小篆形體字。"西"的本義是"棲息"，後假借來表示"東西"之"西"。

例（5）中指出"辥"字今文爲"薛"。《説文》："辥，辠也。從辛㠯聲。"《説文》："薛，艸也。從艸辥聲。"可見，"辥"的本義是"罪，罪過"，"薛"的本義是"艸"。二字本義没有關係，《洪武正韻》中指出在表示"國名"或者"姓"時，"辥"字今作"薛"。該觀點在《廣韻·薛韻》中有"辥，《説文》：'辠也。'凡從辥者經典通作薛"。《輿地紀勝·潼川府路·合州·人物》："三國魏辥融。"該用例是"辥"作爲"姓"義講。

3. 楊慎的《奇字韻》

《奇字韻》，明楊慎撰。楊慎（1488~1559），字用修，號升庵，四川新都人，明代著名的學者。該書標字體之稍異者，類以四聲，故曰"奇字"。考六書以《説文》所載小篆爲正，若衛宏、揚雄所學則别有古文奇字，以非六書偏旁所可推也。該書中的"古今字"材料有209條，其訓釋術語主要有"古作""古字""古文""今作""今文""古某字"，例如：

（1）【杍】古作李。古《尚書》作梓。（《奇字韻》卷三）

（2）【采】孚，古文孚。從禾。禾，古文保。（《奇字韻》卷一）

（3）【栝】檜，古字舌。與會音同。故檜從會。或從舌。話從舌，亦從會作譮也。（《奇字韻》卷四）

（4）【楮】柱砥。古用木，今以石。《説文》引《易》“楮恒凶”。**今作振。**（《奇字韻》卷一）

（5）【莨】郎計切。草名。《説文》“可以染留黄”。按留黄即古樂府云中婦被流黄，間色也。《漢書》有鬶綬，鬶即莨**古今字**爾。留即莨也。聲之轉爾。（《奇字韻》卷四）

（6）【佋】《中庸》“所以序佋穆也”。**今借用**昭。（《奇字韻》卷二）

（7）【汃】府巾切。《説文》引《爾雅》“西至汃國”。**今文作**豳。（《奇字韻》卷一）

（8）【戠】**古疌字。**疌與寁同。速也。（《奇字韻》卷四）

例（1）中指出“杍”字古作“李”，古《尚書》作“梓”。《説文》：“李，果也。从木子聲。㭁，古文。”《説文》中指出了“杍”爲“李”的古文形體字。商承祚《〈説文〉中之古文考》：“此（杍）非‘李’之古文，乃‘梓’之古文也。《尚書·梓材》馬融云：‘古文作杍’，《大傳》‘橋梓’作‘橋杍’。是作‘杍’者，壁中古文也，此誤入。”[①]

例（2）中指出“采”爲“孚”的古文，“㑉”爲“保”的古文。《説文》：“孚，卵孚也。从爪从子。一曰信也。𤓽，古文孚从禾，禾，古文保。”《説文》：“保，養也。从人，从采省。采，古文孚。㑉，古文保。𠊳，古文保不省。”根據《説文》，“采”爲“孚”的古文形體字，“㑉”爲“保”的古文形體字。

例（3）中指出“檜”和“栝”爲古今字。《説文》：“檜，柏葉松身。从木會聲。”《説文》：“栝，炊竈木。从木舌聲。”“檜”的本義是一種木名，“栝”的本義是“撥火棍”。《廣雅·釋木》：“栝，栢也。”

---

① 漢語大字典編輯委員會編《漢語大字典》（第二版），崇文書局、四川辭書出版社，2010，第1245頁。

王念孫疏證：“栝，與檜同。《爾雅》云：‘檜，柏葉松身。’是栝即栢之別種，故以栝爲栢也。”由此可知，在表示“木名，即檜，圓柏”時，借用“栝”字來表示。《奇字韻》並没有説明二字在何義上形成古今字，王念孫具體做出了解釋。

例（4）中指出“楮”字今作“振”字。《説文》：“楮，柱砥。古用木，今以石。从木耆聲。《易》：‘楮恒凶。’”《説文》：“振，舉救也。从手辰聲。一曰奮也。”“楮”的本義是“柱脚”，“振”的本義是“賑濟；救助”。《奇字韻》中指出在《易》“楮恒凶”中的“楮”，義爲“柱脚”，今作“振”字。

例（5）中指出“盭”和“莀”爲古今字。《説文》：“盭，弼戾也。从弦省，从盩。讀若戾。”“盭”的本義是“乖違”。段玉裁注：“此乖戾正字，今則‘戾’行而‘盭’廢矣。”《史記·司馬相如列傳》：“盭夫爲之垂涕。”司馬貞《索隱》：“字或作戾。盭，古戾字。”《漢書·張耳陳餘傳贊》：“何鄉者慕用之誠，後相背之盭也？”顔師古注：“盭，古戾字。戾，違也。”段玉裁、司馬貞、顔師古都認爲“盭”爲古“戾”字。《説文》：“莀，艸也。可以染留黄。从艸戾聲。”《奇字韻》中指出《漢書》“有盭綬”中，“盭”即古“莀”字。

例（6）中指出“佋”古借用“昭”。《説文》：“昭，日明也。从日召聲。”《説文》：“佋，廟佋穆。父爲佋，南面。子爲穆，北面。从人召聲。”“昭”的本義是“日明；光明”，後假借來表示“佋穆”。容庚《金文編》：“佋與邵爲一字。《説文》廟佋穆，父爲佋，南面；子爲穆，北面。經典通用昭。”由此可知，《奇字韻》的説法和《説文》一致。

例（7）中指出“汃”今文作“豳”，表示“國名”。《説文》：“汃，西極之水也。从水八聲。《爾雅》曰：‘西至汃國，謂四極。’”“汃”本義是水名。《説文》：“邠，周太王國。在右扶風美陽。从邑分聲。豳，美陽亭，即豳也。民俗以夜市，有豳山。从山从豕。闕。”段玉裁注：“蓋古地名作邠，山名作豳，而地名因於山名，同音通用。”《奇字韻》

指出《爾雅》"西至汃國"中"汃"今作"豳"。其實《爾雅》是假借表示"水名"義的"汃"字來表示"豳國"義。

例（8）中指出"戙"爲古"叏"字或"寁"字。《説文》："寁，居之速也。从宀叏聲。"《説文》："叏，疾也。从止从又。又，手也。屮聲。""寁"和"叏"的本義都是"敏捷；迅速"。《玉篇·戈部》："戙，古寁字。"《奇字韻》中是指出"戙"爲古"叏"字，"叏"和"寁"相同。

4. 楊慎的《古音駢字》

《古音駢字》一卷，明楊慎撰。古人字少而韻寬，故用字往往假借。該書取古字通用者以韻分之，各注引用書名於其下。由字體之通，求字音之通，於秦漢以前古音，頗有考證。但遺闕過多，牽合亦復時有。古字之見於載籍者十已得其四五，亦可云小學之本善矣。該書"古今字"材料有72條，注釋"古今字"術語主要有"古字某""古文""今作""今借用""古某字"，例如：

（1）【芒落】荒落。《史記》。**古字**荒與芒同。（《古音駢字》卷下仄韻）

（2）【斑璘】即斕斑也。斕字**古從**爛。俗從斕。（《古音駢字》卷上平韻）

（3）【花鬘】省南夷婦首飾也。曲名。有菩薩鬘。**今作**蠻。（《古音駢字》卷上平韻）

（4）【抑窓】窓，**古鬱字**也。（《古音駢字》卷下仄韻）

（5）【閨閨】開閉。閉，丁結切。**今借用**閉。（《古音駢字》卷下仄韻）

例（1）中指出古"荒"字與"芒"字在表示"荒落"義時相同。《説文》："荒，蕪也。从艸巟聲。一曰艸淹地也。"《説文》："芒，艸岠。從艸亾聲。”“荒”的本義是“荒蕪”，“芒”的本義是“穀類種子殼上或草木上的細刺”。《古音駢字》中指出二字在表示“荒落”義時，古字相同。《集韻·唐韻》：“芒，歲在巳曰大芒駱。通作荒。”《史記·曆書》：“祝犁大芒落四年。”裴駰《集解》：“芒，一作荒。”《集韻》和裴駰的注釋也都指出了“大芒落”即“大荒落”，意思是太歲運行到地支“巳”的方位的一年。

例（2）中指出在表示“斑斕”義時，“斕”字古作“爛”，俗作“瓓”。《説文》：“爛，孰也。從火蘭聲。爤或從閒。”“爛”的本義是“熟”，後來也可以表示“燦爛”義。唐玄應《一切經音義》卷五：“斕，㿪斕。”《集韻·山韻》：“斕，㿪斕，色不純。”《古音駢字》意思是在表示“色彩斑斕”義時，古用“爛”，後用“斕”，俗作“瓓”。

例（3）中指出“菩薩鬘”中的“鬘”今作“蠻”。《説文》：“蠻，南蠻，蛇穜。從虫䜌聲。”“蠻”本指“我國古代南方的民族”，後借用來表示曲牌名“菩薩蠻”。

例（4）中指出“愂”爲古“鬱”字。《説文》：“鬱，木叢生者。從林，鬱省聲。”《正字通·邑部》：“鬱，愁思也。”《類篇·心部》：“愂，心所鬱積也。”二字都可表示“抑鬱”義。《古音駢字》中指出表“抑鬱”義時，今用“鬱”，古用“愂”。

例（5）中指出“閟”字今借用“閉”字。《説文》：“閉，闔門也。從門；才，所以距門也。”《廣韻·屑韻》：“閟，門閉。”“閟”爲“關門”義，今用“閉”字表示。

5.《俗書刊誤》

《俗書刊誤》，明焦竑撰。焦竑（1541~1620），字弱侯，號漪園，又號澹園，是明代著名的經學家、史學家、文字學家。該書成書主要是爲了勘正誤寫的俗體字，規範社會用字。該書也分正字、俗字，門類繁多，不同類別體例不同，除了單音字，還有聯綿詞、同音詞等，是一部辨正文字的字書，涉及面廣，具有較高的學術價值。我們搜集到55條材料，該書注釋"古今字"術語主要有"古作""今作""古某字"。例如：

（1）【卯】俗作夘，非。夘音外別一字，卯古作戼，日出於戼闢戶時也。酉**古作**戼日入於酉閭戶時也。（《俗書刊誤》卷二）

（2）【喬】寄也。出《字林》，**今作**僑，非。僑才也，高也，非。此用正韻以僑爲旅寓字。（《俗書刊誤》卷一）

（3）【采】古文作此，今作保。（《俗書刊誤》卷二）

（4）【姐】《揚雄傳》探姑繒之壁籍湯姐之場，注：姐音紫，即**今**姊字耳。（《俗書刊誤》卷五）

（5）【丱】**古**礦字。一作總角之丱。（《俗書刊誤》卷十）

（6）【囬】俗作囬，非。囬，即**古**面字，作廻迴迊非。杯，一作桮。俗作盃，非。（《俗書刊誤》卷一）

例（1）中指出"卯古作戼"。《説文》："卯，冒也。二月，萬物冒地而出。象開門之形。故二月爲天門。凡卯之屬皆从卯。𠨑，古文卯。""卯"的小篆形體字爲"戼"，所以"卯古作戼"。

例（2）中指出"喬"字今作"僑"。《説文》："僑，高也。从人喬聲。"《廣韻·宵韻》："僑，寄也，客也。"《廣雅·釋詁四》："喬，客也。"王念孫疏證："喬者，《衆經音義》卷四引《字林》云：寄客爲喬。字通作僑。"可知，在表示"寄居"義時，"喬"字今作"僑"。

例（3）中指出"采"爲"保"的古文。《説文》："保，養也。从人，从采省。采，古文孚。𠊊，古文保。𡥀，古文保不省。"根據《説文》，"采"確爲"保"的古文形體字。

例（4）中指出"姐"字今作"姊"字。《説文》："姐，蜀謂母曰姐，淮南謂之社。从女，且聲。"《説文》："姊，女兄也。从女𠂔聲。""姐"的本義是"母親的別稱"，"姊"的本義是"姐姐"，《俗書刊誤》指出在《揚雄傳》中"探姑繒之壁籍湯姐之場"該句中的"姐"

讀爲"紫"，實際上該"姐"今爲"姊"字。

例（5）中指出"屶"爲古"礦"字。《正字通·丨部》："屶，同
卝。礦亦作卝。"明徐光啟《幾何原本宗議》："直是教人開屶冶鐵。"
清朱彝尊《日下舊聞·昌平山水記》："東有屶洞，昔人淘金址尚存。"
這兩例中的"屶"即今"礦"字。

例（6）中指出"囬"爲古"面"字。《説文》："面，顏前也。从
百，象人面形。凡面之屬皆从面。"馬王堆漢墓帛書《相馬經》一五下
有古"面"字的形體"𡇥"。《干禄字書·平聲》："囬"，"回"的俗
字。焦竑認爲該説法不對，"囬"應該是"面"的古字。

（二）隨文注釋中的"古今字"研究

1. 胡三省對"古今字"的注釋

胡三省（1230~1302），原名滿孫，字身之，又字景參，號梅澗，
寧海（今浙江寧海）人，中國宋元之際史學家。南宋理宗寶祐年間進
士，歷任縣令、府學教授等職。應賈似道召，從軍至蕪湖，屢有建言，
賈似道專橫不用。後隱居不仕。自寶祐四年（1256）開始專心著述
《資治通鑒音注》，得 97 卷，論 10 篇。臨安（今浙江杭州）失陷後，
手稿在流亡新昌（今廣東臺山）途中散失。宋亡後，重新撰寫。元世
祖至元二十二年（1285）完成《資治通鑒音注》294 卷及《釋文辯誤》
12 卷，對《資治通鑒》作校勘、考證、解釋，對《釋文》作辨誤，並
對史事有所評論。注文中多處聯繫蒙古滅宋事實，發表感慨，寄托民
族感情。我們搜集到該書中的"古今字"材料共 88 條，注釋術語主要
爲"古某字""古字"，例如：

（1）【僇力本業，耕織致粟帛多者，復其身】注：僇，力竹翻，
古戮字；《説文》：并力也。《字林》音遼。

（2）【昭侯曰：吾聞明主愛一嚬一咲，嚬有爲嚬，咲有爲咲。今袴豈特嚬咲哉！】注：咲，**古**笑字。

（3）【關東群盜多，今上急益發繇，治阿房宮，聚狗馬無用之物。】注：繇，讀曰徭，役也；**古字**借用。

（4）【賈逵曰：束茅以立表位爲蕝。】《纂文》曰：蕝，**今之纂字**，即悦翻，又音纂。

（5）【雖後欲改過自新，其道無繇也。】注：繇，**古由字通用**。

（6）【穆之曰：公溯流遠征，以老母稚子委節下；若一豪不盡】豪，**古毫字通**。

例（1）中指出"僇"爲古"戮"字。《説文》："僇，癡行僇僇也。從人翏聲。讀若雞。一曰且也。"《説文》："戮，殺也。從戈翏聲。"可見"僇"的本義是"行動遲緩"，"戮"的本義是"殺戮"，二字本都不表示"合力；並力"義，其本字應該是"勠"，"僇""戮"表示"合力；並力"義時是"勠"的假借字。

例（2）中指出"咲"爲古"笑"字。《説文新附》："笑，此字本闕。臣鉉等案：孫愐《唐韻》引《説文》云：'喜也。從竹從犬。'而不述其義。今俗皆從犬。又案：李陽冰刊定《説文》'從竹從夭'義云：竹得風，其體夭屈如人之笑。未知其審。"《集韻·笑韻》："笑，古作咲。"《漢書·外戚傳下·許皇后》："《易》曰：'鳥焚其巢，旅人先咲後號咷。'"顏師古注："咲，古笑字也。"胡三省音注和《集韻》與顏師古注釋相一致。

例（3）中指出表示"徭役"義時，假借"繇"字表示。《説文》："繇，隨從也。從系䚛聲。""繇"的本義是"隨從"，表示"勞役"義是其假借用法。清朱駿聲《説文通訓定聲·孚部》："繇，假借爲徭。"

例（4）中指出"蕝"爲今"纂"字。《説文》："蕝，朝會束茅表位曰蕝。從艸絕聲。《春秋國語》曰：'致茅蕝，表坐。'"段玉裁注：

《史記》《漢書》《叔孫通傳》字作‘蕝’。如淳曰：‘蕝，謂以茅剪樹地，爲纂位尊卑之次’也。何氏《纂文》云：‘蓪，今之纂字’是也。今人‘編纂’之語本此。”《説文》：“纂，似組而赤。从糸算聲。”“纂”的本義是“赤色的絲帶”，胡三省也是引用了何氏《纂文》的説法認爲“蓪”爲今“纂”字，表示“束茅以表位次”。

例（5）中指出“繇”和“由”古字通用。《説文》：“繇，隨從也。从系𦦕聲。”“繇”的本義是“隨從”。《集韻·尤韻》：“由，因也。”《小爾雅·廣詁》：“由，用也。”該例中“其道無繇”，“繇”義爲“用”，根據胡三省音注，在“用”義上，假借“繇”字來表示。清朱駿聲《説文通訓定聲·孚部》：“繇，假借爲由。”《漢書·律曆志》：“準繩連體，衡權合德，百工繇焉，以定法式。”顔師古注：“繇讀與由同。由，用也。”該例中，顔師古也指出假借“繇”表示“由”的“用”義。

例（6）中指出“豪”和“毫”古字通用。《説文》：“毫，豕，鬣如筆管者。出南郡。从希高聲。毫，籀文从豕。”臣鉉等曰：“今俗別作毫，非是。”“豪”的本義是“豕”。《集韻·豪韻》：“毫，長銳毛也。”根據胡三省音注可知，在表示“重量或長度單位。十絲爲一豪，十豪爲一釐”義時，假借“豪”字表示。《禮記·經解》：“差若豪釐，繆以千里。”陸德明釋文：“豪，依字作毫。”

2. 馮惟訥對“古今字”的注釋

《古詩紀》是中國現存最早的一部專門搜輯古詩的總集，馮惟訥刻，共 156 卷。馮惟訥（1513~1572），字汝言，號少洲，山東臨朐人。此書收羅宏富，前集 10 卷，録先秦古逸詩；正集 130 卷，録漢至隋代詩歌；外集 4 卷，録古小説、筆記中所傳仙鬼之詩；別集 12 卷，選録前人對古詩的評論。該書有馮氏原刻本，明嘉靖三十七年（1558）吳琯校刻本，明萬曆間海寧方天眷重訂吳氏刻本，等等。清代馮舒有《詩紀匡謬》1 卷，訂正原書的缺失，較爲精核。有《知不足齋叢書》本。我們搜集到該書中的“古今字”材料 63 條，注釋術語主要爲“古作”“今作”“古某字”“古文”，例如：

（1）【晉音齊】孟喜《易》晉作齊，陸德明云：齊子西切，義同，蓋音躋，躋亦晉也。故知義同《春秋》“齊師遷紀、邢、鄑、郚”。鄑，子移反。《文選》“弦高犒晉師”。注引《呂氏春秋》秦將伐鄭，賈人弦高遇之，乃矯鄭伯之命以勞之。曰：“寡君使丙也、術也、視也於邊，候晉之道也，迷惑入大國之地，再拜受之。”高誘曰：晉國名也。按：晉鄑同字，從邑，爲是從日，傳寫誤也。**古但作晉**，而音子西反，與《易》《春秋》合。（《古詩紀》卷一百五十四）

（2）【爨爨】大來切，**今作㶌**，音臺，煙塵也。（《古詩紀》卷八）

（3）【雖有絲麻無棄菅蒯，雖有姬姜無棄蕉萃，凡百君子莫不代匱】蕉萃即憔悴，**古蕉字**，音憔。（《古詩紀》卷九）

（4）【六帠】**古文師**【旣簡左驂旛旛】妨圓切，旌旗總名，旛旛取其輕舉皃【右驂騑騑】紀偏切，壯健皃【邁呂陵】**古作躋**【亐遷】**古原字**【阤】**古文陸**。（《古詩紀》卷八）

（5）【班瞵】何晏《景福殿賦》明光熠爚，文彩璘班。皇甫士安《勸志》青紫之瞵，班，瞵，班即斕斑也，斕字俗書。到溉《餉任昉杖》詩“文彩旣斑斕”，斕即俗斕字。韓文公詩“華燭光斕，斕”，注亦作平音。班斕字**古勝俗用**斕字。（《古詩紀》卷一百五十四）

例（1）中指出古“晉”字作“晉”。《説文》：“晉，進也。日出萬物進。從日從臸。《易》曰：‘明出地上，晉。’”“晉”的本義是“進”，後假借來表示“晉國”。《呂氏春秋·悔過》：“秦三師對曰：‘寡君之無使，使其三臣丙也，術也，視也，於東邊候晉之道，遇是以迷惑陷入大國之地。’”高誘注：“晉，晉國也。”馮惟訥的意思是在表示“晉國”義時，古多用“晉”字，不用“晉”字。

例（2）中指出"燓"今作"炱"。《説文》："炱，灰，炱煤也。从火台聲。"《字彙·火部》："燓，見周宣王《石鼓文》，音義無考。"《正字通·火部》："按:《石鼓》'趯趯燓燓'，釋文作炱，改作燓，非。"馮惟訥則指出表示"煙塵"義時"燓"今作"炱"。

例（3）中指出"憔悴"之"憔"爲古"蕉"字。《説文》："蕉，生枲也。从艸焦聲。"《廣韻·宵韻》："憔，憔悴，瘦也。""雖有絲麻無棄菅蒯，雖有姬姜無棄蕉萃。凡百君子莫不代匱"中"蕉萃"的意思爲"卑賤低下的人"，馮惟訥的意思是"蕉萃即憔悴"。《左傳·成公九年》："雖有姬、姜，無棄蕉萃。"杜預注:"蕉萃，陋賤之人。"杜預注釋該句和馮惟訥所注釋的句子意思是一致的。

例（4）中指出"帹"字爲"師"的古文形體字，"陜"古作"隮"字，"遼"爲古"原"字，"阩"爲"陸"的古文形體字。《説文》："師，二千五百人爲師。从帀从𠂤。𠂤，四帀，衆意也。𠂤，古文師。"《字彙補·巾部》："帹，古文師字。"《説文》："隮，登也。从足齊聲。《商書》曰:'予顚隮。'"《字彙補·阜部》："陜，與隮同。見《石鼓文》。"按:《古文苑·石鼓文之三》字作"隮"。馮惟訥則指出"陜"古作"隮"字。《説文》："遼，高平之野，人所登。从辵、备、彔。闕。""遼"本義是"地之高平者"。《説文》："原，水泉本也。从灥出厂下。𢄼篆文从泉。""原"的本義是"水流起頭的地方"。後假借"原"字表示"遼"的本義，所以"遼"爲古"原"字。《説文》："陸，高平地。从𨸏从坴，坴亦聲。𨸏，籀文陸。"《古文苑·石鼓文·三》："遴戎陣止世阩。"章樵注:"鄭作阩，潘云今作陸，施云又疑爲跌字，薛作陜，籀文。"馮惟訥也認爲"阩"爲"陸"的古文形體字。

例（5）中指出"爛"字古用"斕"字。《説文》："爛，孰也。从火蘭聲。爤，或从閒。"該字的本義是"火熟"，後假借來表示"色彩斑斕"義。唐玄應《一切經音義》卷五:"斕，斒斕。"《集韻·山韻》："斕，斒斕，色不純。"可見剛開始用"斕"字來表示"斑斕"義，後用"爛"字。

3. 梅鼎祚對"古今字"的注釋

梅鼎祚（1549~1615），字禹金，明代宣城人，是明中晚期雅俗兼長的布衣文人。我們搜集到其對"古今字"的注釋主要是在《皇霸文紀》中，共73條，注釋術語主要有"今作""古某字""古文""古文作"等，例如：

（1）【又鱄】**今作**鮒。（《皇霸文紀》卷三）

（2）【戊午壽〔闕〕之人居慮獻酒百〔闕〕于天子】壽，**古**疇字。（《皇霸文紀》卷三）

（3）【遊馬既同，遊車既孜】**古文**好。（《皇霸文紀》卷三）

（4）【帛燮鯥鯥，其籃氏鮮】**古作**底，至也。（《皇霸文紀》卷三）

（5）【其燮佳可】讀作何。亦**古省文**下同。（《皇霸文紀》卷三）

（6）【王子吳飲鼎銘】書跋飲作歙。**古飲字**。（《皇霸文紀》卷四）

（7）【吉玉宣璧】宣璧之宣，**古宣字**通作瑄。（《皇霸文紀》卷十一）

（8）【纍】**古文字**濕作㬒，又作濕，故漢人濕又作纍。（《東漢文紀》卷二十七）

（9）【纍】燥**古文作**㷊，蓋枲與叄同體。（《東漢文紀》卷二十七）

例（1）中指出"鱄"今作"鮒"。《康熙字典·魚部》："鱄，《石鼓文》：'又鱄又鯾。'《釋音》：'鱄，鄭氏云今作鮒。'"《說文》："鮒，魚名。从魚付聲。"二字都从"魚"旁，都爲魚，根據《釋音》和《皇霸文紀》可知，"鱄"今作"鮒"，即今天的鯽魚。

例（2）中指出"壽"爲古"疇"字。《說文》："壽，久也。从老省，𦦙聲。"《說文》："疇，耕治之田也。从田，象耕屈之形。𠃌，疇或省。”“彡”爲“疇”的古文省形字。二字古文形體是相似的，“壽”在豆閉簋中的形體爲“彡”，“疇”在《殷墟書契前編》7·38·2中的古文形體爲“彡”。

例（3）中指出“孜”爲古文“好”。《説文》：“好，也。从女、子。”《字彙補·子部》：“孜，古好字。”《石鼓文》一：“避車既孜。”可見“避車既孜”句在《石鼓文》中就出現了，《字彙補》收録了“孜”字，並指出其爲“好”的古字。《皇霸文紀》承襲了該説法。

例（4）中指出“氐”古作“底”。《説文》：“氐，至也。从氐下箸一。一，地也。凡氐之屬皆从氐。”“氐”的本義是“至；抵達”。《説文》：“底，山居也。一曰下也。从广氐聲。”“底”的本義是“物體的下層或下面”。《字彙·廣部》：“底，至也。”《國語·周語上》：“日月底於大廟。”韋昭注：“底，至也。”由此可知，二字都可以表示“至，抵達”義。《皇霸文紀》中指出表示“至；抵達”義時，古作“底”字。

例（5）中指出“可”爲“何”的古省形字。《説文》：“可，肎也。从口、丂，丂亦聲。”“可”的本義是“肯定；許可”。《説文》：“何，儋也。从人，可聲。”徐鉉等注：“儋何即負何也，借爲誰何之何。今俗别作擔荷。”《皇霸文紀》中“何可”表疑問時，假借“可”字表示。

例（6）中指出“飤”爲古“飲”字。《説文》：“飤，糧也。从人、食。”段玉裁注：“以食食人物，本作食，俗作飤，或作飼。”根據段玉裁的注釋，“飤”的本義是“糧食；飼料”。《玉篇零卷·食部》：“飲，飲歠也。咽水也。”《皇霸文紀》中指出在表示“飲水”義時，古用“飤”字。

例（7）中指出“宣”字和“瑄”古字相通。《説文》：“宣，天子宣室也。从宀亘聲。”《説文新附》：“瑄，璧六寸也。从玉宣聲。”鄭珍《説文新附考》：“古止作宣，《爾雅》：‘璧大六寸謂之宣。’釋文云：‘宣或作瑄。’”可知，在表示“六寸的大璧”義時，假借“宣”字表示。

例（8）中指出“翋”爲“濕”的古文字。《字彙補·羽部》：“翋，古文濕字，見《廣川書跋》。”《字彙補》中收録了“翋”字，但是没有説出在表示什麽意思時作"濕"字。

例（9）中指出"燥"古文作"熰"。《説文》:"燥,乾也。从火,喿聲。"《方言》卷七:"煦、煆,熱也,乾也。"晋郭璞注:"熱則乾熰。"周祖謨校箋:"熰,戴震改作燥。盧（文弨）云:'熰,俗燥字。'"《東漢文紀》則認爲"熰"爲"燥"的古文形體字。

4. 焦竑對"古今字"的注釋

《老子翼》是焦竑注解道家經典的一部著作。我們搜集到焦竑對《老子翼》中"古今字"的注釋術語主要就是"古某字",例如:

（1）【上篇】跂,與企同,薛云:"舉踵曰跂,張足曰跨。立欲增高,則反害其立。行欲增闊,則反害其行。"贅,疣贅也。行,當作形,**古字**通也。(《老子翼》卷一)

（2）【上篇】唯,上聲。阿,烏何反。皆應聲,唯恭而阿慢也。荒,廣遠也。怕,**古泊字**,静也。(《老子翼》卷二)

例（1）中焦竑注釋"行"和"形"古字相通。《説文》:"行,人之步趨也。从彳从亍。凡行之屬皆从行。"《説文》:"形,象形也。从彡开聲。"可知,"行"的本義是"道路","形"的本義是"象形"。"行欲增闊,則反害其行"中的"行"表示"行爲",可知焦竑的意思是在表示"行爲"義時,假借"形"字表示。

例（2）中指出表示"静"義時,"怕"爲古"泊"字。《説文》:"怕,無爲也。从心,白聲。""怕"的本義是"澹泊,無爲"。《正字通·水部》:"泊,澹泊,恬静無爲貌。"《廣雅·釋詁四》:"怕,静也。"王念孫疏證:"《老子》云:'我獨泊兮其未兆。'泊,與怕通。"王念孫疏證也指出在表示"静"義時,"怕"爲古"泊"字。

5. 劉績對"古今字"的注釋

劉績,字用熙,號蘆泉,明弘治庚戌進士。《管子補注》是其在房玄齡《管子注》的基礎上研究《管子》的一部綜合性學術著作，其補注内容涉及注音、釋義、訓詁、校勘等多個方面，是管子研究比較重要的版本。我們在該書中共搜集到 11 條"古今字"注釋材料，注釋術語主要爲"古某字"，例如：

（1）【藏温濡】藏謂苞之在心，君之所藏者，温和濡緩，所以助土氣。績按：濡字，**古軟字**也。（《管子補注》卷三）

（2）【故言必中務，不苟爲辯；行必思善，不苟爲難。規矩者，方圓之正也。雖有巧目利手，不如拙規矩之正方圓也。故巧者能生規矩，不能廢規矩而正方圓。雖聖人能生法，不能廢法而治國。故雖有明智高行，倍法而治】績按：倍，**古背字**，同餘放此。（《管子補注》卷六）

（3）【逐神而遠熱，交觶者不處，兄遺利】君之於人也，使敬之若逐神畏之，若遠熱其逐神者，交觶祭祀不敢留處，其遠熱者雖有兄弟之親，亦遺利而去，君之尊嚴莫與大，誰敢窺覬之哉。績按：兄，**古况字**。（《管子補注》卷十二）

例（1）中劉績注釋"濡"字爲古"軟"字。《説文》："濡，水。出涿郡故安，東入漆涑。从水需聲。""濡"的本義是"水名"，後來假借來表示"柔軟；柔弱"義。《集韻·獮韻》："輭，柔也。或从欠，亦作濡。"劉績也認爲"藏温濡"中的"濡"字爲古"軟"字，表示"柔弱"義。

例（2）中指出表示"倍法而治"句中的"倍"時，"倍"爲古"背"字。《説文》："倍，反也。从人音聲。""倍"的本義就是"違背；背叛"，後假借來表示"倍數"義，不表其本義。《説文》："背，脊也。从肉北聲。""背"的本義是"脊背"，後假借來表示"違背；背叛"，同時也表其本義。所以劉績注釋"倍法而治"中的"倍"爲古"背"字，實際是從當時用字的習慣來做解釋的。其實"倍"就是表示"背叛"義的本字。

例（3）指出“兄”爲古“況”字。《説文》：“兄，長也。从儿，从口。”清段玉裁《説文解字注·水部》：“況，古矧兄、比兄皆用兄字，後乃用況字，後又改作況。”劉績注釋該句中“兄”爲“兄弟”義，按照劉績的意思，表示“兄弟”義時，古借用“況”字來表示。

6. 汪瑗對“古今字”的注釋

《楚辭集解》是明代《楚辭》研究中一部重要著作，作者爲汪瑗。汪瑗（生卒年不詳），字玉卿，新安（今安徽歙縣）人。該書共8卷，其中《楚辭蒙引》重點辨析文義，考證名物，論説文字音韻；《楚辭考異》1卷，重在列出《離騷》文字的異同，並給予論斷。我們共收集到汪瑗對“古今字”注釋的材料6條，注釋術語主要爲“古文”“古字”，例如：

（1）【紛吾既有此内美兮，又重之以修能。扈江蘺與辟芷兮，紉秋蘭以爲佩。】紛，盛貌。内美，承上二章祖父日月名字而總結之。重，音仲，猶再也，非輕重之重。修能，長才也。言己既有此盛美，而又重之以修能，以見才德之全備也。或曰：修亦美也，如後修姱之修。亦通。二句乃結上起下之詞。扈，被服之意。以線貫針爲紉。佩，飾也。蘺、芷、蘭，皆香草名。生於江中，故曰江蘺。生於幽僻之處，故曰辟芷。辟，**古僻字**。或曰如字，除也。謂芷香可以辟除穢氣也。亦通。

（2）【乘舲船余上沅兮，齊吴榜而擊汰。船容與而不進兮，淹回水而凝滯。朝發枉渚兮，夕宿辰陽。苟余心之端直兮，雖僻遠其何傷。】回洄通，**古文省耳**。逆流而上曰溯洄。

（3）【厥萌在初何所意焉，璜臺十成誰所極焉】意，**古億字**。亦作憶。

例（1）中汪瑗注釋在表示“幽僻”義時，“辟”爲古“僻”字。《説文》：“辟，法也。从卩从辛，節制其辠也；从口，用法者也。凡辟之屬皆從辟。""辟"的本義是"法，法度"。後假借來表示"偏僻"義。《説文》："僻，避也。從人辟聲。《詩》曰：'宛如左僻。'一曰從旬牽也。"後引申出"幽僻；偏僻"義。汪瑗注釋《離騷》"扈江離與辟芷兮"該句中"辟"爲"幽僻；偏僻"義，所以他指出"辟"爲古"僻"字。

例（2）中指出"回"爲"洄"的古文省形字。《説文》："回，轉也。從囗，中象回轉形。囘，古文。"《説文》："洄，㳻洄也。從水從回。""洄"的本義是"逆流而上"。在《離騷》"船容與而不進兮，淹回水而凝滯"中"回"字義爲"逆流而上"，本該用"洄"字，而用了"回"字，所以汪瑗指出"回"爲"洄"的省形字。

例（3）中指出"意"爲古"億"字。《説文》："意，志也。從心察言而知意也。從心從音。""意"的本義是"意向；願望"。《説文》："億，安也。從人，意聲。"《廣韻·職韻》："億，度也。"可見"億"有"臆測；揣度"義。《天問》中"厥萌在初何所意焉"句中"意"爲"臆測"義，本用"億"字，今用"意"字。

7. 姚士粦對"古今字"的注釋

姚士粦，字叔祥，明代嘉興海鹽人。姚氏有關"古今字"之注釋主要見於其所輯《陸氏易解》一書。《陸氏易解》，三國吳陸績撰，一卷，原書已佚，明代姚士粦采陸德明《經典釋文》、李鼎祚《周易集解》等書重新輯成，共一百五十條。我們共收集到姚士粦對《陸氏易解》中"古今字"的注釋材料15條，注釋術語主要爲"今作"，例如：

（1）【喪羊于場】今作易。場謂疆場也。
（2）【百果草木皆甲宅】今作拆。宅，根也。
（3）【歸妹以嬬】今作須。嬬，妾也。

例（1）中指出"場"字今作"易"。《説文新附》："場，疆也。從土易聲。""場"的本事就是"疆場"。《説文》："易，蜥易，蝘蜓，守宫也。象形。《秘書》説：日月爲易，象陰陽也。一曰从勿。凡易之屬皆从易。""易"的本義是"一種爬行動物，蜥蜴"。後假借來表示"疆場"義。清朱駿聲《説文通訓定聲·解部》："易，假借爲場。"《易·大壯》："喪羊于易，位不當也。"朱熹注："易，或作疆場之場，亦通。"朱熹也注釋了該句，姚士粦則具體指明了二字的古今關係。

例（2）中指出"宅"字今作"坼"。《説文》："宅，所託也。从宀乇聲。𡧩，古文宅。㡯，亦古文宅。"《説文》："坼，裂也。《詩》曰：'不墋不疈。'从土㡯聲。"《集韻·陌韻》："墋，《説文》：'裂也。'或从手，亦作坼、拆。"清朱駿聲《説文通訓定聲·豫部》："宅，假借爲坼。"《易·解》："雷雨作而百果草木皆甲坼。"唐陸德明釋文："坼，《説文》'裂也'；《廣雅》云：分頁。馬、陸本作宅，云：根也。"《文選·左思〈蜀都賦〉》："百果甲宅，異色同榮。"李善注："皮曰甲，根曰宅。"根據陸德明和李善的注釋可知，"百果甲宅"中"宅"義爲"根"，有時假借"坼"字表示。姚士粦則指出假借爲"拆"字表示"根"義。和《集韻》中所解釋一致，"坼"字和"拆"字相通。所以姚士粦指出在表示"根"義時，"宅"字今作"拆"。

例（3）中指出"嬬"字今作"須"。《説文》："嬬，弱也。一曰下妻也。从女需聲。""嬬"義爲"柔弱"或"妾"。《説文》："須，面毛也。从頁从彡。凡須之屬皆从須。""須"的本義是"鬍鬚"。按照姚士粦的意思，在"歸妹以嬬"中表示"妾"義的"嬬"字今借用"須"字來表示。

（三）史料筆記中的"古今字"研究

1.葉盛的《水東日記》

近來年紀到，嶄新衣踏盡，知道縣家門，時時一窠薤，皆是也。

惟分頭**今作**分投。(《水東日記》卷十一)

該例中指出"分頭"義中的"頭"今作"投"。《説文》:"頭,首也。从頁豆聲。"《説文》:"投,擿也。从手从殳。"葉盛的意思是在表示"分頭"義時,今假借"投"字來表示。

2. 何良俊的《四友齋叢説》

(1)楊升庵云:《毛詩·常棣之華》:鄂不韡韡。鄂,花苞也,**今文作**萼。不花蒂也,今文作跗。《詩疏》云:華下有萼萼,下有跗,華萼相承覆,故得韡韡而光明也。(《四友齋叢説》卷一)

(2)楊升庵云:《史記》庚死獄中,注不明庚義。按:《説文》束縛捽抴爲曳。曳、庚**古字**通也。(《四友齋叢説》卷三十六)

(3)《丹鉛餘録》辨寒鼈不當作炮字,甚是。但不當云韓國饌用此法。**古字**韓與寒通,或音同而誤用。(《四友齋叢説》卷三十六)

例(1)中指出在表示"花苞"義時,"鄂"字今作"萼"。《説文》:"鄂,江夏縣。从邑咢聲。""鄂"的本義是"古縣名"。在《四友齋叢説》中假借來表示"花苞"義。《玉篇·艸部》:"萼,花萼也。"其是表示"花苞"義的本字。所以何良俊指出"鄂"字今作"萼"。

例(2)中指出"曳"和"庚"古字相通。《説文》:"曳,束縛捽抴爲曳。从申从乙。""曳"的本義爲"捆住拖拉"。《説文》:"庚,水槽倉也。从广曳聲。一曰倉無屋者。""庚"字本義是"儲存水路轉運糧食的倉庫"。在"庚死獄中"一句中,"庚"字義爲"拖拉",假借來表示"曳"字義。

例(3)中指出古"韓"與"寒"字相通。《説文》:"韓,井垣也。

從韋，取其帀也，執聲。”“韓”的本義是“水井周圍的欄圈”。《説文》：“寒，凍也。從人在宀下，以茻薦覆之，下有仌。”“寒”的本義是“冷”。何良俊的意思是“韓國”之“韓”本不是該字，“寒”也可指“虞夏時的國名”。二字因聲音相同而假借通用。

3. 沈德符的《萬曆野獲編》

　　　國初定諸夷時，高皇帝惡其反覆，賜以刀、曩、斧、砍四姓。其砍氏**今作**罕，亦作坎。(《萬曆野獲編》卷三十)

該例中指出“砍”字今作“罕”或“坎”。《篇海類編·地理類·石部》：“砍，砍研也。”《説文》：“罕，网也。從网干聲。”邵瑛《説文群經正字》：“按：篆作罕，于隸法當作 **罕**，今經典皆作罕。”“罕”字本義是“捕鳥用的長柄小網”。《説文》：“坎，陷也。從土，欠聲。”“坎”字本義是“地面低陷的地方”。在“砍四姓”中用“砍”字表示其本義，沈德符認爲“砍研”義今可借用“罕”或“坎”字表示。

4. 王士性的《五嶽游草·廣志繹》

　　　入鄴，以丁亥過湯陰，即**古**蕩陰。(《五嶽游草》卷二)

該例中指出“湯陰”爲古“蕩陰”。《説文》：“湯，熱水也。從水易聲。”“湯”的本義是“熱水”。《説文》：“蕩，水。出河内蕩陰，東入黄澤。從水，**募**聲。”王士性指出，在表示“蕩陰”時，《五嶽游草·廣志繹》用“湯陰”表示。

以上我們對明代的“古今字”研究進行了介紹，該時期受宋代影響，有大型韻書和字書，如《洪武正韻》和《正字通》，也有隨文注釋訓詁，如胡三省的《資治通鑒音注》、劉績的《管子補注》，還有少量史料筆記。雖然訓詁數量較前代有所減少，但是訓詁體式和載體和前代幾乎一致，直接繼承了前代的訓詁研究成果，爲明代末期和清代訓詁的繁榮發展奠定了一定的基礎。

八　統計分析

以上我們根據材料中的術語對該時期的"古今字"進行了抽樣分析，還需要對整個材料進行整體統計，以下我們根據術語和原因，對小學專書、隨文注釋和史料筆記中的材料進行了全面的分析，如表2-1所示。

表 2-1　宋元明時期"古今字"材料術語、原因統計

單位：%

分類			朝代					
			五代	遼代	宋代	金代	元代	明代
術語	小學專書	古（古文、古字、古作）	9.60	76.80	80.20	96.20	64.70	74.11
		今（今文、今字、今作）	90.00	23.20	8.50	3.80	34.14	10.20
	隨文注釋	古（古文、古字、古作）	0.30	0.00	8.80	0.00	0.89	13.90
		今（今文、今字、今作）	0.00	0.00	2.23	0.00	0.27	1.51
	史料筆記	古（古文、古字、古作）	0.00	0.00	0.27	0.00	0.00	0.14
		今（今文、今字、今作）	0.00	0.00	0.00	0.00	0.00	0.14

续表

分類			朝代					
			五代	遼代	宋代	金代	元代	明代
原因	小學專書	假借	9.00	0.00	0.87	0.10	8.20	6.10
		俗作	60.50	18.30	2.20	4.10	20.10	12.00
		偏旁	1.30	0.00	0.50	0.00	0.30	1.70
		字形	28.90	81.7	95.20	95.80	70.30	77.12
	隨文注釋	假借	0.00	0.00	0.24	0.00	0.00	0.30
		俗作	0.00	0.00	0.42	0.00	0.00	2.50
		偏旁	0.00	0.00	0.16	0.00	0.20	0.00
		字形	0.30	0.00	0.09	0.00	0.90	0.00
	史料筆記	假借	0.00	0.00	0.16	0.00	0.00	0.23
		俗作	0.00	0.00	0.00	0.00	0.00	0.00
		偏旁	0.00	0.00	0.00	0.00	0.00	0.00
		字形	0.00	0.00	0.11	0.00	0.00	0.05

根據表 2-1，我們可以清晰地看出各類材料在該時期的分布情況，也可以看出除五代時期外，其餘各個時期用"古（古文、古字、古作）"注釋的較多，且由於字形原因形成的"古今字"占多數。

九　小結

以上我們對五代、遼、宋、金、元、明時期的"古今字"注釋情況做了大體介紹和分析。把這些成果連綴起來，我們可以從宏觀上把握該時期的"古今字"訓詁的發展脈絡。

五代時期雖然政局動蕩，但是出現了研究《說文解字》的大家——徐鉉和徐鍇，二徐對《說文解字》的注解，其中有很多精闢的見解，不乏對“古今字”的認識。大徐主要指出了《說文》中的俗字和古文形體字；小徐注釋範圍進一步擴大，不僅指出了古文形體字，而且對古字、今字的使用及其形成原因做了闡釋。二徐的注解爲之後說文學的興盛奠定了基礎，提供了借鑒。

遼、金、元三代雖然是受外族統治的時代，但是也有大型小學專書出現，遼代的《龍龕手鑑》、金代的《五音集韻》、元代的《古今韻會舉要》，這三部大型韻書主要是對漢字古今形體的彙集，一個字之下有多個古文形體，有多個義項，具體在哪個義項上形成“古今字”，還需要我們根據具體用例做進一步的判斷。

宋代是該時期“古今字”研究最爲繁榮的時期，訓釋數量最多，訓釋術語和訓釋載體也較前代繁多，宋代時期對“古今字”學術史來說是承前啟後的時代，既繼承了前代的研究傳統，又有了該時期獨特的研究特色，更重要的是還有了一些敢於打破傳統的注釋家，在前代基礎上有所創新。所以，總的來看，宋代是該時段內“古今字”研究最爲興盛的時期。

明代在經歷了宋元兩代之後，繼續向前發展。雖然訓詁數量有所減少，但是各類注釋材料依然豐富，訓詁體式和載體幾乎和前代一致，直接繼承了前代的訓詁研究成果，且有的成果在前代的基礎上有所改進和創新，如張自烈的《正字通》，既繼承了《說文》系列字書的傳統，又在編排和解釋方面有較大的改進和創新，爲明代末期和清代訓詁的綜合、系統、科學的發展奠定了基礎。

第三章　宋元明時期"古今字"比較研究

一　宋元明時期"古今字"橫向比較

宋元明時期"古今字"的宏觀研究，我們在第一章、第二章已經進行了相關的介紹。該時期不同階段，從小學專書到隨文注釋再到史料筆記，各位訓詁家對"古今字"的基本認識與理解大致上是相同的，"古今字"涉及的古字與今字、時間、語音和所記録詞項基本上是一致的。但是該時期不同階段"古今字"研究又有其差異性，該時期與唐以前和清代"古今字"研究也有所不同。本章我們將進行該時期"古今字"研究的比較，包括該時期不同階段的比較，還有就是該時期與前後代"古今字"研究的比較，看看該時期的"古今字"研究對前代的繼承和對後代的影響，探討該時期研究的獨特性。

（一）各時期"古今字"研究的一致性

宋元明時期的"古今字"研究，從宏觀上來説是具有一致性的。從總體上看，宋元明時期學者對"古今字"研究的一致性體現在：首先，"古今字"屬於訓詁學範疇，有的訓釋是爲了清除閲讀障礙，但是該時期大部分"古今字"彙纂性強於溝通性；其次，"古今字"的

“古”與“今”是相對的，“古”是對前代的泛稱，而“今”則不一定是訓釋者當時所處的時代；最後，“古今字”中“古”字和“今”字是不對稱的，有部分是一對一的，即一個古字對應一個今字；還有大部分是一個古字對應多個今字，或者多個古字對應一個今字。

1.“古今字”屬於訓詁學範疇

根據前文所述，宋元明時期的“古今字”訓釋條例大多分布於各種小學專書、隨文注釋訓詁材料和一些史料筆記中，它們都是從屬於訓釋工作的，從五代時期到明代，“古今字”都是有關歷時不同字形之間意義關聯的問題，屬於訓詁學範疇，並不是專門指稱有的學者所說的文字學範疇的造字孳乳問題。從訓詁目的上看，該時期各個訓詁家注釋“古今字”主要出於兩個目的：一是解讀文獻，消除閱讀障礙，用“今字”注釋“古字”；二是收集和貯存字形，具有工具書性質，彙纂性大於溝通性。

（1）以解讀文獻爲目的的“古今字”注釋

解讀文獻，在唐代以前是“古今字”注釋最常見、最主要的訓詁意圖，同樣，在宋元明時期也有以解讀文獻爲目的的“古今字”。該類主要就是訓詁家用讀者易懂的“今字”注釋前代文獻中難懂的“古字”，二字字形不同，聲音相同，記錄的是同一個詞項。例如：

1）【二子乘舟，汎汎其景。】景，古影字。（朱熹《詩集傳》卷三）

2）【載營魄而登霞兮。】霞與遐同。古字借用。（朱熹《楚辭集注》卷五）

3）【鳥托巢于葭，人寄命于公。】葭，古叢字。（司馬光《集注太玄經》卷四）

4）【子曰：由也好勇過我，無所取材。】注：鄭曰：子路信夫子欲行，故言好勇過我，無所取材者，無所取於桴材，以子路不解，微言故戲之耳。一曰子路聞孔子欲浮海，便喜不復顧望，故孔子歎

其勇，曰過我無所取哉，言唯取於己。古字材、哉同。（孫奭《孟子注疏》卷五）

5)【匪厥】丁云義當作篚，篚以盛贄幣，此作匪，古字借用。（孫奭《孟子音義》卷上）

例1）和2）中朱熹分別指明“景”和“影”在表示“陰影”義、“霞”和“逷”在表示“遠”義時爲“古今字”，是爲了消除在閱讀《詩經》和《楚辭》時因不同文字的使用造成的障礙。例3）中司馬光指出“菆”和“叢”在表示“草叢”義時爲古今字關係，是爲了消除閱讀《太玄經》時遇到的障礙。例4）中孫奭指出“哉”和“材”古字在表示語氣詞時通用。例5）中孫奭指出“匪”和“篚”在表示“盛物的圓形竹器”義時古字借用。這兩例是爲了更加順利地理解《孟子》而注。

（2）以收集和貯存字形爲目的的“古今字”注釋

以上所言的以解讀文獻爲目的的“古今字”注釋，是利用讀者易懂的“今字”來注釋難懂的“古字”。除此之外，由於該時期材料的特殊性，小學專書中的“古今字”材料占了大部分，我們在第一章已經統計了各類材料的比重，並且小學專書大多具有工具書性質，該類工具書中的“古今字”訓釋不同於唐以前的小學專書注釋，該類材料對於字義的解釋大都脫離文獻，具有一定的概括性，並且好多字所記録的詞項並不是單一的，具有多義性。所以，這一階段的“古今字”訓釋已經不完全是爲了解讀文獻，更多的是爲了收集和貯存各種字形，方便大家查閱使用，其彙纂性大於溝通性。例如：

1)【殂】《説文》曰“往死也”。引《虞書》“放勛乃殂落”。古作徂、㱚、䃚、姐。（金 韓道昭《五音集韻》卷二）

2)【靁䨓䨓䨓䨓䨓䨓䨓】盧回切。《説文》“陰陽薄動，靁而生物者也”。亦姓。籀文靁，間有回回靁聲也。古作䨓、䨓、䨓、䨓、䨓、

靁、雷。（金 韓道昭《五音集韻》卷二）

3）【旨】《説文》云“美也”。从匕甘。又志也。亦作旨。【舌㫖㫖𠮛言】並古文。（金 韓道昭《五音集韻》卷七）

4）【龍竜龟䶬亀龔】《説文》“鱗蟲之長。春分而登天，秋分而潛淵”。曰寵也。又姓。亦州名。古作竜龟䶬亀龔。（宋 丁度等《集韻》卷一）

5）【農𨑲莀辳䢉𤲰】《説文》“耕也”。一曰厚也。又姓。古作𨑲莀辳䢉𤲰。（宋 丁度等《集韻》卷一）

以上例子都是將同一個字的不同字形收集在一起，術語爲“古作”或“並古文”，都是一個字有不同的古文字形體。這些小學專書將某個字古時不同的形體都收集在一起，方便人們查閱使用，並不是爲了解讀文獻。

2.“古今字”的“古”與“今”的相對性

段玉裁《説文解字注》云：“凡讀經傳者，不可不知古今字。古今無定時，周爲古則漢爲今，漢爲古則晋宋爲今，隨時異用謂之古今字。”① 這在漢代就已經被訓釋家認識到了，而且這種觀念一直到宋元明都是存在的。綜觀宋元明時期“古今字”訓釋我們會發現，其實在訓詁家心目中，“古今字”的“古”和“今”無一例外都是相對而言的。“古字”中的“古”是對前代某一歷史時期的通稱，“古”肯定早於訓詁家所處的時代，但是“今字”的“今”衹是相對於“古”而言的比較寬泛的時期，它可能是訓詁家注釋時所處的時代，也可能早於訓詁家注釋時所處的時代。例如：

1）【吅，驚嘑也。从二口。凡吅之屬皆从吅。讀若讙。】臣鉉等曰：或通用讙，今俗别作喧，非是。（徐鉉《大徐校訂説文》

① （漢）許慎撰，（清）段玉裁注《説文解字注》，上海古籍出版社，第 94 頁。

卷二）

2)【瑬，垂玉也，冕飾。從玉，流聲。】臣鍇曰：天子十有二
旒。旒之言流也，自上而下動則逶迤若水流也。冕瑬當作此瑬字，
今作旒，假借也。力周反。（徐鍇《説文解字繫傳》卷一）

3)【鎦】徒口反，酒器也。或作鎦。**今作**鐙。（行均《龍
龕手鑑》卷一）

4)【納内】《説文》"絲溼納納也"。一曰入也。**古作**内。（丁
度等《集韻》卷十）

5)【眒瞋】升人切。鳥獸驚皃。一曰疾也，引目也。**古作**
瞋。眒，又式刃切，張目也。文二，重音一。（司馬光《類篇》卷十）

以上例子中的"古""今"同樣是具有相對性的，即使例子中祇是
出現了"古"字或"今"字。前三例中的"今"可能是注釋家所處的
時代，也可能早於他們所處的時代；後兩例中的"古"肯定是早於注
釋家所處的時代的。

3. "古今字"中"古字"和"今字"的對應性

蔣志遠在《唐以前古今字學術史研究》中指出"古今字"是組概
念，"古今字"不僅是就單個"古字"或者"今字"而言，而且是指
"古""今"對應的一組字。這個觀點用在哪個時期都是適用的。在宋元
明時期的"古今字"訓釋中，"古字"和"今字"的對應情況是不同的，
有一個"古字"對應一個"今字"的，有一個"古字"對應多個"今字"
的，也有多個"古字"對應一個"今字"的。下面我們通過具體材料，
來看看宋元明時期"古今字"中"古字"和"今字"的對應情況。

（1）一個"古字"對應一個"今字"

【兑，説也。从儿，㕣聲。】臣鉉等曰：㕣，**古文**沇字，非聲。
當从口从八，象气之分散。《易》曰"兑爲巫爲口"。（徐鉉《大徐

校訂説文》卷八）

該例子中就是"充"和"㑡"爲"古今字","充"是"㑡"的古文形體字。"古今字"材料中一個"古字"對應一個"今字"的占據了絕大多數。

（2）一個"古字"對應多個"今字"

1)【蠭】《説文》曰"螫人飛蟲也"。《孝經·援神契》曰"蠭蠆垂芒，爲其毒在後"。【蜂】上同。【螽】古文。（《廣韻》卷一）

該例子中是同一個古字"蠭"有兩個不同的今字——"螽"和"蜂"，都表示"蜜蜂"義。

2)【腔】羊腔也。苦江切。十二。【𦚾】上同。【羫】古文。（《廣韻》卷一）

該例子中是同一個古字"羫"有兩個不同的今字——"腔"和"𦚾"，都表示"羊腔"義。

（3）多個"古字"對應一個"今字"
兩個"古字"對應一個"今字"，例如：

【氣，雲氣也。象形，凡氣之屬，皆從氣。】臣鍇曰：象雲氣之兒。古文又作氕、氜。邻利反。（徐鍇《説文解字繫傳》卷一）

三個"古字"對應一個"今字"，例如：

【殺】所札切，斷命也。又所界切，疾也。【布】【㪔】【𢾭】

並古文。

四個"古字"對應一個"今字",例如:

【箕】居宜切。簸箕也。【甘】【具】【筥】【𠥐】並古文。(陳彭年、丘雍《大廣益會玉篇》卷十四)

五個"古字"對應一個"今字",例如:

【農㲯𦓑𧀦𧂍𧂘】《説文》"耕也"。一曰厚也。又姓。古作㲯𦓑𧀦𧂍𧂘。(丁度等《集韻》卷一)

六個"古字"對音一個"今字",例如:

【㗊喪㗊𡘜𡘠𡘜】息郎切。亡也,从哭从亡,會意,隸作喪。古作㗊、𡘠、㗊、喪、𡘜、𡘜。喪,又四浪切。文六,重音一。(司馬光《類篇》卷二)

七個"古字"對應一個"今字",例如:

【克】能也。勝也。【𠅽𠅽𡷪𡷪𡷪𠅽𠅽】並古文。(韓道昭《五音集韻》卷十五)

以上例子説明了宋元明時期"古今字"材料對應的多樣性。一個"古字"對應一個"今字"和一個"古字"對應多個"今字"這兩種情況,該字的義項是單義的;而多個"古字"對應一個"今字",義項具有多義性,它們在哪個義項上形成"古今字"是需要進一步判定的。

4.“古今字”訓釋術語使用的集中性

在第一章中，我們對宋元明時期的“古今字”訓釋術語已經進行了列舉，將所有材料中涉及的術語都統計了出來，這些材料涉及的訓釋術語是紛繁複雜的。但是這些訓釋術語在不同時代並不是都會使用，各個時期的術語分布如下：

五代（今作、古文、古某字、今文作、今從、今字、今借、今文、古用、古作）

遼（古作、今作、古文、古字）

宋（古某字、古文、今作、古作、古從、古爲、今用、今文、今爲某、今通作、古字通用、古字借用）

金（古字、古文、今文、今作）

元（古某字、古文、古作、今某字、今文、今作、今借、今俗作、今書作、今通作、今從）

明（古某字、古文、古作、古字、今作、今文、古借、今字、古通作、古借用、今借用）

從以上我們可以看出，其中“古字”“今字”“古文”“今文”“古作”“今作”這幾個訓釋術語是宋元明各個時代都會使用的，具有普遍性。而且從漢唐一直到清代，這幾個術語都是訓釋“古今字”的主流。

（二）各時期“古今字”研究的獨特性

宋元明時期“古今字”研究我們在第二章論述中分六個時代分別進行研究。這六個時代的“古今字”研究雖然在總體上是具有一致性的，但是各個時代又有細微的差別。以下我們從“古今字”研究數量、研究內容兩方面來具體分析。

1.“古今字”研究數量

根據第一章我們對搜集到的“古今字”材料的統計可知，在宋代

“古今字”的研究數量是最多的，占 46.26%；其次是金代，占 18.68%；然後是明代，占 15.08%；接下來是元代，有 9.68%；最後是遼代和五代時期，分別是 7.50% 和 2.81%。可見，在該時期“古今字”研究數量不是一直呈上升趨勢的，而是有所波動的。如圖 3-1 所示，我們可以清楚地看到，“古今字”訓釋在宋代達到一個高峰。首先，在經過了五代時期的大分裂和由少數民族統治的遼代之後，宋代迎來了國家的統一；其次，這個跟當時“重文輕武”的施政方針是分不開的；最後，宋朝時出現了宋明理學，儒學得到復興，訓詁學家以理學爲中心，結合佛道，從經書中尋找各種證據，以附會義理，反過來又以“理”説經，窮理盡性，橫發議論。在經過了金、元兩個朝代後，迎來了中國歷史上最後一個由漢族建立的大一統王朝即明代，政治的清明會促進文化的繁榮與發展，所以“古今字”研究在明代又出現了一個小小的高峰。在遼、金、元三個朝代中，金代“古今字”研究最多，其次是元代，最後是遼代。主要是由於在金代，其統治者重視文化的發展，對中原文化強烈認同，使得其繼遼、宋之後不斷發展，超過了遼。五代時期“古今字”研究數量最少，這跟當時的大環境是分不開的，當時處於中國歷史上的一段大分裂時期，時局動盪，王朝更迭頻繁，所以自不用説，該時期“古今字”研究數量最少。

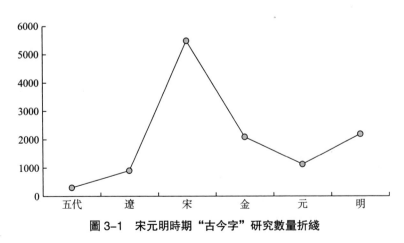

圖 3-1　宋元明時期“古今字”研究數量折綫

2."古今字"研究内容

宋元明時期"古今字"研究材料大體有三個來源，即隨文注釋、小學專書和史料筆記，不同時代的"古今字"材料來源不同，因此"古今字"研究内容也不同。五代時期主要是徐鉉、徐鍇對《説文解字》的校訂。大徐指出的"古今字"中多是本有記録某一義項的本字，而今不用其本字，多用俗字；小徐則側重於古今用字的變化，有的還闡明了形成"古今字"的原因。遼、金、元三個朝代"古今字"材料主要來源於小學專書，且以韻書爲主，遼代爲《龍龕手鑑》，金代有《五音集韻》，元代有《古今韻會舉要》。韻書的性質決定了其主要是服務於某個字字音的查閱，由於韻書的工具書性質，故其所涉及的"古今字"材料具有多義性，且一個今字對應多個古文，具體"古字"和"今字"在哪個義項上形成"古今字"，哪個"古字"和哪個"今字"構成"古今字"，都是需要進一步考辨的。明代時期的"古今字"材料多出自字書，主要有《正字通》《六書故》，涉及的"古今字"引證材料比較全面，研究内容既有古文形體的演變，又有漢字使用的變化及原因。而宋代既有大型韻書，如《集韻》《廣韻》，又有字書，如《類篇》《重修玉篇》，還有來自朱熹、孫奭等人的隨文注釋材料，該時期的"古今字"研究内容比較豐富全面，除了有從造字、字形演變角度來説明古字如何演變爲今字，還有從用字角度來説明不同時代或不同文獻中的用字習慣，還有説明"古今字"形成原因的。

二　宋元明時期"古今字"研究與前後代"古今字"研究的縱向比較

上一節我們對宋元明時期"古今字"研究做了一個橫向比較，闡述了該時期不同朝代"古今字"研究的一致性和差異性。該時期"古今字"研究和唐以前與清代"古今字"研究又有怎樣的一致性與差異呢？我們需要將其與前後代"古今字"研究做一個縱向比較，由此可以看出該時期對前代"古今字"研究的繼承與發展，對清代"古今字"研究的影響。

（一）宋元明時期"古今字"研究與前後代"古今字"研究的一致性

1."古今字"材料

宋元明時期"古今字"材料共計 11074 條，其中大部分是前代已經訓釋過的，並且對前代的訓釋多持認可的態度。"古今字"這一概念起源於漢代，唐以前大量學者已經對"古今字"進行過訓釋，並且也表述了"古今字"的成因。這些都爲後代所繼承，不論是宋元明時期還是清代，"古今字"材料中，大部分與前人的訓釋重複，有時還引用前人的"古今字"訓釋，後代對"古今字"成因的認識也和唐以前相似，基本上沿襲了唐以前的觀點。

例如：

宋元明：

1）【郟】《漢·匈奴傳》"秦襄公伐戎至郟"。**師古**曰"郟，古岐字"。增入。（宋 毛晃、毛居正《增修互注禮部韻略》卷一）

2）【瀕】《賈山傳》"瀕海之觀"。師古曰"謂緣海之邊也"。**張揖**《字詁》"瀕是古濱字"。（宋 毛晃、毛居正《增修互注禮部韻略》卷一）

3）【視】瞻也，比也，效也。俗作眎。亦作眂、眡。《說文》作眡。《曲禮》"幼子常視母誑"。注"視，古示字"。"漢祖視項羽無東意”，**師古**曰“《漢書》多以視爲示，古字通用”。《鹿鳴》詩“視民不恌”注“古示字”。（宋 毛晃、毛居正《增修互注禮部韻略》卷四）

4)【殯】《漢書·王莽傳》設丨粥，**師古**曰：古飧字。（宋 婁機《班馬字類》卷一）

5)【邦】悲江切。小曰邦，大曰國。从丰从邑。**《説文》**云“古作㞐”。（宋 毛晃、毛居正《增修互注禮部韻略》卷一）

6)【熨】《音義》云：古文尋字。（遼 行均《龍龕手鑑》卷四）

7)【艐】《方言》“艐，至也”，**郭璞**曰“古届字”。（宋 毛晃、毛居正《增修互注禮部韻略》卷四）

8)【戡】《漢·五行志》“王心弗戡”，**孟康**曰“古堪字”。（宋 毛晃、毛居正《增修互注禮部韻略》卷二）

“古今字”這一概念産生於漢代，從漢代開始就有大量的訓釋材料反映了許多訓詁家對“古今字”的認識。宋元明時期研究“古今字”也是在前人的基礎上繼續進行的，不免有對前人注釋的認可。以上例證分別説明了宋元明時期對唐以前“古今字”材料的沿襲與認可，例1)、例3)和例4)都是來自唐代顔師古的《漢書注》，例2)出自唐代張揖的《古今字詁》，例5)來自東漢許慎的《説文解字》，例6)來自唐代慧琳的《一切經音義》，例7)來自魏晉郭璞的《方言注》，例8)來自三國時孟康的《漢書注》。

清代：

1)［余，語之舒也］……然則余之引伸訓爲我。《詩》、《書》用“予”不用“余”，《左傳》用“余”不用“予”。《曲禮·下篇》：“朝諸侯分職授政任功，曰：予一人。”注云：“《覲禮》曰‘伯父寔來，余一人嘉之’，**余、予古今字**。”（清 段玉裁《説文解字注》卷二）

2）[懷、就、息、隋、罷、還、返、逗、免、迋，歸也]迋
即往字也。莊二年《穀梁傳》云：“王者，民之所歸往也。”**顏師
古**注《漢書·揚雄傳》云：“迋，古往字。”（清 王念孫《廣雅疏證》
卷二）

3）[可以棲遲]傳：“棲遲，遊息也。”瑞辰按：棲遲疊韻字，
《説文》：“屖，屖遲也。”據《玉篇》：“屖，今作栖。”《説文》遲
籀文作遅，是“屖遲”既“棲遲”也。（清 馬瑞辰《毛詩傳箋通釋》
卷十三）

4）[贛鴞、鷇鷱，鵰也]：《説文》：“鷱，鳥黑色多子。”……
又云：“鳶，鷱鳥也，從鳥，屰聲。”音與專切，**徐鉉**云：“屰非聲，
疑從萑省，今俗別作鳶，非是。”（清 王念孫《廣雅疏證》卷十）

5）[静女其姝]《傳》：“静，貞静也，姝，色美也。”瑞辰按：……
《説文》：“袾，好佳也。”引《詩》“静女其袾”。袋字注：“一曰
若‘静女其袾’之袾。”又：“妭，好也。”引《詩》“静女其妭”。
蓋本三家詩。袾則姝之同音假借也。《一切經音義》卷六云：“姝，
古文妭，同。”（清 馬瑞辰《毛詩傳箋通釋》卷四）

6）[不思舊姻，求爾新特。]箋：“壻之父曰姻……”瑞辰按：
壻與婦之父相稱爲婚姻……**徐楚金**《説文解字通論》“禮”曰：“姻
不失其親，故古文肖女爲妻。肖，古貴字也。”是皆以壻因於婦家爲
姻矣。（清 馬瑞辰《毛詩傳箋通釋》卷十九）

7）[山蘄，當歸也]《爾雅》云：“薜，山蘄。”郭注云：“《廣雅》
云：‘山蘄，當歸。’”……《釋文》云：“蘄，古芹字。”（清 王念
孫《廣雅疏證》卷十）

根據宋元明時期“古今字”研究對唐以前的認可，可以知道清代的
“古今字”研究同樣會有很多材料是對清代以前“古今字”研究的繼承。
以上例 1）是對漢代鄭玄《禮記注》中材料的引用，例 2）來自唐代顏師

古的《漢書注》；例3）出自梁顧野王的《玉篇》，例4）出自五代時期的徐鉉對《説文解字》的校訂，例5）出自唐代慧琳的《一切經音義》，例6）來自宋代徐楚金《説文解字通論》，例7）來自唐陸德明《經典釋文》。

2.“古今字”内容

“古今字”訓注從漢代開始後，從未間斷過。唐以前主要是爲了解決閱讀文獻過程中因文字不同而產生的障礙，到了宋元明時期也有解決文獻閱讀障礙的，但主要是爲了彙纂、收集和貯存字形，到了清代則以説明用字現象、用字規律爲主。雖然不同時期訓釋“古今字”的目的不同，但是在訓釋時，主要集中在幾個方面：從造字、字形演變角度説明古字如何演變爲今字；從用字角度説明古今用字習慣的不同，其中涉及“古今字”演變的原因，文字假借，詞義變化，漢字偏旁的增減。字形的訛變、誤變，這些都是各個時代較爲主要的原因。

唐以前：

1)【齒】口斷骨也。象口齒之形，止聲。凡齒之屬皆从齒。𠚾，古文齒字。（漢 許慎《説文解字》卷二）

2)【舞】樂也。用足相背从舛；無聲。𦐽，古文舞从羽、亡。（漢 許慎《説文解字》卷五）

3)【黄金勺，青金外，朱中，鼻寸，衡四寸】……鄭司農云“鼻謂勺龍頭鼻也，衡謂勺柄龍頭也”。玄謂鼻，勺流也，凡流皆爲龍口也。衡，古文横。假借字也。（《周禮注疏》卷四十一）

4)【大夫佩水蒼玉而純組綬】……純當爲緇，古文緇字或作絲旁才。（《周禮注疏》卷三十）

5)【僮僕作使】作則各反，使所吏反。案《玉篇》“古之用字幼童爲僮，僮僕爲童，與今一倍別也”。鄭注《禮記》曰“僕爲賤役之人也”。（《一切經音義》卷二十二）

以上列舉了唐代以前訓釋家對"古今字"研究的不同内容。例1）側重的是古文字形體的演變；例2）側重從造字的角度説明古今字的區别；例3）側重由於文字假借形成的"古今字"；例4）側重於造字時選用不同偏旁；例5）側重於古今用字習慣不同形成的"古今字"。

宋元明：

1)【吅，驚嘑也。从二口。凡吅之屬皆从吅。讀若讙。】臣鉉等曰：或通用讙，今俗别作喧，非是。（五代 徐鉉《大徐校訂説文》卷二）

2)【瑬，垂玉也，冕飾。從玉，流聲。】臣鍇曰：天子十有二旒。旒之言流也，自上而下動則逶迤若水流也。冕瑬當作此瑬字，今作旒，假借也。力周反。（五代 徐鍇《説文解字繫傳》卷一）

3) 古文心甬爲勇，見義而爲也，心主於義，士不尚力也。惪。（五代 徐鍇《説文解字繫傳》卷35）

4)【烖】天火曰烖。祖才切。十二。【灾】上同。【災】籀文。【灾】古文。（宋 陳彭年、丘雍《廣韻》卷一）

5)【縣】《史記·殷紀》：縣肉爲林，《高祖紀》縣隔千里，《漢書·高紀》同，師古曰：此本古之懸字，後人轉用爲州縣字，乃更加心以别之，非當借音。《元帝紀》縣蠻夷邸門，古懸字。《禮樂志》高張四縣，《西域傳》縣繩而度，《詩》有縣貆兮。《春秋左氏傳》室如縣罄。（宋 婁機《班馬字類》卷二）

6)【亥】指事。下改切，帀，古文。一曰亥，有二首六身，亦古文亥爲豕，與豕同，比豕減一畫，本象豕形。（元 周伯琦《説文字原》)

7)【郾，國也，齊桓公之所滅。从邑，覃聲。】臣鉉等曰：

今作譚，非是。《説文》注義有譚長，疑後人傳寫之誤。徒含切。（五代 徐鉉《大徐校訂説文》卷六）

8）【徙】想氏切。商次清次音。《説文》移也。本作辻。今文轉寫作徙。《説文》“古作征”。《集韻》又或作棨䢩。案《説文》本从辵从止。當作辻。古文云當作征。今文徙字既從古作征，又於止下增止，亦轉寫之誤也（元 熊忠《古今韻會舉要》卷十一）

以上是宋元明時期“古今字”研究的不同内容。例1）側重於不同時代用字習慣不同；例2）側重於由於文字假借形成了“古今字”；例3）側重從造字角度，選用不同偏旁；例4）側重古今漢字形體演變；例5）側重於通過增加偏旁而形成今字；例6）側重於造字時漢字筆畫的省減；例7）側重於後人傳寫訛誤形成了“古今字”；例8）側重於今人轉寫的錯誤。

清代：

1）黄生《字詁》“孞”：孟字，古作  。按《禮緯》云：“嫡長稱伯，庶長稱孟。”故  字从子，旁兩注指事，明其爲旁出也。（清 黄生《字詁》）

2）王筠《説文釋例》卷九：有展轉相從而卒歸於本字者……，古蕢字，貴字從其聲，而加艸則爲蕢也；，古終字，加仌爲冬，再加糸則爲終也；亩，古廩字，加禾爲稟給之稟，再加广則仍倉廩也；冖，覆也，《玉篇》曰“今爲冪”，冪即《巾部》幎字也，冥從冖聲，幎又從冥聲。（清 王筠《説文釋例》卷九）

3）段玉裁《説文解字注》第二“彴，行示也”：《大司馬》：“斬牲，以左右徇陳，曰：不用命者斬之。”《小子》：“凡師田，斬牲，以左右徇陳。”陸德明引《古今字詁》曰：“徇，巡也。”按：如《項羽傳》“徇廣陵”，“徇下縣”，李奇曰：“徇，略也。”如淳曰：“徇

音撫循之循。"此古用循、巡字,漢用徇字之證,此《古今字詁》
之義也。(清 段玉裁《說文解字注》卷二)

4)王筠《說文釋例》卷八:……而許君收之同部而不目爲重
文者,此乃古今人用字之界大爲之別,所以適用也。《易》曰:"百
官以治,萬民以察。"是文字之作原取其有別。"丂"下云"古文
以爲亐字,又以爲巧字",知古亐、巧皆作丂,爲其無別也,乃即
丂加一以爲亐,加工以爲巧,各適其用,不復相通矣。《小宗伯》注:
"故書位作立,鄭司農云'立讀爲位'。古者立位同字,古文《春秋經》
'公即位'爲'公即立'。"然則許君所目爲重文者,據當時仍合爲
一也,所不目爲重文者,據當時已分爲二也。古蓋無位字,故用立,
及已有位字即不復用立字,使人覩名知義不須推求也。今人舍專
字而用古人通用之字,以是爲博,以是爲雅,直命爲惑焉可也。(清
王筠《說文釋例》卷八)

例1)側重於古今字形的區別,例2)側重從造字增偏旁角度解
釋"古今字",例3)側重從不同文獻用字習慣來解釋"古今字",例
4)側重於古今文字假借。

根據對唐以前、宋元明、清代這三個不同時期的"古今字"材料
的列舉和内容的歸納,我們可以發現,這三個不同時期諸多訓詁家對
"古今字"的解釋和説明大都側重於古今字形體的演變、造字和用字這
三個角度。造字角度主要是選用不同的偏旁,或者增減偏旁,或者改
換偏旁,或者增減筆畫;用字角度主要是側重於文字假借、不同文獻
用字、後人傳寫訛誤等。各個時期的"古今字"研究内容覆蓋面大致
是相同的,衹是各個時期研究的深淺程度有所區別。清代的研究達到
了高峰,是"古今字"研究的理論化、系統化時期。

3."古今字"訓釋術語

從漢代到宋元明再到清代,訓釋"古今字"所使用的表述用語

從總體上來説變化不是很大，一直都是以“古某字”“古作”“今作”“今某字”這幾個訓釋術語爲主。唐代以前訓釋術語祇有“古字”“古今字”“古文”“今作”“今某字”這幾種，到了宋、元、明、清，纔出現了以唐前這些基本表述用語爲基礎的相關變體。或限定使用範圍，如“或作”“亦作”“多作”“皆作”“並作”等；或添加具體使用原因，如“借作”“假借”“省作”“當作”“俗作”“訛作”等。清代沿襲了宋元明時期，和前代基本上是相類似的，祇是研究材料的範圍擴大了，研究也比以前更深入了。即使術語發生了相應的變化，但基本還是“古某字”“古作”“今作”“今某字”這幾個，這在各個時代都是統一的。

（二）宋元明時期“古今字”研究與前後代“古今字”研究的差異性

1. 訓注目的不同

（1）唐以前：以解讀文獻爲主

唐以前的“古今字”注釋主要是由於在古書閲讀過程中遇到難以理解的“古字”，訓詁家用人們熟知的“今字”加以注釋，來溝通文獻，所以該時期的“古今字”主要是爲了解決由於時代不同以及古今用字變化而造成的閲讀古書的困難，目的是使人更能理解古文的意思。例如：

（1）【故人不耐無樂，樂不耐無形，形而不爲道，不耐無亂】形，聲音動静也。耐，古書能字也，後世變之，此獨存焉。古以能爲三台字。(《禮記注疏》卷三十九）

（2）【植璧秉珪，乃告大王、王季、文王】(……植，置也……）正義曰：……鄭云“植，古置字”。故爲置也。(《尚書注疏》卷

177

十三）

（3）【狂夫阻之衣也】狂夫，方相氏之士也。阻，古詛字。
將服是衣，必先詛之。（魏晋 韋昭《國語注》卷七）

（4）【于嗟洵兮，不我信兮】（洵，遠。信，極也）正義曰：信，
古伸字。故《易》曰"引而信之"。伸即終極之義，故云"信，極也"。
（《毛詩注疏》卷二）

（5）【遣水衡都尉吕破胡募吏民及發犍爲、蜀郡犇命擊益州，
大破之】應劭曰："舊時郡國皆有材官騎士曰赴急難，今夷反，常
兵不足曰討之，故權選取精勇。聞命奔走，故謂之奔命"。李斐曰：
"平居發者二十曰上至五十爲甲卒，今者五十曰上六十曰下爲奔命。
奔命，言急也"。師古曰：應説是也。犇，古奔字耳。（唐 顏師
古《漢書注》卷七）

（2）宋元明：以彙纂、收集和貯存字形爲主

在第二章我們詳細論述了宋元明時期"古今字"的具體研究情
況，可知，該時期大型小學專書居多，"古今字"研究材料來源於小
學專書的就有96.23%，是該時期"古今字"的主體。該時期小學專
書分爲韻書和字書，都是大型工具書。這類工具書中的"古今
字"訓釋不同於唐以前的文獻注疏，它們對字義的解釋大都是脱離具體文
獻的，具有一定的概括性，並且往往是多義的。這些工具書中"古今
字"訓釋以"古文"等術語居多，聯繫古時的多個形體，這些"古
文"來源比較豐富、數量多。其"古今字"訓釋是具有"古今"對應
關係的一組字，而非僅建立在某個單一義項上。所以，該時期的"古
今字"訓釋目的主要不是解讀文獻，更多的是彙纂、收集和貯存字
形，方便讀者查閲。例如：

（1）【龕龑龗龗襄】五古文龍字。（遼 行均《龍龕手鑑》卷四）

（2）【畝】《司馬法》“六尺爲步，步百爲畝，秦孝公之制，二百四十步爲畝也”。【晦畆】並古文。（宋 陳彭年、丘雍《廣韻》卷三）

（3）【叐】于九切。同志爲叐，今作友。【友】同上。【㕛】【習】並古文。（宋 陳彭年、丘雍《大廣益會玉篇》卷六）

（4）【君𠺞𦮙𦮙𠃭】《説文》“尊也。从尹。發號，故从口”。一曰群也。下之所歸也。古作𠺞、𦮙、𦮙。唐武后作𠃭。（宋 丁度等《集韻》卷二）

（5）【商𧶜𧷒𧶜𧷒𧶜𧷒】尸羊切。《説文》“从外知内也”。一曰刻也；一曰契所封。地名，亦姓；一曰徵音之所生。古作𧶜、𧷒、𧶜、𧷒、𧶜、𧷒，文七。（宋 司馬光《類篇》卷七）

（6）【賓】必鄰切。敬也。迎也。列也。遵也。服也。【賔賔㝏賔竇】並古文。（金 韓道昭《五音集韻》卷三）

（7）【終】之戎切。音與中同。《説文》本作終絿絲也。从糸冬。隸作終。一曰盡也。《易》乾卦知終，終之注知一卦之盡也。《廣韻》極也。窮也。竟也。《增韻》又畢也。又田制成十爲終，終十爲同。又殍也。《禮記》“君子曰終，小人曰死”。注：事卒爲終。又無終，國名。《左傳》注山戎。又姓。陸終之後以名爲氏。《集韻》古作𠔄𠔄𠔄宂。（元 熊忠《古今韻會舉要》卷一）

（8）【个】古賀切。竹一竿也。亦作箇。《説文》唐本曰“箇竹枝也。今或作个。半竹也”。（明 戴侗《六書故》卷二十三）

（3）清代：以説明用字現象、用字規律爲主

清代“古今字”研究逐漸趨於理性化，從剛開始的“隸屬於文獻訓詁”，轉爲“一種語言文字變化發展規律”，進而開始從各種文獻和實際用字中探索和挖掘“古今字”的規律，並且利用這種規律進行文

獻上的解釋、考證、校勘等，實現了文獻與語言之間的互證。①該時期“古今字”研究以説明用字現象和用字規律爲主，而非單純利用“古今字”術語解釋文獻或貯存字形，開啓了對“古今字”本身的研究。例如：

（1）［鬭，遇也］疊韻。凡今人云鬭接者，是遇之理也。《周語》：“穀雒鬭，將毁王宫。”謂二水本異道而忽相接合爲一也。古凡鬭接用鬭字，鬥争用鬥字。俗皆用鬭爲争競，而鬥廢矣。从鬥斲聲。都豆切。四部。（清 段玉裁《説文解字注》卷三）

（2）［摜］：摜與辵部遺，皆貫之分别文。古有習貫之語而無專字，借貫爲之，後乃作遺、摜以爲專字，寫經者苦其繁，故今本仍作貫也。（清 王筠《説文解字句讀》卷十二上）

（3）……而許君收之同部而不目爲重文者，此乃古今人用字之界，大爲之别，所以適用也。《易》曰：“百官以治，萬民以察。”是文字之作原取其有别。“丂”下云“古文以爲亏字，又以爲巧字”，知古亏、巧皆作丂，爲其無别也，乃即丂加一以爲亏，加工以爲巧，各適其用，不復相通矣。《小宗伯》注：“故書位作立。鄭司農云：立讀爲位，古者立位同字，古文《春秋經》‘公即位’爲‘公即立’。”然則許君所目爲重文者，據當時仍合爲一也，所不目爲重文者，據當時已分爲二也。古蓋無位字，故用立，及已有位字即不復用立字，使人觀名知義不須推求也。今人舍專字而用古人通用之字，以是爲博，以是爲雅，直命爲惑焉可也。（清 王筠《説文釋例》卷八）

（4）［合亼口也］从亼从口，會意。按：亼亦聲。三口相同爲合，十口相竝爲叶，十口相傳爲古。按：此即今所用之答字，古或作畣，下當从曰，不从田。（清 朱駿聲《説文通訓定聲》卷三）

---

① 鍾韻：《清代古今字學術史研究》，未刊稿，第120頁。

（5）［若合而函吾中］……家大人曰：“函”訓爲容，不訓爲入，舀即“或舂或揄”之揄，亦不訓爲入。作函、作舀，皆舀字之訛也。舀本作臽，形與函相似，故訛而爲函……《說文》：“舀，小阱也。從人在臼上，舂地坎，可舀人。”今經傳通作陷。（清 王引之《經義述聞》卷二十一）

2.訓注術語的不同

從漢代到宋元明再到清代，訓釋“古今字”所使用的表述用語從總體上來說變化不是很大，一直都是以“古某字”“古作”“今作”“今某字”這幾個訓釋術語爲主，但是在這些術語基礎上產生的一系列變化在宋元明時期最明顯，並且延續到了清代。唐以前“古今字”術語祇有“古字”“今字”“古文”“今作”“古今字”，到了宋元明其變體出現了很多，我們在第一章已經將該時期的“古今字”術語進行了列舉，我們看到在清代的材料中也是沿襲了宋元明時期多樣的訓注術語。在這些訓注術語中，最突出的是“古文”內涵的演變，還有就是“古今字”術語使用的頻率。

（1）“古文”具體所指的演變

“古文”這個術語的具體所指並不是一成不變的，其內涵是比較複雜的。很多學者不贊成把“古文”和“古今字”對等起來是有一定道理的，因爲在不同時代、不同環境、不同文本中，二者的具體所指是有差別的。但本着學術史“求真有”的原則，其可以表示古時的用字情況，又有“古今”對應的這種表述，我們還是把含有“古文”的訓注全部納入我們的研究材料中來。下面我們具體分析看看“古文”在不同時期的所指。

唐以前：“古文”産生於漢代，最初是指古代版本，還可指孔壁中古書的字體，在《說文》中也有古文、籀文、小篆形體的對應。總的來說，“古文”在唐代以前主要是指“今文經或古文經的版本”和“古文字體”，當然也有指稱古今用字變化的。

1）指稱經今古文版本

【若殺，則特豚，載合升，離肺實于鼎，設扃鼏】……今文扃爲鉉，古文鼏爲密。（《儀禮注疏》卷一）

【設黍于腊北，其西稷。設湆于醬北。御布對席，贊啓會，卻于敦南，對敦于北】啓，發也。今文啓作開。古文卻爲綌。（《儀禮注疏》卷二）

【贊爾黍，授肺脊，皆食，以湆、醬，皆祭舉、食舉也】爾，移也，移置席上，便其食也。皆食，食黍也。以，用也，用者，謂啜湆哜醬。古文黍作稷。（《儀禮注疏》卷二）

【共喪紀之庶羞，賓客之禽獻】喪紀，喪事之祭，謂虞祔也。禽獻，獻禽於賓客。獻，古文爲獸。杜子春云“當爲獻”。（《周禮注疏》卷四）

【卒脊，皆設扃、鼏，乃舉，陳鼎于廟門之外，東方北面北上】北面北上，鄉內相隨。古文鼏皆爲密。（《儀禮注疏》卷四十七）

以上五例中，鄭玄用“古文”和“今文”是想説明他所見到的某個“今文”或者“古文”在不同版本當中曾經寫作不同的字，如“扃—鉉”“鼏—密”“啓—開”“卻—綌”“黍—稷”“獻—獸”，鄭玄的注釋都是立足《儀禮》《周禮》等單部書的不同版本進行的討論，關注的是對不同版本異文的校勘，而不是古今用字的不同。

2）指稱古文字體

該種情況多出現於許慎的《説文解字》中，在《説文》中，常用古文、籀文、小篆作爲三種不同字體來對應。《説文》中的“某，古文某”意在指出該字頭古文字體的字形。例如：

帝，諦也。王天下之號也。从上朿聲。𛰤古文帝。古文諸丄字皆从一，篆文皆从二。二，古文上字。辛示辰龍童音章，皆从古文上。（漢 許慎《説文解字》卷一）

君，尊也。从尹。發號，故从口。𩁝古文象君坐形。（漢 許慎《説文解字》卷二）

商，从外知内也。从㕯，章省聲。𩁊古文商。𛰤亦古文商。𩁊籀文商。（漢 許慎《説文解字》卷三）

謀，慮難曰謀。从言某聲。𤲟古文謀。𤳝亦古文。（漢 許慎《説文解字》卷三）

兵，械也。从廾持斤，并力之皃。𤲥古文兵，从人、廾、干。𤲥籀文。（漢 許慎《説文解字》卷三）

《説文》中的"古文"與小篆字形是有差異的，時間上也略早於小篆，實際上已經形成了古今不同的用字。但是許慎將其與籀文、小篆一並作爲一種字體相對應，從許慎的角度來看，《説文》中的古文大部分屬於一種字體概念。

3）指稱古今用字變化

疋，足也。上象腓腸，下从止。《弟子職》曰："問疋何止。"古文以爲《詩·大疋》字。亦以爲足字。或曰胥字。一曰疋，記也。凡疋之屬皆从疋。（漢 許慎《説文解字》卷二）

詖，辯論也。古文以爲頗字。从言皮聲。（漢 許慎《説文解字》卷三）

【大祭祀，讀禮灋，史以書敘昭穆之俎簋】……故書簋或爲几。鄭司農云"几讀爲軌，書亦或爲簋，古文也"。（《周禮注疏》卷二十六）

【置槷以縣】故書槷或作弋。杜子春云"槷當爲弋，讀爲杙"。

玄謂染，古文臬。假借字。(《周禮注疏》卷十二)

【甿隸之人，而遷徙之徒也】善曰：……如淳曰“甿，古文氓。氓，人也”。(唐《文選》卷五十一李善注)

宋元明：該時期的“古文”這一術語主要出現在大型工具書當中，有韻書和字書。比如《廣韻》《集韻》《五音集韻》《宋本玉篇》《類篇》《正字通》《六書故》《洪武正韻》等。這些字書、韻書的“古文”在來源上比較複雜，不光是《説文》“古文”，有些書中的“古今字”“古某字”的訓釋被收入這類字書時，有的也使用“古文”，這些“古文”祇是爲了補充“古今”不同字形而出現，也可以算是古今的用字問題，這些“古文”經常單獨出現，不與“今文”相對應。下面我們舉例説明該時期“古文”的不同出處。

1）出自《説文》古文

聞，武云切。《説文》云：“知聲也。”《書》云：“予聞如何。”又音問。䎽、䏌，**並古文**。(宋 陳彭年、丘雍《玉篇》卷四)

2）出自《説文》或體

松，徐容切。木名。寀，**古文**。(宋 陳彭年、丘雍《玉篇》卷十二)

3）出自《説文》籀文

隘，陜也。陋也。烏懈切。六。䪗，**古文**。(宋 陳彭年、丘雍《廣韻》卷四)

姻，婚姻。《白虎通》曰：“婦人因人而成故曰姻也”。《字林》云：

“婚婦家，姻壻家”。媚，**古文**，出《周禮》。（宋 陳彭年、丘雍《廣韻》卷一）

　　4）出自《説文》正篆

　　朝，早也。又旦至食時爲終朝。又朝鮮國名。亦姓。《左傳》有蔡大夫朝吴。陟遥切。又直遥切。二。輆，**古文**。（宋 陳彭年、丘雍《廣韻》卷二）

按：《説文》“朝”字正篆字頭作“倝（輆）”，無重文，“朝”爲後隸定字形。

5）《説文》收爲兩字的

　　庸，常也。用也。功也。和也。次也。易也。又姓，漢有庸光。㽬，**古文**。（宋 陳彭年、丘雍《廣韻》卷一）

按：“㽬”“庸”《説文》收爲兩字。“㽬”訓“用也。从亯从自。自，知臭香所食也。讀若庸”。“庸”訓“用也。从用从庚。庚，更事也。《易》曰：先庚三日”。

6）其他出處

　　①窶，**古文**樓。（明 張自烈《正字通》卷十二）

按：出處爲司馬光《類篇》：“樓，古作窶。”

　　②魝，**古文**辥本作魝。（明 張自烈《正字通》卷六）

按：出處爲《集韻》：“辭，古作𤔲。”

③彪，古文變。（明 張自烈《正字通》卷三）

按：出處爲《集韻》：“變，古作彪彪。”

④【畖】古文畛。（明 張自烈《正字通》卷七）

按：出處爲《玉篇》：“【畛】諸引、諸鄰二切。十夫之道也。《説文》云“井田閒陌也”。【畖】古文。”

⑤【𣊵】古文博。（明 張自烈《正字通》卷十二）

按：出處爲《五音集韻》：“【博】補各切。廣也。大也。通也。【𣊵】古文。”

⑥【宋、朱】上，勿方、莫耕二翻，棟也，庿也。下，古文困。（明 郭忠恕《佩觿》卷中）

按：“𠧨”字出處爲《廣韻》：“【困】亂也。逃也。病之甚也。悴也。極也。苦悶切。四。【朱】古文。”

⑦弓、弓，上，居中翻，弓矢。下，大旦翻，**古文**彈。（宋 郭忠恕《佩觿》卷中）

按：“弓”字出處爲《集韻》：“彈，亦作弓。”

⑧【刅】古文。疾容、七茶、即容三反。今作從。（遼 行均《龍龕手鑑》卷四）

按：出處爲《集韻》：“【从刅從迦】《説文》‘相聽也。从二人’。又姓。古作刅。隸作從。或作迦。”

⑨公，古紅切。通也。父也。正也。……㕣，**古文**。（金 韓道昭《五音集韻》卷一）

按：出處爲《集韻》：“公，古作㕣。”

⑩【風】方戎切。【飌凬凮】古文同上。（金 韓道昭《五音集韻》卷一）

按：出處爲唐玄度《九經字様》“【飌】古文風。見《周禮》”。後見《廣韻》：“【風】教也。佚也。告也。聲也。《河圖》曰‘風者天地之使’。《元命包》曰‘陰陽怒而爲風’。方戎切。七。【飌】古文。”

宋元明時期“古文”豐富的來源，可以看出其不能和漢代時期的“古文”相提並論，該時期的“古文”主要是説明古今用字的問題。

清代：該時期的“古文”和漢代的相似。相對於宋元明時期大型字書的盛行，清代大型字書非常少，但是在體例上有所發展，表述古今用字很少用“古文”這個術語了，所引用的都是具體語料注疏中的訓釋。清代的“古文”大多出現在文獻考證類材料中，或指稱經今古文的不同版本的用字，或是在《説文》學作品中專門説明《説文》中重文的“古文”。總之，這兩類“古文”所占的比重遠遠超過直接表述古今用字的“古文”。如：

1)【覿，見也】《貝部》“賣”下曰：“衒也。”衒者，“行且賣也”。賣即《周禮》之覿字，今之鬻字。**覿訓見，即今之覯字也。**《釋詁》曰：覯，見也。《公羊傳》、《穀梁傳》、《士昏禮》、《聘禮》、《論語》鄭注、《國語》韋注皆同。**按經傳今皆作覯，覯行而覿廢矣。**許書無覯字，獨存古形古義於此也。**以他字例之，蓋《禮經》古文作覿，今文作覯。**許從古文，不從今文歟。大徐本竄取《周禮》，改見爲賣，非是。《周禮》覿訓買，《玉篇》作“覿，買也”。今又作賣，則誤之中又有誤焉。（清 段玉裁《説文解字注》卷八）

按：該例中的“古文”“今文”是指《禮經》的古今文版本的不同用字情況，“古文作覿，今文作覯”，並且《禮經》的古文版本正好用了古字，而今文版本正好用了今字，情況恰好符合“覿、覯古今字”。

2)【《説文字原》一卷、《六書正訛》五卷（大學士於敏中家藏本）】全書皆用小篆，而“香”字仍從古文作皀，別注小篆作馫。如斯之類，尤未免爲例不純。大抵伯琦此二書，推衍《説文》者半，參以己見者亦半。（清《四庫全書總目提要》）

按：該例中的“古文”是指《説文解字》中的古文形體字，即《説文》中重文的“古文”。

（2）“古今字”使用頻率的變化

“古今字”這一表述用語雖然自漢代就產生了，但是其使用頻率是比較低的。唐以前“古今字”用語的材料爲 40 條，占 1.19%；宋元明時期“古今字”用語的材料僅有 21 條，占 0.19%；清代“古今字”的使用頻率迅速提高，在 5051 條材料中就有 440 條使用了“古今字”，占所有表述用語的 8.71%。

表 3-1　不同時期“古今字”使用頻率統計

單位：%

唐以前“古今字”使用頻率	宋元明“古今字”使用頻率	清代“古今字”使用頻率
1.19	0.19	8.71

　　根據表 3-1，“古今字”這一術語在宋元明時期的使用是最少的，在清代達到了高峰。爲何在宋代大量的“古今字”訓釋材料中却祇有0.19% 的材料使用了“古今字”術語呢？我們認爲這種情況首先跟該時期訓詁材料的性質有關，該時期的“古今字”材料多爲小學專書類，且多爲韻書和字書，這些大型工具書的性質決定了其並不是爲“古今字”而服務的，所收集的“古今字”材料主要是爲了説明字形和字音。其次，和該時期訓詁學背景有關，宋人疑古之風盛行，常標新立異、創發新義，但是在“古今字”材料中可以體現的祇有朱熹注解經書，其他有對訓詁理論和規律的探討，如王安石説字、王圣美的“右文説”，也富有鮮明的特色，但不在我們討論範圍之内，而朱熹注釋材料所占比重又很少；到了元明時期，兩代統治者對文化的重視程度和側重點不同，訓詁學逐漸走向消沉和衰落。相比於唐以前訓詁學的興盛、發展時期和清代訓詁學的鼎盛時期，宋元明時期的訓詁學是比較薄弱的，不僅僅是“古今字”的研究。

三　小結

　　本章用比較的方法對宋元明時期的“古今字”材料進行了橫向和縱向的比較。橫向比較主要是對該時期不同時代不同階段的“古今字”研究進行一致性和差異性的説明。該時期不同階段“古今字”的一致性體現在：首先，“古今字”屬於訓詁學範疇，有的訓釋是爲了清除閲讀障礙，但是該時期大部分"古今字"彙纂性强於溝通性；其次，"古今字"的"古"與"今"是相對的，"古"是對前代的泛稱，而"今"則不一定是訓釋者所處的時代；最後，"古今字"中"古"字和"今"字具有一定的對應性，有部分是一對一的，即一個古字對應一個今字，但是還有大部分是一個古字對應多個今字，或者多個古字對應一個今字。差異性體現在："古今字"研究數量和研究内容的區別。宋代"古今字"研究材料最多，其次是明代，然後是金代，接下來是元代，最後是遼代和五代時期。研究内容的不同取決於各個時期訓詁材料的不同。五代主要是大小徐對《説文解字》的校訂和説明；遼、金、元三個朝代"古今字"材料主要來源於小學專書，且多以韻書爲主；明代的"古今字"材料多出自字書；宋代是既有大型韻書，又有字書，還有來自朱熹、孫奭等人的隨文注釋材料，該時期的"古今字"研究内容是最爲豐富和全面的。縱向比較主要是將宋元明時期的"古今字"研究與其前後不同時期的"古今字"研究進行比較，也是既有一致性也有差異性。一致性體現在：一是後代對前代"古今字"研究材料的認同與傳承，二是對"古今字"的解釋和説明大都側重於古今字形體的演變、造字和用字這三個角度，三是"古今字"訓釋術語主要是"古某字""古作""今作""今某字"這幾個。差異性體現在：一是訓注目的的不同。唐以前主要是爲了清除閲讀文獻的障礙，宋元明主要是爲了彙纂、收集和貯存字形，清代主要是爲了説明用字現象和用字規律。二是訓釋術語中"古文"内涵的不同和"古今字"使用頻率的變化。

第四章 宋元明"古今字"研究評議

　　前面我們分別從"古今字"研究材料、歷時研究、橫向及縱向比較對宋元明時期的"古今字"研究情况進行了詳細的介紹和分析。接下來我們將對該時期的"古今字"研究進行總結和評價，分析此時期"古今字"研究的獨特性和局限性，並試圖分析造成該時期"古今字"研究局限的原因。

一　宋元明"古今字"研究的獨特性

（一）疑古創新

　　宋元明"古今字"研究是在該時期訓詁學的大背景下進行的，所以該時期訓詁學研究的獨特性同樣也體現在該時期的"古今字"研究上。宋元明時期是訓詁的革新期，宋元時期對漢唐的訓詁經常產生懷疑，力求擺脫漢唐的影響，另創新說。該時期的疑古創新表現在經學訓詁上，就是敢於懷疑古代的經傳，不拘舊注，長於說理，敢於提出不同的見解。

　　其中朱熹是宋代理學的集大成者，也是經學訓詁大師。以《大學章句》《中庸章句》《論語集注》《孟子集注》影響最大。他用儒學統一佛道，通過注釋經書闡發理學。但他既不像漢唐諸人那樣遵修舊文而鮮見創新，也不像一般宋儒那樣空衍義理而學無根底。他既繼承了傳統訓詁的基本原則和方法，又融合了時代精神，形成了獨具時代風格的訓詁學。他十分重視字詞句本身的訓詁，主張以訓説經，強調前人的傳箋疏等資料，守舊注以治訓詁，由訓詁而通義理。同時他也不排斥當時學者的新思想、新看法，他主張創新，並寓創新於自己的注釋之中，這使他的注釋高於漢儒而具有時代的特徵。其中在朱熹的注釋中我們一共找到關於"古今字"訓釋的材料49條，通過分析這些材料可以看出朱熹疑古創新的特點。例如：

（1）【顧諟天之明命。】注：諟，古是字，猶此也，或曰審也。（《大學章句》）

（2）【唯仁人放流之，迸諸四夷，不與同中國。】注：迸，讀爲屏，古字通用。猶逐也。（《大學章句》）

（3）【子曰："桓公九合諸侯，不以兵車，管仲之力也。如其仁！如其仁！"】注：九，《春秋傳》作"糾"，督也，古字通用。（《論語集注》）

（4）【文王視民如傷，望道而未之見。】注：而，讀爲如，古字通用，民已安矣，而視之猶若有傷。（《孟子集注》）

（5）【金重於羽者，豈謂一鈎金與一輿羽之謂哉？取食之重者與禮之輕者而比之，奚翅食重？取色之重者與禮之輕者而比之，奚翅色重？】注：翅，與啻同，古字通用，施智反。（《孟子集注》）

例（1）中朱熹指出"諟"和"是"爲"古今字"。《説文》："諟，理也。从言，是聲。"《説文》："是，直也。从日、正。凡是之屬皆从是。昰，籀文是从古文正。"根據《説文》可知，"諟"的本義是

"理","是"的本義是"正,直","諟"强調的是動作,"是"强調的是結果。《禮記·大學》:"《太甲》曰:顧諟天之明命。"鄭玄注:"諟,猶正也。"孔穎達疏:"顧,念也;諟,正也。伊尹戒太甲云:'爾爲君當顧念奉正天之顯明之命,不邪僻也。'"同樣是"顧諟天之明命",鄭玄、孔穎達都認爲"諟"是"正"義,朱熹却有所突破,指出"諟"爲古"是"字,或者爲"正、直"義,或者爲"此"義,或者爲"審"義。

例(2)中朱熹指出"迸"和"屏"古字通用。《説文》:"迸,散走也。从辵并聲。"《説文》:"屏,蔽也。从尸,并聲。"《禮記·大學》:"迸諸四夷。"陸德明《釋文》引皇侃云:"迸,猶屏也。"朱熹在《大學章句》中指出:"迸,讀爲屏,古字通用。"朱熹的注釋區別於陸德明的注釋,按照朱熹的意思,該句中"迸"本應爲表示"屏蔽"義的"屏"字,在該句中表示"排除"義,二字都爲幫母耕部字,可以通用。

例(3)中朱熹指出"九"和"糾"古字通用。《説文》:"九,陽之變也。象其屈曲究盡之形。凡九之屬皆从九。"《説文》:"糾,繩三合也。从糸、丩。""九"多用爲數字,"糾"本義爲"絞合的繩索",後有"督查"義。朱熹注釋該句,認爲該句中的"九"應爲"糾"字,二字都爲見母幽部字,古時可以通用。

例(4)中朱熹指出"而"和"如"古字通用。《説文》:"而,頰毛也。象毛之形。《周禮》曰:'作其鱗之而。'"清王引之《經傳釋詞》卷七:"而,猶若也。若與如古同聲,故而訓爲如,又訓爲若。"可見"而"的本義是"頰毛",後用來表示"如同,好像"義。《説文》:"如,从隨也。从女,从口。""如"的本義是"順從,依照",後可表示"如同,好像"義。"而"爲日母之部,"如"爲日母魚部,聲母相同,韻部旁轉,可以通用。一般注釋家衹是指出"而"有"如"義,並没有指出二字古時可以通用。

例（5）中指出"翅"和"啻"古字通用。《玉篇·羽部》："翅，翼也。"《説文》："啻，語時不啻也。从口帝聲。一曰啻，諟也。讀若鞮。""翅"本義爲"翅膀"，"啻"的本義是"副詞，但；祇；僅"。"取食之重者與禮之輕者而比之，奚翅食重？"該句趙岐作注："翅，辭也。"並没有進一步作出解釋。朱熹根據語音關係，進一步指出"翅"和"啻"古字通用。

由於宋元明時期訓詁學的最大特色是疑古創新，我們選取朱熹作爲該時期的典型代表，列舉其對於"古今字"的相關解釋來説明該時期"古今字"研究的獨特性，即疑古創新。雖然我們搜集到朱熹有關"古今字"的注釋材料僅有 49 條，但是同樣可以説明他在注釋經書時的特色。

（二）義項具有多義性

根據第一章我們對宋元明時期"古今字"材料的判斷和篩選，最後共統計出 11074 條材料，其中隨文注釋類 429 條，史料筆記類 24 條，小學專書類 10621 條，可見隨文注釋類並不是該時期"古今字"材料的主體，小學專書材料纔是該時期研究"古今字"的主體，占 95.91%。疑古創新的特點也是受該時期訓詁學大背景的影響，那麼該時期針對"古今字"研究的獨特性，我們還得從小學專書類材料中去發掘。根據我們對小學專書類材料的分析和統計，可以發現該批材料最大的一個特性就是古字與今字具體在哪個義項上構成"古今字"不是一目瞭然的，是需要進一步確定或者是難以確定的，即古字和今字形成的義項具有多義性，並不像隨文注釋類材料那樣，古字與今字所針對的義項是單一的、確定的，是可以通過具體語境來知道的。例如：

（1）【申串𦥔】失人切。身也。神也。重也。容也。篆文作申……古作串、𦥔。（金 韓道昭《五音集韻》卷三）

（2）【敕】正，音勑。勞也。固也。正也。誠也。古文。今作勅。（遼 行均《龍龕手鑑》卷一）

（3）【蔡】國名，又姓，又法也，草芥又草際也。《漢志》元龜爲蔡《論語》臧文仲居蔡，古文作𦳋，又轄韻。（明 樂韶鳳《洪武正韻·去聲》卷第十一）

（4）【同】齊也。共也。輩也。合也。律歷有六同。亦州春秋時晉夷吾獻其西河地……徒紅切。【仝】古文。出《道書》。（宋 陳彭年、丘雍《廣韻》卷一）

（5）【鈞鉤】《説文》“三十斤也”。一曰陶旊輪。古从旬。又姓。或書作銎銎。（宋 丁度等《集韻》卷二）

例（1）中“串、𦥔”和“申”爲“古今字”，但是在哪個義項上形成“古今字”是不確定的，可能是“身也”，也可能是“神”或“重”或“容”。同樣，例（2）中“敕”和“勅”，在“勞也”或者“固也”、“正也”、“誠也”這幾個義項上都有可能爲“古今字”，要根據具體語境來判斷。例（3）中“蔡”和“𦳋”形成“古今字”的義項有“國名”“姓”“法也”“草芥、草際”。例（4）中“仝”和“同”形成“古今字”的義項有“齊也”“共也”“輩也”“合也”這幾種可能。例（5）中是“鈞、鉤”和“銎、銎”在《説文》中的本義是“三十斤”，還有“陶旊輪”或者“姓”的意思，具體在哪個義項上形成“古今字”是不確定的。

除了以上例子，在宋元明時期大量的小學專書類材料中類似的還有很多，並且多集中在韻書和字書中。這些韻書和字書的性質決定了形成“古字”和“今字”之間的義項是多義的。這些大型工具書是爲了將涉及某字的所有古或今形體全部搜集並羅列出來，以供人們查閱。

二 宋元明"古今字"研究的局限性

以上我們舉例説明了宋元明時期"古今字"研究的獨特性，那麽除了以上顯著的特點外，該時期"古今字"研究有何局限呢？本節我們試圖探討其局限性。

雖然宋元明時期"古今字"材料有 11074 條，注釋"古今字"的術語種類也比前代大大增加，可謂材料豐富、成就顯著，但實事求是地看，這些材料的研究性還是值得商榷的。由於該時期"古今字"材料主要是收集並貯存各種古時的字形，其目的是識讀某字，知道某字的讀音和意思，如《廣韻》《集韻》《類篇》《龍龕手鑑》《五音集韻》《古今韻會舉要》等，大型韻書中多"並古文"這個術語，根據上一章我們的研究，最多有七個古文形體對應一個今字的，訓詁家將這些古文形體搜集起來並不是爲了"古今字"研究，更不是爲了説明某字的用字現象或規律，其對"古今字"進行系統、深入研究的意識還很薄弱。

在研究廣度上，宋元明時期"古今字"研究涉及的方面還是比較廣的：有造字角度的，有用字角度的，還有文字校勘角度的；有解釋文獻中具體詞義的，有彙集不同時期用字的，有闡釋相關字詞使用情況的，有比較文字異同的。和唐代相比，研究内容涉及面是有所擴大的，這和清代很相似。但是這些研究内容在材料的分布上却是嚴重不平衡的：有的是零星分散的，如文字校勘；有的則是大量集中呈現的，如彙集不同古字。儘管我們收集了該時期幾乎所有的"古今字"材料，但是有的研究涉及的材料是微乎其微的，這和該時期數以萬計的材料相比是懸殊的。

在研究深度上，宋元明時期的"古今字"研究是比較薄弱的。雖然較唐代以前來説，其研究深度有所擴展，如訓注"古今字"的術語種類繁多，較唐代以前有了極大的發展，術語種類中有的已經揭示了形成"古今字"的原因。在數以萬計的"古今字"材料中，説明"古今字"形成原因的材料也突破了前代，首先數量上有了增加，其次成因類型也比之前細化了，並且不僅僅是就事論事型的零星分散①，但是這些材料也祇是限於隨文注釋類材料、史料筆記類材料和一部分小學專書類材料中，代表性的訓詁家有徐鉉、徐鍇、朱熹、孫奭、陸佃、吳師道、胡三省。和這些材料相比，大量彙集不同古文形體字的材料，其對"古今字"的研究深度還是很有限的，祇是簡單地將其前代使用過的不同形體字列舉出來，或者僅僅指出某兩個字的古今關係，並没有深入解釋其中的緣由，較清代對"古今字"研究傾向於揭示"古今字"背後的用字現象、用字規律及其反映的文字發展變化規律和文獻用字規律，已經達到理論化、科學化、綜合化、系統化來説，宋元明時期僅僅是指出現象，並没有分析其背後的規律，研究深度還停留在表層。

三 宋元明"古今字"研究局限的原因

根據以上分析，我們可以看出雖然宋元明時期"古今字"研究材料數量龐大，但是不論其研究廣度還是研究深度都存在明顯的局限性。本節我們試圖探討該時期"古今字"研究局限的原因。數以萬計的材料中，研究內容明顯分布不均衡，研究所涉及的材料具有明顯的傾向

---

① 蔣志遠:《唐以前"古今字"學術史研究》，未刊稿，第 121 頁。

性和集中性，表面上看是由於該時期出現了衆多的大型韻書、字書，隨文注釋類材料很少，但是深入分析，一個是和該時期大的政治環境下的學術環境有關，另一個就是該時期訓詁工具的改進。

該時期先後有五代、遼、宋、金、元和明。首先説五代時期，該時期時局動蕩，政權更迭頻繁；其次遼、金、元是由外來少數民族統治的時期，其統治者都重視政權鞏固、對外擴張，即使對中華文化持認同態度，也是爲其政治統治服務的；再説宋代和明代，雖然宋明理學的出現，使得儒學得以復興，但是這種理學也是統治者爲了鞏固政權統治、麻痹人們的鬥志而提倡的，更加容易束縛人們的思想。在這種學術環境下，不是從實際材料出發，而是爲了迎合統治者而進行研究，該時期出現了許多大型的韻書、字書，這衹是一種彙纂性質的工作，以方便人們進行查閱。總之，政治影響文化，影響各種研究的縱深發展。

此外，該時期出現了新的訓詁工具。一方面，金石學的發展使該時期大型小學專書中可以搜集到更多的古文形體字，促進了專門的古文字研究。如歐陽修的《集古録》、趙明誠的《金石録》。另一方面，宋代的古音學研究開始萌芽，以吳棫、鄭樵爲代表，用《詩經》《楚辭》等以求古音，據古人用韻以求《廣韻》的古音分合，開啓了古音的研究。這些更是推動了大型韻書的出現。古文字學和古音學在宋代的創立，對於該時期訓詁學的研究無疑是有一定影響的。雖然該時期訓詁學的發展並不像秦漢那樣興盛，但是它却逐步擺脱了經學的附庸地位，成爲和文字學、音韻學並列的一門學科，還開拓了自身的領域，豐富了相關理論，爲清代訓詁學全盛時期的到來做了必要的準備。

參考文獻

（一）數字資源

中國基本古籍庫，北京愛如生數字化技術研究中心。

（二）專著及論文

（漢）許慎撰，（清）段玉裁注《説文解字注》，上海古籍出版社，2011。

高明、涂白奎編著《古文字類編》（增訂本），上海古籍出版社，2008。

古文字詁林編纂委員會：《古文字詁林》，上海教育出版社，1999。

郭錫良編著《漢字古音手册》（增訂本），商務印書館，2010。

漢語大字典編輯委員會編纂《漢語大字典》（第二版），崇文書局、四
　　川辭書出版社，2010。

洪成玉：《古今字》，語文出版社，1995。

黄德寬主編《古文字譜系疏證》，商務印書館，2007。

賈延柱編著《常用古今字通假字字典》，遼寧人民出版社，1988。

蔣紹愚：《古漢語辭彙綱要》，商務印書館，2005。

李圃、鄭明主編《古文字釋要》，上海教育出版社，2010。

李學勤主編《字源》，天津古籍出版社，2012。

李運富：《漢字漢語論稿》，學苑出版社，2008。

李運富：《漢字學新論》，北京師範大學出版社，2012。

羅竹風主編《漢語大詞典》，上海辭書出版社，1986。

裘錫圭:《文字學概要》,商務印書館,1988。

容庚:《金文編》,科學出版社,1959。

唐作藩編著《上古音手册》,江蘇人民出版社,1982。

王力主編《古代漢語》(修訂本),中華書局,1981。

王寧主編《古代漢語》,北京出版社,2002。

王寧:《漢字學概要》,北京師範大學出版社,2001。

王寧:《訓詁學》,高等教育出版社,2002。

王寧:《訓詁學原理》,中國國際廣播出版社,1996。

(漢)許慎:《説文解字》,商務印書館,1995。

于省吾主編《甲骨文字詁林》,中華書局,1996。

鄭振峰、王軍、李彦佰、唐健雄編著《漢字學》,語文出版社,2005。

宗福邦、陳世鐃、蕭海波:《故訓匯纂》,商務印書館,2003。

崔棠華:《也談古今字》,《遼寧大學學報》(哲學社會科學版)1983 年第 6 期。

何忠信:《略説通假字、古今字、異體字》,《重慶師範大學學報》(社會科學版)1987 年第 4 期。

洪成玉:《古今字辨正》,《首都師範大學學報》(社會科學版)2009 年第 3 期。

洪成玉:《古今字概述》,《北京師範大學學報》(社會科學版)1992 年第 3 期。

胡廣文:《古代漢語教材中的古今字》,《邯鄲學院學報》2005 年第 2 期。

胡培俊:《古今字的範圍和特點》,《湖北大學學報》(哲學社會科學版)1988 年第 1 期。

蔣志遠:《論王筠的"古今字"觀念》,《大慶師範學院學報》2010 年第 2 期。

蔣志遠:《也談古代漢語教材中的"古今字"問題》,《鄭州師範教育》2013 年第 4 期。

康健:《對古今字的再認識》,《貴州師範大學學報》2002 年第 1 期。

李曉紅:《異體字、古今字》,《現代漢語》2006 年第 2 期。

李玉平:《試析鄭玄〈周禮注〉中的"古文"與"故書"》,《古籍整理研究學刊》2005 年第 5 期。

李玉平:《鄭玄〈周禮注〉從歷時角度對字際關係的溝通》,《古漢語研究》2009 年第 3 期。

李運富、蔣志遠:《從"分別文""累增字"與"古今字"的關係看後人對這些術語的誤解》,《蘇州大學學報》(哲學社會科學版)2013 年第 3 期。

李運富:《早期"古今字"概念有關用語及材料辨析》,《勵耘學刊(語言卷)》,學苑出版社,2007。

李運富、何余華:《"兩"字職用演變研究》,《勵耘學刊(語言卷)》,學苑出版社,2014。

李運富、何余華:《漢字的超語符職能》,《勵耘學刊(語言卷)》,學苑出版社,2014。

李運富、蔣志遠:《論王筠"分別文、累增字"的學術背景與研究意圖》,《勵耘學刊(語言卷)》,學苑出版社,2007。

劉強:《〈世說新語〉中的通假字和古今字釋例》,《井岡山學院學報》2008 年第 4 期.

劉新春:《古今字再論》,《語言研究》2003 年第 4 期。

劉又辛:《談談假借字、異體字、古今字和本字》,《西南師範大學學報》(哲學社會科學版)1984 年第 2 期。

陸錫興:《談古今字》,《中國語文》1981 年第 5 期。

馬臻榮:《談古今字的孳乳關係》,《運城學院學報》1995 年第 3 期。

潘志剛:《古今字形成的原因試析》,《青海師專學報》2006 年第 1 期。

喬魁生:《談通假字和古今字》,《遼寧大學學報》(哲學社會科學版)1989 年第 5 期。

饒增陽、張獻:《試論古今字》,《綿陽師範學院學報》2004 年第 3 期。

孫雍長:《“古今字”研究平議——兼談字典詞書中對古今字的處理》,《五邑大學學報》(社會科學版) 1994 年第 5 期。

孫雍長:《論“古今字”暨辭書對古今字的處理》,《辭書研究》2006 年第 2 期。

田穗:《古今字同詞異字管窺》,《新鄉學院學報》(社會科學版) 2010 年第 4 期。

王秀麗、別敏鴿:《顏師古〈漢書注〉“X,古某字”作用類析》,《河北科技大學學報》(社會科學版) 2007 年第 3 期。

吳琦辛:《談談詞典中的古今字》,《辭書研究》1982 年第 5 期。

閆崇東:《古今字與通假字》,《内蒙古師範大學學報》1985 年第 4 期。

楊潤陸:《論古今字的定稱與定義》,《古漢語研究》1999 年第 1 期。

張勁秋:《從古今字看漢字的特點和規範》,《語言文字應用》1999 年第 3 期。

趙海燕:《段玉裁對古今字的開創性研究》,《廣西社會科學》2005 年第 9 期。

何玉蘭:《顏師古〈漢書注〉古今字研究》,碩士學位論文,暨南大學,2007。

劉海燕:《〈漢語大字典〉、〈漢語大詞典〉中的古今字問題管窺》,碩士學位論文,内蒙古師範大學,2011。

潘志剛:《古今字研究》,碩士學位論文,廣西師範大學,2004。

王曉嵐:《鄭玄注古今字研究》,碩士學位論文,河南大學,2011。

殷榕:《蘇林〈漢書音義〉輯佚》,碩士學位論文,武漢大學,2004。

張銘:《〈段注〉古今字研究》,碩士學位論文,新疆師範大學,2006。

鄭玲:《〈漢書〉顏注古今字考——兼與〈説文解字〉古文比較》,碩士學位論文,蘭州大學,2007。

圖書在版編目（CIP）數據

宋元明"古今字"學術史研究 / 張燕著. -- 北京：
社會科學文獻出版社, 2023.12
（"古今字"學術史叢書）
ISBN 978 - 7 - 5228 - 1379 - 0

Ⅰ.①宋…　Ⅱ.①張…　Ⅲ.①漢字 - 古文字 - 研究 -
宋代 - 明代　Ⅳ.①H121

中國版本圖書館 CIP 數據核字（2022）第 256688 號

"古今字"學術史叢書
宋元明"古今字"學術史研究

主　　編 / 李運富
著　　者 / 張　燕

出 版 人 / 冀祥德
責任編輯 / 李建廷
責任印製 / 王京美

出　　版 / 社會科學文獻出版社
　　　　　地址：北京市北三環中路甲 29 號院華龍大廈　郵編：100029
　　　　　網址：www. ssap. com. cn
發　　行 / 社會科學文獻出版社（010）59367028
印　　裝 / 三河市東方印刷有限公司

規　　格 / 開　本：787mm × 1092mm　1/16
　　　　　印　張：17　字　數：226 千字
版　　次 / 2023 年 12 月第 1 版　2023 年 12 月第 1 次印刷
書　　號 / ISBN 978 - 7 - 5228 - 1379 - 0
定　　價 / 128.00 圓

讀者服務電話：4008918866